# 出土文献与语言研究研讨会论文集

王蕴智 主编

河南大学出版社
·郑州·
HENAN UNIVERSITY PRESS

图书在版编目（CIP）数据

出土文献与语言研究研讨会论文集 / 王蕴智主编. — 郑州 : 河南大学出版社, 2024.9. — ISBN 978-7-5649-6085-8

Ⅰ. K877.04-53；H109.2-53

中国国家版本馆CIP数据核字第20246YW407号

CHUTU WENXIAN YU YUYAN YANJIU YANTAO HUI LUNWEN JI
出土文献与语言研究研讨会论文集

责任编辑　陈广胜
责任校对　范国东
封面设计　马　龙

| 出　版 | 河南大学出版社 | | |
|---|---|---|---|
| | 地址：郑州市郑东新区商务外环中华大厦2401号 | | 邮编：450046 |
| | 电话：0371-86059701（营销部） | | 网址：hupress.henu.edu.cn |
| 排　版 | 郑州市今日文教印制有限公司 | | |
| 印　刷 | 河南瑞之光印刷股份有限公司 | | |
| 版　次 | 2024年9月第1版 | 印　次 | 2024年9月第1次印刷 |
| 开　本 | 710 mm×1010 mm　1/16 | 印　张 | 20.5 |
| 字　数 | 334千字 | 插　页 | 7 |
| 定　价 | 72.00元 | | |

（本书如有印装质量问题，请与河南大学出版社营销部联系调换。）

开幕式整体照

张玉金教授致辞

陈光宇教授致辞

黄锡全教授致辞

主旨报告一 陈光宇

主旨报告二 张玉金

主旨报告三刘钊

主旨报告四王蕴智

主旨报告五 李宗焜

主旨报告六 林宏明

主旨报告七 高岛谦一

主旨报告八 蔡哲茂

主旨报告九姜允玉

主旨报告十邓章应

王蕴智教授主持闭幕式

刘钊教授总结发言

王子杨教授点评论坛一

肖圣中教授点评论坛二

参会人员合影

论坛一整体照

论坛二整体照

# 序

  为纪念甲骨文发现 120 周年，推动国内外古文字与出土文献语言研究领域的进步发展，河南大学于 2019 年 6 月 22-23 日成功举办了以"古文字与出土文献语言研究"为主题的第十一届"黄河学高层论坛"。

  在我国学术界，以"古文字与出土文献语言研究"为主题的学术研讨会，此前曾先后在华南师范大学出土文献语言研究中心、西南大学汉语言文献研究所举办过两届，这一次是第三届。本届会议由教育部人文社会科学重点研究基地河南大学黄河文明与可持续发展研究中心、黄河文明省部共建协同创新中心、河南省文字学会共同主办、河南大学甲骨文与汉字文明研究所承办。6 月 21 日，来自海内外的七十余名专家学者齐聚古都开封中州颐和大酒店。当晚宴席上高朋满座、青年才俊荟萃，群星闪烁，共襄盛会。

  6 月 22-23 日，各位学者从不同视角就古文字与出土文献的语言释读问题宣读了高水平的研究成果。本届研讨会采取大会主题报告与分论坛讨论相结合的形式。在 22 日上午和 23 日下午的主题报告之外，会议设两个分论坛，围绕"甲骨文与商代语言文字研究""古文字与出土文献语言数据库的建设研究""两周及简帛语言文字研究"等议题进行了精彩的宣讲和讨论。

  在 6 月 23 日下午的闭幕式上，清华大学王子杨教授和武汉大学肖圣中教授分别对论坛一和论坛二的论文汇报情况作了专业而精致的点评。复旦大学出土文献与古文字研究中心刘钊教授在总结致辞中指出："此次研讨会在甲骨文发现120周年的节点上恰逢其时；在具有长期甲骨文研究传统的河南大学举办更适得其所。这次会议充分体现了古文字研究逐渐向立体化、精密化发展的趋势，利用大数据、云平台等新手段进行研究代表了今后古文字研究的趋势。"作为下一届"古文字与出土文献语言研究"学术研讨会的举办单位代表，东北师范大学赵岩副教授对下一届研讨会工作进行谋划和安排。大会结束时，加拿大不列颠哥伦比亚大学高岛谦一教授对此次盛会高度评价说："作为中国学重要组成部分之一的古文字与出土文献语言研究，应被列于世界学术研究的前沿。本次会议成果堪称学术之精华。"

大家知道，在本年度的尾声且反复延续下来的三年里，世人经历了不可抗拒的新冠疫情，严重影响了正常的秩序，本论文集也不得已而搁浅多时。其间许多与会学者的大作已被其他刊物付梓，故诸多会议成果并未收入到本论文集中，实乃一大憾事。即使如此，下面还是要再拈举若些会议上的演讲题目和专家大名，聊以回顾、纪念、感谢曾经来过这个会场上的海内外学术同仁：

"全球化大数据时代的汉字生态学"（陈光宇，美国新泽西州立罗格斯大学）、"关于《吴越春秋》一处疑难文意的解释"（刘钊，复旦大学出土文献与古文字研究中心）、"河南博物院旧藏甲骨所见新字"（李宗焜，北京大学中文系）、"读《天理参考馆所藏未著录甲骨选录》"（林宏明，台湾政治大学中文系）、"读《甲骨文合集》21384耳鸣一辞"（黄天树，清华大学出土文献研究与保护中心）、"论甲骨文非处所词语的处所化"（张玉金，华南师范大学出土文献语言研究中心）、"卜辞剩义五则"（孙亚冰，中国社会科学院古代史研究所）、"释甲骨文"婀"的一种写法"（王子杨，清华大学出土文献研究与保护中心）、"结合甲骨文与历史地理学——探讨商代后期的黄河古河道"（高岛谦一，加拿大不列颠哥伦比亚大学亚洲学系）、结合两版新缀补说宾类历类的"南孟"与"子方"（蒋玉斌，复旦大学出土文献与古文字研究中心）、"殷墟习刻甲骨补论"（刘风华，郑州大学文学院）、"论花东卜辞的理解方法"（朱歧祥，台湾东海大学中文系）、"甲骨逢字补说"（蔡哲茂，台湾中研院史语所）、"历组、宾组同卜一事新例"（周忠兵，吉林大学古文字研究中心）、"从殷卜辞"鸁"字谈到西周"鵎国"（张惟捷，厦门大学文学院）、"《甲骨年表》存目文献考"（邓章应，西南大学汉语言文献研究所）、"西周金文句读与语法研究"（朱其智，中山大学文学院）、论秦简中的"XA、B"式结构（赵岩，东北师范大学文学院）、"楚系出土文献所见 *n-、*l- 不分现象及其源流与成因考"（叶玉英，厦门大学文学院）、"《温县盟书》所公布的春秋文字材料对古汉语研究的意义"（李艳红，中国社会科学院大学文学院）、"战国时期楚竹书中的代词'其'与第三人称代词的产生"（姜允玉，韩国明知大学中文系）、"上博藏楚简3《恒先》补释五则"（俞绍宏，郑州大学文学院）、"陈梦家的形声发生观"（陈英杰，首都师范大学文学院）、"鄅侯萎作戎戈初考"（张振谦，河北大学文学院）。

衷心祝愿本文集内外的各位老中青学术同道继往开来，学术之树长青！

在此亦向河南大学出版社、向参与编辑校稿的陈晓慧、刘鑫雨、孔琳冰、程烁等同学致以由衷地谢忱！

2023 年立夏谨序

# 目　录

## 甲骨文研究

河南博物馆旧藏甲骨所见新字……………………………李宗焜（3）
《合集》11485"刮削重刻"及相关成套卜甲的复原考察
……………………………王蕴智　张军涛（6）
读《甲骨文合集》21384"耳鸣"一辞……………………黄天树（26）
读《天理参考馆所藏未著录甲骨选录》札记……………林宏明（31）
卜辞剩义 5 则………………………………………………孙亚冰（40）
从殷卜辞"鼜"字谈到西周"䚄"国…………………………张惟捷（54）
彭阳姚河塬 M13 卜辞疑难字释……………………………王晓鹏（64）
殷墟习刻甲骨补论…………………………………………刘风华（77）
殷墟甲骨文中双宾语动词"示"用法分析…………………赵　伟（89）
甲午日卜"四土"受年刻辞系联分析…………张军涛　王蕴智（99）
组类断代理论视野下甲骨文介词"在"的用法研究
………………………………毛志刚　邹　亚（124）
甲骨左右的判别方法——以兆辞、占辞为例……………丁军伟（147）
田猎卜辞中所见的专字……………………………………欧瑞安（154）
《丙编》392、393 卜辞整理分析小考………………………陈晓慧（171）
浅谈武丁时期一类"受年"甲骨文的书风…………………李会林（188）

## 出土文献研究

楚系出土文献所见 *n-、*l- 不分现象及其源流与成因考
……………………………………………………… 叶玉英（201）
全球大数据时代的汉字生态学……………………… 陈光宇（224）
"亞醜大子器"铭文的整理与研究 ………………… 谢明文（238）
两周金文中的"勉"义词
　　——兼论先秦汉语中的"勉"义词 ………… 武振玉（248）
《温县盟书》所公布的春秋文字材料对古汉语研究的意义
……………………………………………………… 李艳红（260）
上博藏楚简三《恒先》补释五则 ………… 俞绍宏 孙振凯（273）
清华简《越公其事》释词……………………………… 张新俊（281）
战国文字饰符"口"的误导隶定……………………… 朱学斌（294）
"初文"发疑
　　——兼谈汉字字源研究的几个问题 …………… 陈正正（313）

甲骨文研究

# 河南博物馆旧藏甲骨所见新字

李宗焜

（北京大学中文系）

【提要】河南博物馆旧藏的一批甲骨中有不少文字属独见于此而不见于他书的新字。☒、☒属已见著录而无误之字，☒、☒、☒、☒、☒、☒诸字属已见著录而所摹不同之字；☒、☒、☒、☒、☒、☒属未见著录而字形完整之新字；☒、☒、☒诸字属未见著录而残画疑为新之字。

中央研究院历史语言研究所（以下简称史语所）自1928年起，在河南安阳殷墟进行15次的科学发掘，获甲骨25000片，为震惊国际的重大发现，这段历史在甲骨学界是人所共知的。

史语所殷墟发掘期间（1928–1937），在第三次发掘时，河南省政府派何日章于1929、1930年招工挖掘两次，共得甲骨三千余片，存河南博物馆。1931年曾选拓800片为《殷虚文字存真》。1938年由孙海波选编为《甲骨文录》出版，著录930片。两书重叠之处颇多。1949年11月这批甲骨空运到台湾，存台中故宫，1956年由教育部拨交历史博物馆保存。

这批甲骨既与史语所殷墟发掘同地所出，因历史因素长期异地而存，不无遗憾。历史博物馆张誉腾馆长上任之后，极重视这批甲骨的情况，并积极寻求整理和出版。经过三年半的努力，中华文化总会的居间协调，终获河南省运台古物监护委员会的同意，在2013年8月由史博馆与中研院签订合作协议书，全部甲骨于2013年12月17日运抵史语所，开始清理的工作。

至今整理工作已全部完成，正进行文稿校对，不日即可竣工。

在整理过程中，我们发现这批甲骨有不少文字属于独见。部分已发表，还有一些则未刊；已发表的文字，还曾有不同的摹释。下面分别介绍这些独见的字。（引录字形时用△代之）

## 一、已见著录而无误

（1）△，《甲骨文录》677（《甲骨文合集》24257）"在师△卜"，为独见的地名字（河南工作号 3210）。

（2）△，《甲骨文录》769，《合集》未收。残辞义不详（河南工作号 1058）。

## 二、已见著录而所摹不同

（3）△，《甲骨文录》502，释作"牝"。此片即《甲骨文合集》15425，《摹释》未摹释。《摹释全编》《合集释文》均作"剢"，恐不然（河南工作号 302）。

（4）△，《甲骨文录》676"在△卜"释文作"△"，为独见的地名。《甲骨文编》4806 号作"△"。此片即《甲骨文合集》24416，《摹释》未摹释。各家所摹略有小异，因实物就不是非常清楚，并存之（河南工作号 656）。

（5）△，《甲骨文录》763，摹作"△"。此片即《甲骨文合集》18065，《摹释》作"△"。《摹释全编》作"△"、《合集释文》作"△"。各家所摹都有出入（河南工作号 753）。

（6）△，《甲骨文录》9, 此片即《合》36441，《摹释》误作"亡"，《摹释全编》作"△"、《合集释文》摹形较正确。辞云"田于△"，为地名（河南工作号 3117）。

（7）△，《甲骨文录》539，摹作"△"。此片即《合》30681，《摹释》未摹释。《摹释全编》摹释为"△（黽）"，《合集释文》作"△"。

辞云"其侑于△",为人地名(河南工作号3450)。

(8)▨,《甲骨文录》225,释作"睪"。此片即《合》24261,《摹释》所摹字形较正确。《摹释全编》摹释为"▨(孤)",《合集释文》作"▨"。此字不从目,《甲骨文录》的释文不正确;拙编《甲骨文字编》收进662号"爱"也是错的,今正(河南工作号3514)。

## 三、未见著录,字形完整之新字

(9)▨,未著录。辞云"己卯卜,王在△",为地名(河南工作号2804)。

(10)▨,未著录。辞云"辛酉卜,王在△。"为地名。《合》37439的黄组卜辞有"癸□王卜,〔贞〕:于翟。"翟作"▨",地名。两者均为地名,各只一见,即使为一字异体,也是弥足珍贵(河南工作号3048)。

(11)▨,未著录。骨臼刻名(河南工作号3408)。
(12)▨,未著录。从壴从又(河南工作号3424)。
(13)▨,未著录。音义不详(河南工作号1475)。
(14)▨ 未著录。刻字较浅,是"贞二牛"或"贞于△",疑不能定。考虑选贞的另一辞,"贞"下一字绝非"于",而可能是"九"之残,若此则本辞为"二牛"的可能性较大(河南工作号2784)。

## 四、未见著录,残画疑为新

(15)▨,未著录。从"肉"残字(河南工作号1421)。
(16)▨,未著录。从"石"残字(河南工作号2317)。
(17)▨,未著录。从羸从卄残字(河南工作号2370)。

面对甲骨文字很容易被自己蒙蔽,有时看似奇特的字,转天灵光忽现,便自觉愚不可及。小文所述,恐亦不免于此,幸方家教之。

# 《合集》11485"刮削重刻"及相关成套卜甲的复原考察[*]

王蕴智　张军涛

（河南大学黄河文明与可持续发展研究中心）

（河南师范大学历史文化学院）

**【提要】**《合集》11485属于宾组一成套卜旬腹甲第三版上的残片，存在因记录月食天象而"刮削重刻"的情况。今见于著录的月食卜甲多亦存在类似现象。作者新缀合与《合集》11485同版的多片卜甲，蠡知与该片同版的腹甲比较大，长度在32厘米左右。今所见与《合集》11485同版的各片，多数为第三次科学发掘所得，亦有少量非科学发掘所得者。经过对该成套腹甲从内容到形态的综合考察，尝试复原现著录中该成套卜甲之第一、二版的若干残片。这三版卜甲的原来形态大致相当，都存在因乙酉夕发生月食而"刮削重刻"的情况。该成套腹甲可能在被废弃入坑前就已经断裂而失散。

## 一、《合集》11485"刮削重刻"现象考察

　　《合集》11485即《甲释》55[①]。该版存在因乙酉夕发生月食而"刮

---

[*] 本文为国家社科基金重大委托项目子课题"甲骨文语料数据库开发及其文字释读研究"（批准号16@ZH017A2）和黄河文明中心重大项目"商代文字汇释及甲骨文语料研究"（批准号2020M4）的前期成果，亦为河南大学哲学社会科学重大培育项目"商代文字释读及相关语料、史料库的构建"（批准号2019ZDXM014）的阶段性成果。

① 《甲释》55由《甲编》1114、1156、1289、1749、1801五片腹甲拼缀而成，《甲释》55误记《甲编》1749之著录号为1747，《丁编》承其误。见屈万里：《殷虚文字甲编考释》，台湾"中央研究院"历史语言研究所，1961年，图版部分，第12页；石璋如：《遗址的发现与发掘：丁编甲骨坑层之一附图（一次至九次出土甲骨）》（以下简称《丁编》），台湾"中央研究院"历史语言研究所，1986年，第285页。

削重刻"的现象,长期以来学界未曾关注到此情况,故有探讨的必要。为方便论述,兹先将《合集》11485释文及图片罗列于下:

癸亥卜,争贞:旬亡囚?一月。三
癸未卜,争贞:旬亡囚?二月。三
癸卯卜,□贞:旬亡囚?二月。〔三〕
〔癸〕卯〔卜〕,□贞:〔旬〕亡〔囚〕?五月。〔三〕
〔癸〕未卜,□〔贞〕:旬〔亡〕囚?三
癸未卜,争贞:旬亡囚?三日乙酉夕月出食,闻。八月。

图一 《合集》11485拓本及正反面照片①

---

① 本文中的甲骨照片均来源于台湾"中央研究院"历史语言研究所"考古资料数位典藏数据库"网,不再一一注明。

上揭拓片中除"月𧾷食"辞外，每条卜辞都对应一个卜兆，其兆序皆为"三"。唯"月𧾷食"卜辞大字刻写，并经过"刮削重刻"处理。该卜辞在字面上有两处犯兆现象：一处为"争""囚""酉""夕"四字犯兆，另一处为"贞""日"两字犯兆。此两处所犯卜兆之兆序虽经刮削，遗痕犹存。现将目验《合集》11485"月𧾷食"辞所犯卜兆及其兆序遗迹揭示如下：

表1 "乙酉夕月𧾷食"卜辞所犯卜兆及其兆序遗迹

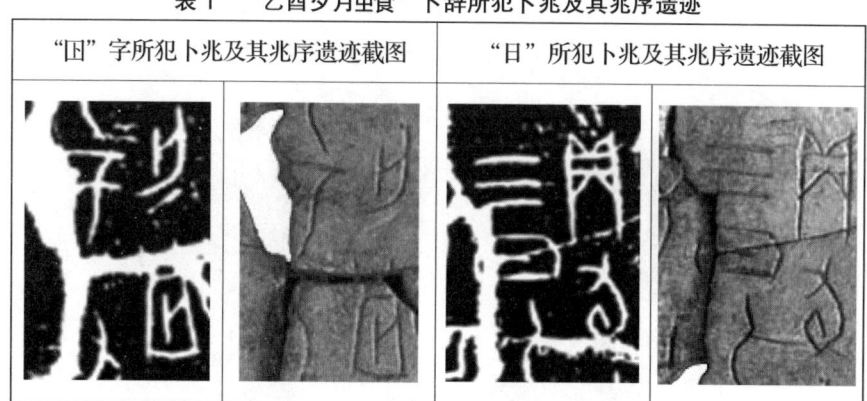

| "囚"字所犯卜兆及其兆序遗迹截图 | "日"所犯卜兆及其兆序遗迹截图 |

从表1中的截图可知，"囚"字所犯卜兆之兆序位于"亡""乙""酉"三字间，从拓片可见此处有清晰的两横画，此乃刮而未净兆序"三"之遗迹。"日"字所犯卜兆之兆序位于"三日"之"三"的右上部，从拓片可见此处存有若干可连为多条短横的白色斑点，对比照片，知此正是刮而未净的兆序"三"。

该版上的"月𧾷食"卜辞不但犯兆，且字形大于同版其他卜辞，占用了两条卜辞的空间。这意味着当时的书家在大字刻写本版上的"月𧾷食"卜辞时，应是刮去了之前的两条卜旬辞，其中一条当为"八月""癸未"的卜旬辞，其原辞盖为"癸未卜，争贞：旬亡囚？八月"；另一条应早于"八月""癸未"旬，因《合集》11485所载腹甲残损严重，故该条卜辞属哪月、哪旬还有待考知。从《合集》11485左上部"癸卯"条卜辞下方及左下部"癸亥"条卜辞上方均有界划线来看，被刮削的两条卜旬辞可能皆背其兆枝，刻写于其相应兆干之左方，一上一下分布于"月𧾷食，闻。八月"处。当然，被刮削的两条卜旬辞也可能皆跨其兆枝刻写，或一条跨其兆枝，另一条刻写于其兆干之左方。

《合集》11485 片上的 6 条卜辞存在同字异形情况，书风有别。同字异形情况如下揭所示：

表 2  《合集》11485 同字异形对照表

| 卜辞条目 | 月 | 旬 | 贞 | 囧 |
|---|---|---|---|---|
| "月㞢食"卜辞 | | | | |
| "一月"卜辞 | | | | |
| "二月"癸未卜辞 | | | | |
| "五月"卜辞 | | | | |
| "二月"癸卯卜辞 | | | | |
| 最上方卜辞 | | | | |

如表 2 所示，"月"字在"月㞢食"辞中用笔圆润，在"二月"癸卯辞中圆笔、折笔并用，在其他卜辞中则使用短促的直笔和折笔；"旬"字在"月㞢食"辞中亦较同片上的其他字形更为婉转卷曲；"贞（鼎）"字中表鼎耳之笔画，在"月㞢食"辞中用弧笔，其他辞中皆用直笔；"囧"字下部笔画，在"月㞢食"辞中用弧笔，其他均有直笔。

再看"月㞢食"辞中的"未""贞""日""酉""食"等字，其直笔、圆笔并用，技法纯熟，兼具毛笔沉稳和以刀代笔的硬朗作风。而在"二月"癸卯辞中，所见"卯""旬"等字及"二月"合文的刻写稍显软弱，其书法水平明显逊于前者。除"月㞢食""二月"癸卯两辞外，《合集》11485 上的其他诸条卜辞书风相似。总的说来，《合集》11485 上的诸卜旬辞前后历经数月之久，其书迹出自技法水平不同的 3 个刻手，其中尤以刮削重刻的大字最见功力，此亦从另一个侧面使我们审视"典宾""宾三"同版例[①]。

无独有偶，《合集》11484 正（《丙编》57 即《乙编》3317+3435）+《乙

---

① 黄天树：《宾组"月有食"卜辞的分类及其时代位序》，载《古文字研究》第 22 辑，北京：中华书局，2000 年，第 22～29 页。

编》3349+3879①亦因出现"月㞢食"奇异天象而以"刮削重刻"的方式记之。其卜辞云：

〔己〕丑卜，宾贞：翌乙〔未酻〕黍烝于祖乙□？〔王〕占曰：㞢求，□□〔不〕其雨。六日〔甲〕午夕月㞢食。乙未酻，多工率䍙遣。一

己〔丑〕卜，贞：弜（勿）酻烝？一

《合集》11484 为较为完整的腹甲，其正面共有 7 组正、反对贞卜辞。除"甲午夕月㞢食"一组外，其他 6 组对贞卜辞均以中缝为轴，右、左对称布局。"甲午夕月㞢食"卜辞自上而下，由右至左跨越中缝，以粗笔大字刻写于整个右首甲、右前甲右上部、中甲上部及左首甲右上部。如此处理，显然打破了殷墟腹甲正面卜辞刻写一般不跨中缝的规律。细审《乙编》3317②拓片，见"〔己〕丑卜，宾贞：翌乙〔未酻〕黍烝于祖乙"处有诸多密集白斑，尤以"宾""黍"等字附近最为显著，应是因经刮削整治而失去了腹甲正面光滑之原貌所致。据此我们推测殷人在出现"甲午夕月㞢食"这一奇异天象之后，应是先刮去了位于第一齿缝上下、傍右首甲及右前甲自然边的原卜辞"〔己〕丑卜，宾贞：翌乙〔未酻〕黍烝于祖乙"，然后以大于原卜辞及该版其他卜辞的字体重刻之，并追记

图二　《乙编》3317（局部）

---

① 《乙编》3349+3879 为史语所旧缀，林宏明新加缀《合集》11484，见林宏明：《甲骨新缀第 217–225 例》第 221 例，中国社会科学院历史研究所先秦史研究室网，http://www.xianqin.org/blog/archives/2359.html，2011 年 5 月 25 日；又见林宏明：《契合集》第 382 组，台北：万卷楼，2013 年，第 375～376 页。

② 《丙编》57 由《乙编》3317、3435 拼合而成。

了占辞和验辞。

上揭《合集》11484两条对贞卜辞的书风有别。其中所互见的"酓""盄"诸字，在刻写风格上存在较大差异，兹列示如下：

表3 "甲午夕月虫食"对贞卜辞之"酓""盄"字对照表

| 卜辞条目 | 酓 | 盄 |
| --- | --- | --- |
| "甲午夕月虫食"卜辞 |  |  |
| "弓酓盄"卜辞 |  |  |

"酓"字所表"酉"形器的外廓，前者用圆弧之笔，后者用纤锐之笔。"盄"字表"豆"形器之腹、口部，前者用笔方圆有度，后者用笔草率。前一条卜辞兼具以刀代毛笔之意韵，后者仅有刀笔之劲挺，说明这两条卜辞出自不同的刻手。值得注意的是，经过刮削而刻的"甲午夕月虫食"辞，在"（甲）午"以后的各字较该辞之前的字画明显增肥加粗，有意改变了刻写状态，反映出时人对这次"月虫食"天象的高度重视。

《合集》11483（《丙编》59、60）腹甲亦见有"月虫食"天象记录，相关卜辞如下：

〔癸未卜〕，争贞：翌〔甲〕申易日？之夕月虫食。甲寅，不雨。二二告。

〔贞〕：翌甲申〔不〕其易日？二（《合集》11483正、《丙编》59）。

夕月有食（《合集》11483反、《丙编》60）。

图三 《合集》11483正（局部）

《合集》11483版正面与"月虫食"相关的卜辞书风有别。如下表所示，两个"申"字的风格有明显的不同：

**表4 《合集》11483两"申"字对比表**

| "翌〔甲〕申易日"之"申" | "翌甲申〔不〕其易日"之"申" |
|---|---|
|  |  |

由上分析，在《合集》11485、11484、11483三版腹甲上，我们可以看到一个共同的特点，即时人在追记"月虫食"这一天象时，对原卜辞都经过了不同程度的刮削处理。在此基础上，书家均破例采用大字刻写的习惯，因而使整条卜辞占用了更大的空间。当然，我们从这三版腹甲上，也可以看到两个不同的特点：一是《合集》11485"月虫食"卜辞犯兆，而《合集》11484、11483不犯兆；二是《合集》11485"月虫食"卜辞不但刮削去原卜辞，而且刮削了相邻卜辞。如此不同处理，盖因《合集》11484、11483相应空间宽裕，不必犯兆，亦不必刮削他辞。《合集》11485则因其版面上一旬一兆，旬旬密集分布，致使单个卜旬的空间有限。为了就近突显"乙酉夕月虫食"事，书家不得已而犯两兆，且刮削他辞。

## 二、《合集》11485与《甲编》相关卜旬材料的缀合

如前所述，《合集》11485是由《甲编》1114、1156、1289、1749、1801共5片腹甲残片拼缀而成。此5片残甲均为1929年第三次科学发掘所得，同出土于横十三·二五乙。从《合集》11485中部盾纹、左部盾纹、左部自然边及下部齿缝的布局可知，其本属左后甲跨左甲桥右下部的一部分。有鉴于此，笔者曾着意在《甲编》中继续寻找可以缀合的残片，并通盘考察了与《合集》11485整个腹甲有关的其他著录信息。

经过排比梳理，可知《甲编》之1055（《合补》8240）、1063（《合补》4856）、1064（《合集》11583）、1068、1073（《合补》4892）、1075（《合补》4894）、1078（《合集》16652）、1079+1101（《合集》16840）、1084（《合补》2843）、1088（《合补》4905）、1091（《合集》16775）、1095（《合集》16687）、1107+1146（《合集》16639）、1108（《合集》19744）、1121（《合集》16530）、1141（《合集》16700）、1381（《合集》19745）、1814（《合补》936）等均为腹甲残片。这些片子上都为单纯的卜旬之辞，多见有贞人争，且字形风格与《合集》11485小字类近似，可能与《合集》11485为一版之折。整理中我们发现《甲编》1084、1063、3.0.0379同出于横十三·二五乙①，彼此可以实缀，如下图所示：

图四 《甲编》1084+1063+3.0.0379

《甲编》1063+3.0.0379为陈逸文先生缀合②，我们在此基础上加缀《甲编》1084。《甲编》1063+3.0.0379与《甲编》1084均属右腹甲残片，《甲编》1084上边缘与《甲编》1063下边缘密合，《甲编》1063、1084两片实是沿兆枝而断裂，《甲编》1063片左下角尚存兆枝余绪，《甲编》1063、1084两片右边竖向较平直处实为该卜兆之兆干所在。《甲编》1063+3.0.0379与《甲编》1084上卜辞书风一致，缀合后可使

---

① 石璋如：《遗址的发现与发掘·丁编》，台北：台湾"中央研究院"历史语言研究所，1986年，第93~94页。

② 陈逸文：《〈甲编〉缀合26例》第5例，中国社会科学院先秦史网站，http://www.xianqin.org/blog/archives/3803.html，2014年3月6日。

"癸亥"日卜旬辞几近完整,背面残钻凿亦合。同时我们判断《甲编》1084+1063+3.0.0379 为跨第五道盾纹的右尾甲残片。

整理中我们还发现,《甲编》1091、《甲编》1101+1079、《甲编》1108+3.0.0362①、《甲编》1095 可实缀,如下图所示:

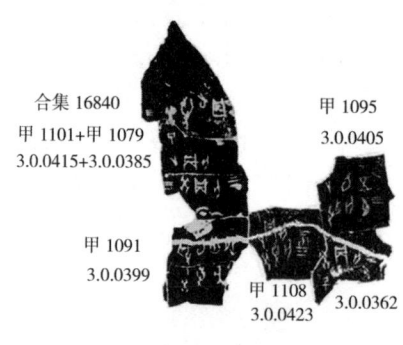

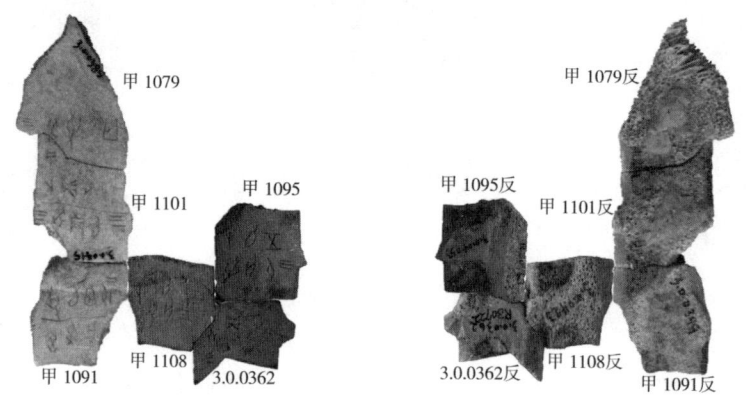

图五 《甲编》1101+1079+1091+1108+1095+3.0.0362 拓片及正反面照片

《甲编》1091+(《甲编》1101+1079)为蔡哲茂先生缀合②,(《甲编》1108+3.0.0362)+《甲编》1095 为陈逸文先生缀合③,我们将两者拼合。

---

① 《甲编》1108+3.0.0362 即《甲释》53,又见《合补》3015,重见《合补》4842、4874。
② 蔡哲茂:《甲骨新缀二十七则》第十三组,《中国文化研究所学报》2006 年第四十六期,香港:香港中文大学中国文化研究所,第 24~25 页。
③ 陈逸文:《〈甲编〉缀合 26 例》第 7 例,中国社会科学院先秦史网站,http://www.xianqin.org/blog/archives/3803.html,2014 年 3 月 6 日。

《甲编》1091、《甲编》1101+1079、《甲编》1108+3.0.0362、《甲编》1095 均为第三次发掘所得，同出于横十三·二五乙①。《甲编》1091+(《甲编》1101+1079)与(《甲编》1108+3.0.0362)+《甲编》1095 拼缀处密合，缀合后其盾纹接续，背面残钻凿分别局部复合。《甲编》1079 左上边缘为中甲与右前甲结合处之齿缝。《甲编》1091+(《甲编》1101+1079)与(《甲编》1108+3.0.0362)+《甲编》1095 上卜辞书风一致，均有宾组常见贞人"争"的卜旬辞，兆序皆为"三"。

另外我们发现，《甲编》1141+1814 可与《甲编》1121 遥缀，如下图所示：

图六　《甲编》1141+1814-1121 拓片及正反面照片

---

① 《丁编》第 93～95 页。

《甲编》1141+1814 为陈逸文先生缀合①，我们在此基础上遥缀《甲编》1121。《甲编》1141、1814、1121 三片均为第三次发掘所得，其中，《甲编》1141、1121 两片皆出土于横十三·二五乙。整理者指出《甲编》1814 片出土于横十三大连坑与大连中②，我们疑其具体出土坑位亦为横十三·二五乙。因为整理者原将《合集》11485 之《甲编》5 片碎甲中的《甲编》1114、1156、1289 及《甲编》1749、1801 分置于横十三·二五乙、横十三大连坑与大连中③，缀合后发现其均应出土于横十三·二五乙④。《甲编》1141+1814 属左首甲，《甲编》1121 属右首甲。其上卜辞字体大小、书风一致，各有一个兆序"三"。《甲编》1141+1814 与《甲编》1121 遥缀后，左、右盾纹对称分布，符合首甲第一道盾纹的生理结构。左、右首甲上的卜辞及兆序亦大体对称布局，符合首甲文例、卜法之通例。

　　整理过程中我们进一步发现，《合集》11485、16639 及上面三组新缀合可遥缀于同一腹甲形态中。《合集》16639 即《甲编》1146+1107，出土于横十三·二五乙⑤。从《合集》16639 右下部盾纹及左下部仅存少许盾纹可知，其属右后甲傍第四道盾纹跨右甲桥左下部的一部分。各片在腹甲上的复原位置如下图所示（见下页）。

　　该版中的各缀合片均出土于 1929 年第三次科学发掘之横十三·二五乙坑。其上主要为贞人"争"之卜旬辞，兆序皆为"三"，缀合形态复原后应为一套卜旬腹甲之第三版。上揭缀合示意图所参照的腹甲结构来自《花东》175。这是我们先将《花东》175 的拓片经反相处理，去除其上面卜辞及卜兆等信息后，按 1:1 的比例，放入各缀合片的结果。《花东》175 腹甲长 32.2 厘米，宽 23.9 厘米⑥。就其尺寸而言，《合集》11485 等残片所在的腹甲，与《花东》175 相当，长度约 32 厘米，属殷墟发掘所得刻辞卜甲之较大者。

---

① 陈逸文：《〈甲编〉缀合 26 例》第 8 例，中国社会科学院先秦史网站，http://www.xianqin.org/blog/archives/3803.html，2014 年 3 月 6 日。

② 《丁编》第 95、96、140 页。

③ 《丁编》第 95、97、103、140、142 页。

④ 《丁编》第 95、96、140 页。

⑤ 《丁编》第 96、95 页。

⑥ 中国社会科学院考古研究所：《殷墟花园庄东地甲骨》第六册，昆明：云南人民出版社，2003 年，第 1626 页。

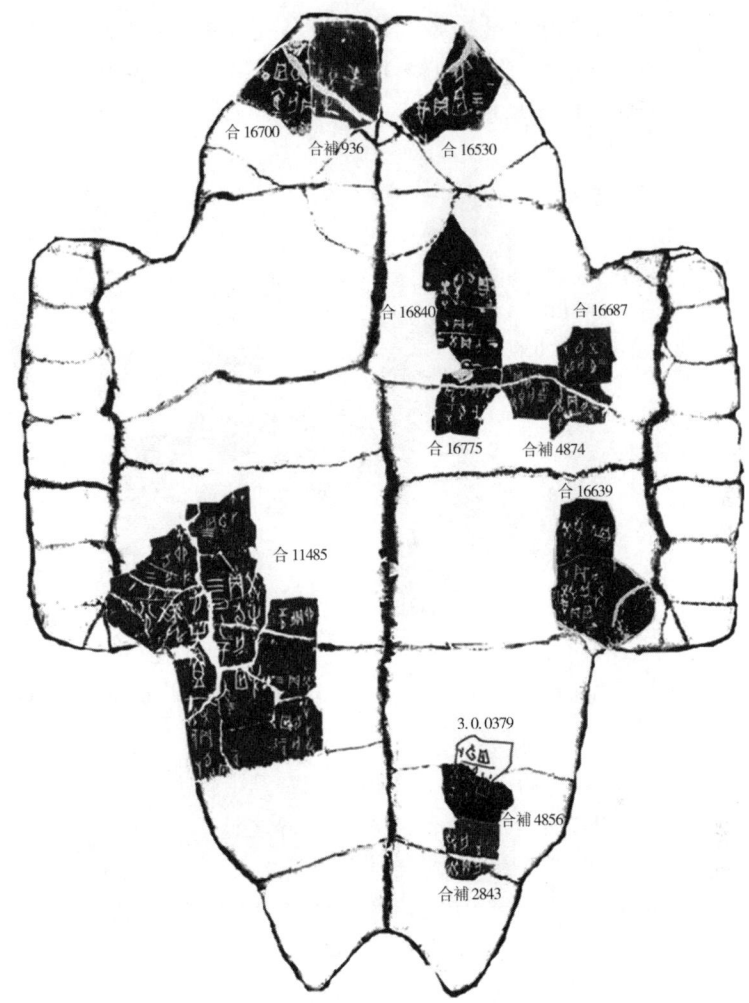

图七　《甲编》相关卜旬腹甲残片缀合复原示意图

## 三、《甲编》卜旬腹甲缀合复原与其他相关著录材料的再系联

我们在利用《甲编》相关卜旬腹甲残片进行缀合复原工作的基础上，又扩展了考察的范围。其间发现另有著录书中的腹甲残片可与上述第三次科学发掘所得的卜旬片进行再缀合。其中《合补》4667（《历藏》

15887）、《合补》4869（《历藏》10911）、《合集》16842（《续存上》931、《善》10459）可与《甲编》1101+1079+1091+1108+1095+3.0.0362实缀。准此，则如下图所示：

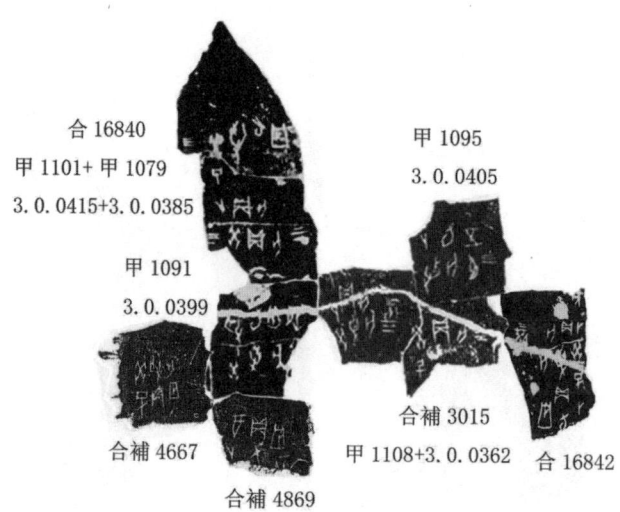

图八　《合集》16840+16842+《甲编》1091+1095+《合补》3015+4667+4869

　　《合补》4667应是傍中缝之右腹甲残片，其上仅有一条卜旬辞。《甲编》1101+1079+1091距中缝恰有一条卜旬辞之遥，《合补》4667右部折口与《甲编》1091左部折口密合，故将其缀合。《合集》16842左边折口与《甲编》1101+1079+1091+1108+1095+3.0.0362右边折口契合，其盾纹接续，故可以缀合。《合补》4869是右腹甲残片，其右上边沿可与《甲编》1091右下边沿契合，契合处正是兆枝所在。《合补》4869与《甲编》1091拼合的缝隙，恰可容《合补》4667右下突出部分。《合补》4869下边沿显然为齿缝，缀合后知此齿缝乃右前甲下部第二齿缝，其与《甲编》1091、1108等上的第三盾纹之相应关系合右前甲之生理结构。《合补》4869与《甲编》1091拼合，使得"癸酉卜，争贞：旬亡"卜辞互足。以上《甲编》与其他著录卜旬腹甲残片缀于一版的情形，盖可图示如下（见下页）：

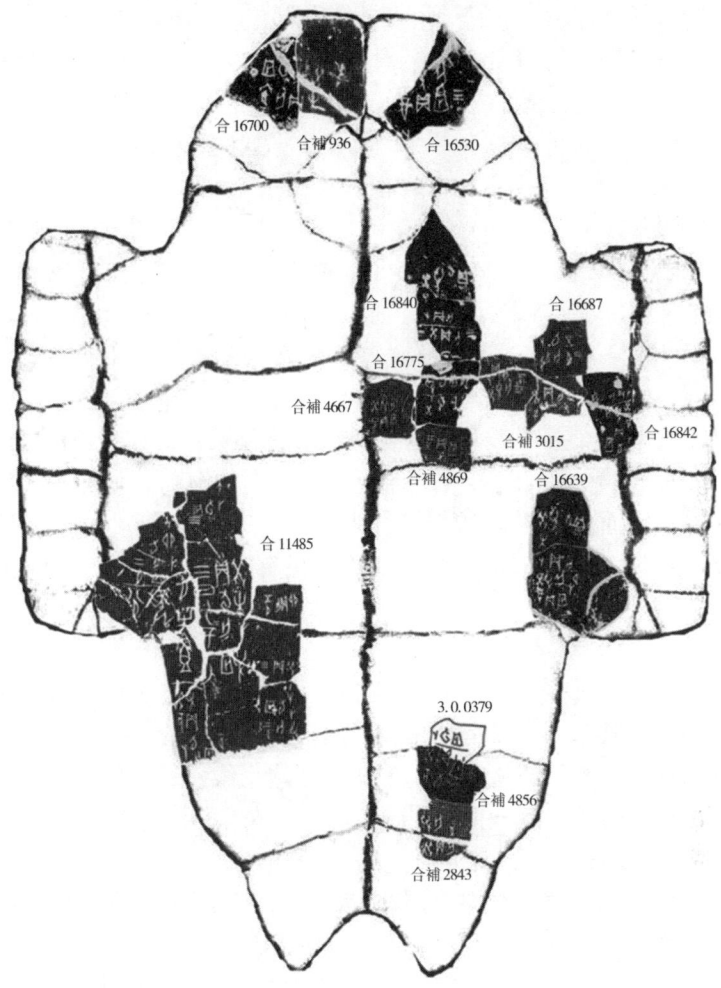

图九　《甲编》与其他著录卜旬腹甲残片缀合复原示意图

将《甲编》材料与其他相关著录卜旬腹甲残片缀合一版后，大致可以释读如下：

1. 癸〔□卜〕，争〔贞：旬〕亡〔囚〕？三
2. 癸酉卜，争贞：旬亡囚？〔十一月。〕〔三〕
3. 癸巳〔卜〕，争贞：〔旬〕亡囚？〔三〕

4.〔癸〕亥卜，□贞：〔旬〕亡〔囚〕？十二月。〔三〕
5.癸〔□卜〕，争贞：旬亡囚？十二月。三
6.三
7.〔癸〕亥卜，争贞：〔旬〕亡〔囚〕？十三月。三
8.癸巳卜，争贞：旬亡囚？〔三〕
9.三
10.〔癸□〕卜，争〔贞〕：旬亡〔囚〕？五月。〔三〕
11.〔癸〕酉卜，〔争〕贞：〔旬〕亡囚？三
12.癸未〔卜〕，争贞：旬亡囚？六月。三

从上述对整个腹甲残片的缀合及释读情况来看，其卜旬记录尚存在缺环，不够连贯。《合集》11485 所在腹甲上的卜旬布局亦稍显凌乱，似乎多是自下而上、先右后左排列，此与同为第三次科学发掘所得的《甲释》80 版上卜旬辞的布局相似。因版面上见有"一月""二月""五月""八月""十月""十一月""十三月""六月"等记月名，故其占卜历时一年以上。

我们知道，《合集》11485 所在腹甲为成套卜旬之第三版。依据成套甲骨通例，其第一、二卜所用腹甲的形制、尺寸应与第三版相当，其卜旬辞布局亦应与第三版相似。于是依据这个线索，我们在现甲骨著录中也尝试寻觅与该成套卜甲相关的另外一些蛛丝马迹。

《怀特》263（《合补》949）为一左腹甲之碎片，存两条卜旬残辞。该片上的两辞均为"癸未"卜，字体一大一小，有贞人争，另一条残去贞人。两残辞大致以盾纹为界，盾纹下方的卜辞较上方的字体大。大字刻写的"旬"字下方有一横划，从其特定位置考虑，应为兆序"一"。其左边下部折口为其相应兆干之泐痕所在，《怀特》263 下边折口为其兆枝所在泐痕。其下面大字刻写的"未"字犯兆，其下部沿兆枝方向残去。这些特征与《合集》11485 右上部的情形极相似，就此我们判断《怀特》263 为《合集》11485 所属成套卜甲之第一卜的残片。参照《合集》11485 "月虫食"辞例，似乎《怀特》263 可与《怀特》673 实缀。如图十所示。

图十 《怀》263+673

由上图可以看出，该片上的"癸未"卜旬辞与《合集》11485"癸未卜""月㞢食"同文，且行款相似。

《怀特》263+673 似可与《合集》16829（《历拓》3778）、《合集》16792（《旅博》1287、《旅藏》736）遥缀于一版。此腹甲可能是《合集》11485 片所属成套卜甲的第一版，如下图所示：

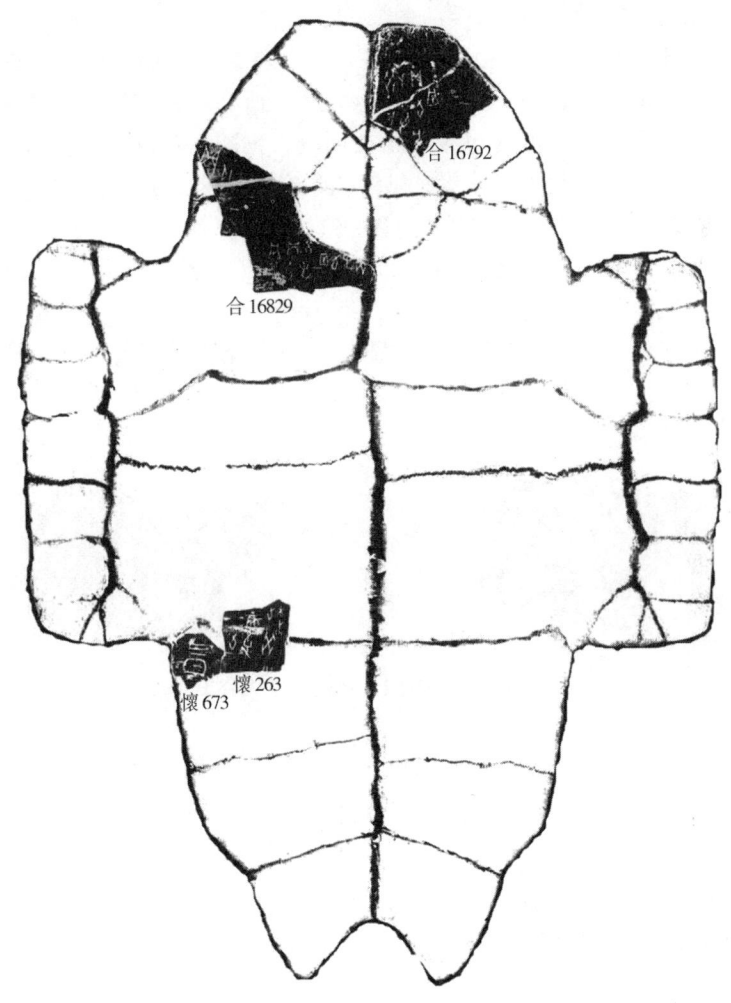

图十一　成套腹甲第一版示意图

《合集》16792 与《合集》16530 均为右首甲残片。其所属首甲的尺寸比例大致相当，其上面均有"癸酉""争贞"的卜旬刻辞，且其卜辞均跨第一盾纹，其兆序分别作"一"和"三"。《合集》16530 是该成套腹甲第三版的残片，《合集》16792 可能是该成套卜甲第一版之残片。《合集》16829 是缘中甲、跨第一盾纹之左前甲部分，其尺寸比例与《合集》11485 所属腹甲相应部位相当，其上有"争"贞卜旬辞，兆序为"一"，故也可能是该成套卜旬腹甲第一版之残片。

《合集》11486（《北珍》2428）为一左腹甲之残片。其上边缘应是腹甲第二道齿缝，左下部之左边缘为兆干所在，左下部之下边缘为兆枝所在，其右边折口似为缘兆干断裂而成，刻辞与齿缝基本垂直。按兆序与卜兆位置的一般惯例，此卜兆的兆序应在"闻"字表手、口的位置。然而此处未见兆序，且"闻"字犯兆，我们推测此处也是经过了刮削处理。因《合集》11486 与《合集》11485 验辞相同，而且《合集》11485 所在成套卜甲之第一、三版的"屮食月"残片上文均已述及，加之迄今甲骨著录书中未见"争"卜旬辞之兆序超过"三"者。由此可推测《合集》11486 可能为《合集》11485 所在成套卜甲第二版之残片。

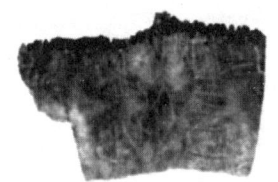 

图十二　《北珍》2428 照片及拓片（《合集》11486）

经过爬梳系联，我们又特别将《合集》11486 与《合集》16690[①] 遥缀于一版。它们可能是《合集》11485 所在成套卜甲的第二版的遗存，兹谨图示如下：

---

① 《甲骨文合集材料来源表》谓《合集》16690 源于《柏俗》1，有误。

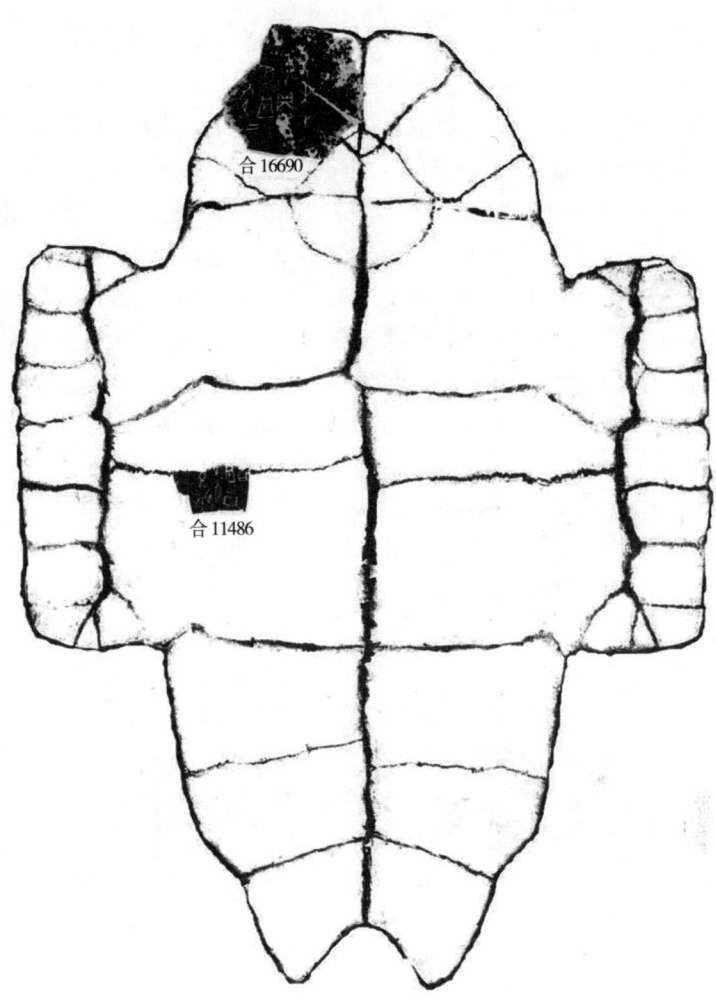

图十三　成套腹甲第二版示意图（50%）

《合集》16690与《合集》16700+《合补》936皆处于左首甲的位置。其所属首甲之尺寸比例相当，其上面均记有"癸未卜，争贞：旬亡囚？六月"辞。两片同文卜辞均跨第一盾纹，其兆序分别为"二"和"三"。《合集》16700+《合补》936是《合集》11485所在成套腹甲的第三版的残片，《合集》16690可能是该成套卜旬腹甲之第二版的残片。

## 四、余 论

早在20世纪40年代，董作宾先生就注意到《甲编》可与其他著录甲骨缀合的情况。他曾在《甲编·自序》中举出3例：其一是第一次发掘中，出自第9坑的《甲编》297可与《库方》1661拼合；其二是第一次发掘中，出自36坑的《甲编》264与《粹编》425缀合；其三是第三次发掘中，大连坑出土的《甲编》2282可与《佚存》256缀合。为此董先生还曾指出，前两者均因在科学发掘之前，其出土的坑穴曾遭盗扰，故使甲骨分散，进而出现《甲编》材料可与其他著录甲骨缀合的情况。而第三例中的大连坑，乃未经扰乱之生坑，犹出现坑中出土甲骨与其他著录甲骨缀合的情况[①]。

第十三次发掘的YH127乃未遭盗掘的生坑，出土有字甲骨一万七千余片[②]，这些甲骨理应没有流落在外的，然而事实并非如此。宋镇豪先生曾对出自YH127坑而流散在外的甲骨做过较为详细的阐述，指出中国国家图书馆有多版卜甲源于YH127坑[③]。魏慈德先生也曾对YH127坑甲骨与其他著录甲骨缀合情况进行过论述，举二十余例揭示这一特殊情形，认为其他著录中可与《乙编》缀合的甲骨，应均来源于YH127坑，可能它们是在发掘和著录的过程中遗失了[④]。

1991年10月发掘的殷墟花园庄东地H3坑，坑口距地表2.9米，是未经盗扰的生坑，出土有字甲骨689片，以大块及完整的卜甲居多[⑤]。

---

① 董作宾：《殷虚文字甲编·自序》，台湾"中央研究院"历史语言研究所，1948年，第5~6页。
② 董作宾：《殷墟文字乙编·序》，台湾"中央研究院"历史语言研究所，1994年，第4页。YH127坑出土有字甲骨经缀合整理，就目前来看，其数量应不足一万七千片。
③ 宋镇豪：《记国博所藏甲骨及其与YH127坑有关的大龟六版》，《中国国家博物馆馆藏文物研究丛书·甲骨卷》，上海：上海古籍出版社，2007年，第282~291页。
④ 魏慈德：《殷墟YH一二七坑甲骨卜辞研究》，台北政治大学博士学位论文，2001年，第41~52页。又见其《谈一二七坑甲骨与其他著录甲骨相缀合的现象》，《纪念殷墟YH127甲骨坑南京室内发掘70周年论文集》，文物出版社，2008年，第73~89页；《YH127坑甲骨卜辞研究》，台北：花木兰文化出版社，2011年，第81~82页。
⑤ 中国社会科学院考古研究所：《殷墟花园庄东地甲骨·前言》，昆明：云南人民出版社，2003年，第1页。

然而20世纪90年代之前成书的《合集》就著录有花东子卜甲，此为甲骨学界所熟知。《花东》甲骨亦可与其他著录甲骨缀合，如《花东》123可与《辑佚》561缀合①。

1929年第三次科学发掘的小屯村北横十三·二五乙坑距当时地表深度为1.2～3米，该坑历经三千余年是否被扰乱不得而知。发掘者指出小屯村北地大部分都被扰乱了，这种扰乱或因自然变迁，或因人类活动。一些甲骨，如《合集》1027，《醉古集》60、90，《花东》123、149、151、206、215等版均在断裂处有圆形的编连穿孔，可知其于当初尚在使用、保管中就出现了裂断的情况。一些其他著录甲骨与科学发掘所得的甲骨可缀合，虽然有证据证明其中一部分确实是同出一坑，只是在发掘和著录的过程中遗失了，但犹不能排除其在埋入坑之前就已断开、分散的可能性。

通过考察《合集》11485所属成套卜甲资料，目前我们从各家著录中依稀可复原上述三版遗存信息。从情理上它们本应一起使用、一同废弃，然而在科学发掘的横十三·二五乙坑中也仅能见到其第三版的残片。究其原因，我们推测其他两版可能在埋入此坑前就已经与第三版分散了。至于第三版残片又见于其他著录书者，则有可能原版在入坑前就已断裂，因而未能全部入存此坑。

---

① 莫伯峰：《花东子卜辞和历组卜辞新缀四组》，《故宫博物院院刊》2011年第1期，第28～33页。

# 读《甲骨文合集》21384 "耳鸣"一辞

黄天树

（清华大学人文学院）

**【提要】** 《甲骨文合集》21384 的卜辞各家释读不同。根据更为清晰的来源片《前编》8.5.3 以及花东子卜辞行款特点，此版释文可修订为"□丑卜：子梦，乍耳亦鸣，冬（终）夕㑞（通＝痛），既。"卜辞反映了占卜当天发生了两件不好的事：做梦和耳鸣。耳鸣语的意义是外界无声音而患者自己认为自己耳朵里有声音。

《甲骨文合集》（以下简称《合集》）21384 是一片记有"耳鸣"的残片，由于拓本漫漶不清等原因，各家释文不同。例如，《殷墟甲骨刻辞摹释总集》21384 释文如下：

　　…卯卜…疾…惟…
　　…巳…既梦…作㑞耳鸣终…大…
　　…巳…人
　　…卯…①

《甲骨文合集释文》21384 释文如：

　　（1）丁卯卜，叶，□…
　　（2）丁卯卜，子，子勿又…
　　（3）丁巳卜，梦拃，耳亦鸣。

---

① 姚孝遂主编：《殷墟甲骨刻辞摹释总集》，北京：中华书局，1988 年，第 21384 片。

（4）)…梦…不…①

《甲骨文校释总集》21384 释文如下：

(1) 丁卯卜，䎽，囗…
(2) 丁卯卜，子，子勿㞢…
(3) 丁巳卜，梦拤，耳亦鸣。
(4) …梦…不…②

《殷墟甲骨文摹释全编》21384 释文如下：

(1) …巳…梦…乍通耳鸣终…大…
(2) 丁卯卜巳…弜又…
(3) 丁卯卜…③

以上诸书的释文皆有误。其中记有"耳鸣"的这条卜辞，本来十分完整，但是由于拓本漫漶，加之字体和行款比较特殊，因此各家释文也都误读，检视拓本自明。《合集》是目前收录甲骨拓本最多的一部大型著录书。但是此书有不少拓本是拿旧著录书翻印的，其拓本往往不如旧著录书清晰。上引《合集》21384 是翻印《前编》8·5·3，所以《合集》拓本斑驳，笔画掩映其中，忽隐忽现。大家知道，罗振玉对有字甲骨有丰富的收藏。他既勤于研究，也勤于刊布有字甲骨。他出版过很多甲骨著录书。其中以他在日本编印出版的《前编》选材最精，以珂罗版影印，拓本的清晰精美远远胜过石印本的《铁云藏龟》。此书是殷墟正式发掘前出土甲骨的重要集录。甲骨文得以迅速传播，为世人所重，与此书的编印出版不无关系。检视《前编》8·5·3 拓本，拓本清晰度优于《合集》21384。笔者根据《前编》8·5·3 拓本做了一张摹本（见附图），附于文末，供学者参考。

---

① 胡厚宣主编：《甲骨文合集释文》，北京：中国社会科学出版社，1999 年，第 21384 片。
② 曹锦炎、沈建华编著：《甲骨文校释总集》，上海：上海辞书出版社，2006 年，第 21384 片。
③ 陈年福撰：《殷墟甲骨文摹释全编》，北京：线装书局，2010 年，第 21384 片。

我认为，《合集》21384（即《前编》8·5·3）是龟腹甲的右前甲残片。其左边是中缝，左上是内舌缝与上舌缝，右上是原边，右边和下边是断边①。这片卜辞的字体属花东子卜辞，其时代属于武丁晚期，最多可推断其上限及于武丁中期②。审视拓本，我们要讨论的这条卜辞的周围有环形界划线把这条卜辞和一个卜兆都圈在里面（见附图）。花东子卜辞的行款是严格守兆的，环形界划线圈里的卜辞行款围绕卜兆作"⊐"形，即先自左至右逆兆枝而行，经过兆干后改为竖刻，沿兆干背面自上而下刻写，到兆干底部，然后改为自右至左顺兆枝而左行。上述释文诸书皆误，就是因为不懂花东卜辞的文例而造成的③。现在，让我们把上引记有"耳鸣"的这条完整卜辞的释文先写在下面，然后加以阐述。

□丑卜：子梦，乍耳亦鸣，冬（终）夕佣（通=痛），既。　　（合集 21384= 前编 8.5.3［花东］）

这条卜辞字体属花东子卜辞，即所谓"非王卜辞"，它的占卜主体不是"王"而是"子"，所谓"子"是商人家族的族长。乍，虚词④。"耳鸣"一语，卜辞多见，于省吾说："（耳鸣）见诸三千年前的甲骨文。耳鸣乃耳病中的一种症状，是由于听觉器官有某种病变而产生的。"⑤亦，频率副词。杨树达说："亦者，又也，又者，一事而再见之辞也。故卜辞云：贞舌方其亦出者，贞舌方之又出也。贞舌方不亦出者，贞其不又出也。不又出犹今人言不再出也。"⑥上引这条卜辞说，"□丑"这天的夜间发生了两件不好的事情：一件是子"做梦"，另一件是子"耳亦

---

① 黄天树：《甲骨形态学》，刊《甲骨拼合集》，北京：学苑出版社，2010年，第514～538页。
② 黄天树：《简论"花东子类"卜辞的时代》，载《古文字研究》第26辑，北京：中华书局，2006年，第23～29页。
③ 有关花东卜辞的行款特点参看孙亚冰：《殷墟花园庄东地甲骨文例研究》，上海：上海古籍出版社，2014年，第34～98页。
④ 方稚松：《殷墟甲骨文五种记事刻辞研究》，北京：线装书局，2009年，第61页。
⑤ 于省吾：《甲骨文字释林·释"耳鸣"》，北京：中华书局，1979年，第220～221页。
⑥ 杨树达：《积微居甲文说·释亦》，《杨树达文集之五》，上海：上海古籍出版社，1986年，第23～24页；黄天树：《甲骨文中的频率副词》，《首都师范大学学报（社会科学版）》2015年第1期，第85～92页。

鸣"。"做梦"和"耳鸣"都属于夜里发生的事情，所以"耳鸣"中间插入训"又"的虚词"亦"字。甲骨文"耳鸣"中间可以插入"亦"字，说明"耳鸣"并非凝固结构，应是词组。"徆"字，从"彳""用"声，当释为"通"。甬、用声同义通。"通"和"痛"，古音皆为透纽东部，二字古音相同，所以"通"读为"痛"。冬（终）夕，意思是整夜。既，动词，训"尽"、训"停止"，如《合集》21302"庚寅雨，中日既"。"中日既"是说中午时雨停了。《屯南》1105"辛巳贞：雨不既，其燎于嵩（郊）土（社）"。"雨不既"就是雨不止的意思。所以"终夕痛既"就是卜问花东家族的族长"子"整夜的疼痛能否停止。

"耳鸣"一语，指外界并无声音而患者自己觉得耳朵里有声音。由中耳、内耳或神经系统的疾病引起。又见于下列卜辞：

（1）庚卜：弜（勿）𥎦（禳），子耳鸣，亡（无）小艰。（花东39）

（2）于母昌𥎦（禳）子馘颠（疹）。
子馘颠（疹），其𥎦（禳）妣己眔妣丁。
其御子馘妣己眔妣丁。（花东273）

（3）庚戌卜：朕耳鸣，㞢御于祖庚，羊百㞢用，五十八㞢毋用，囗，今日。（《合》22099［午类］）

（4）囗：［子］耳鸣，亡至［艰］。（合集22037［花东］）

（5）丁卜：子耳鸣，亡（无）害。（花东501）

（6）癸卜贞：子耳鸣，亡（无）害。（花东53）

（7）癸酉卜：子耳鸣，唯癸子害。（花东275）

"𥎦"字，周忠兵先生《释花东卜辞中的"禳"》释为"禳"①，可从。上引《花东》39卜辞卜问，不要举行禳祭，因为"子耳鸣"不会带来灾难。上引《花东》273中的"𥎦（禳）"字，祭名，消灾除难之祭。《说文》："禳，磔禳祀，除疠殃也。""禳"是一个动词，意义与"御"相似。

---

① 周忠兵：《释花东卜辞中的"禳"》，载《古文字研究》第32辑，北京：中华书局，2018年，第68～74页。

蒋玉斌先生把上引《花东》273 中的"颠"字读为"疹"①，当疾病讲，并认为是由于子馘患病，所以贞问向哪位先人举行"宰（禳）"祭或"御"祭。上引《花东》273 第一条卜辞"母"下一字从"口"从"日"，当是"昌"字。"昌"古音在昌纽阳部，"禳"古音在日纽阳部，二字韵部全同，声纽皆为舌上音，所以"昌"疑读为"禳"。如《合集》19924"[庚]戌王贞：亡昌（禳）父辛。"

　　壬戌卜，在□刅：子耳鸣，唯又（有）䌇，亡至艰。
　　癸亥：子往于㘝，肇子丹一、㠱龟二。　　《花东》450

　　肇，动词，训为"赠送"之义。"肇"的主语应是商王。上引两辞卜日干支"壬戌"和"癸亥"相连，所卜之事应该是有关系的。第一条卜辞说"壬戌"日，子患"耳鸣"。第二条卜辞说次日"癸亥"，子前往"㘝"地，商王是否会赠送丹砂和㠱地之龟。"丹一、㠱龟二"可能是治疗"耳鸣"的药物②。

---

① 蒋玉斌：《释殷墟花东卜辞的"颠"》，《考古与文物》2015 年第 3 期，第 107～110、117 页。
② 黄天树：《卜辞琐记》，载《出土文献与古文字研究》第 6 辑，上海：上海古籍出版社，2015 年，第 13～16 页。

# 读《天理参考馆所藏未著录甲骨选录》札记

## 林宏明
（台湾政治大学）

【提要】 日本天理大学附属天理参考馆所出版《天理大学附属天理参考馆甲骨文字》计收录692号甲骨的照片与拓片。陈逸文根据天理参考馆另外200多片未曾著录甲骨的其中五十版，与青木智史撰写《天理参考馆所藏未著录甲骨选录》一文。笔者根据此文所收甲骨，选其中九版做一补充说明。

日本奈良天理市的天理大学附属天理参考馆收藏的甲骨，主要收录在1987年出版《天理大学附属天理参考馆甲骨文字》[1]一书，计收录692号甲骨的黑白照片以及拓片，并附有少数彩色照片。陈逸文于2018年夏季前往日本天理参考馆进行调查，并发现另有二百多片甲骨未曾著录。陈先生与馆员青木智史将其中的50版甲骨的黑白照片及摹本发表在《天理参考馆所藏未著录甲骨选录》[2]一文，并撰写了很好的释文及说明。笔者读后收获良多，但认为还有少数可以补充的意见，因此以札记形式写成小文一篇，以供学界参考。

---

[1] 参看天理大学、天理教道友社共编，1987年第1期第5卷。
[2] 参看陈逸文、青木智史（2019）。以下简称《选录》。

## （一）《选录》02（王 007）

王 007

《选录》02 的编号是"王 007"，原文的释文为：

（1）丁卯□□王今夕□□。
（2）己［巳］□［贞］：王□□［亡］□。
（3）□□□□□□□［亡］畎。
（4）□□□贞：☒。

笔者认为此版可与《合补》12257 上下拼合。首先两版的断口相吻合，缀合后补足残字"巳"，且上下两版的卜辞也能够相互补足。再考察缀合后已知的干支《合补》12257 分别为"辛酉（58）""癸亥（60）"，《选录》02 分别为"丁卯（04）""己巳（06）"，干支顺序亦相合。如果再观察《选录》对此版的摹本可以发现其上所摹的盾纹，和《合补》12257 拓本上的盾纹亦相合。综合上述几点理由，我们将这两版加以拼合，拼合后的图版及释文如下：

選錄 084
王 007

合補 12257

（1）辛酉□□王今夕□□。
（2）癸亥□□王今□□。

（3）丁卯卜贞王今夕亡㕁。
（4）己巳卜贞王今□亡㕁。
（5）□□□□□亡㕁。
（6）□□贞□□□□。

（二）《选录》11（王084）

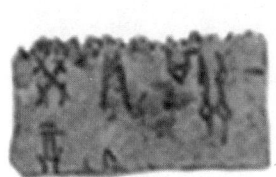 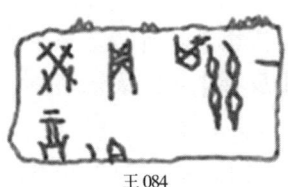
王084

《选录》11 的编号是"王084"，原文对于此版的释文为：

癸［酉］□贞：［且］□□其□。兹□。一

其实，"祖"字下可补"甲"字。视其摹本，似乎将"甲"的残笔摹得近似于"乙"。这类卜辞的辞例通常为："癸某卜贞祖甲祊其牢兹用"，既知卜问的干支为"癸酉"，其对象不会是"祖乙"，而应是"祖甲"。

（三）《选录》24（王159）

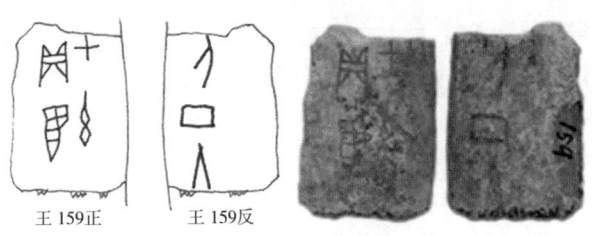

《选录》24 的编号是"王159"，原文对于此版的释文为：

【正释】：甲午□贞：翌□。
【反释】：□［邑］□。

《选录》将正面的"甲午"视为前辞的干支，其实它更有可能是命辞。"甲"字右侧似乎仍有残存三竖笔的残画，不知是否为"雨"字？《选录》将反面的"邑"字残字释出，非常正确。根据它的位置及"邑"字，其内容当为记事刻辞，如《合》2430+《合补》3404① 反面记事刻辞"丁酉邑示廿"之类。知道"邑"上当为地支后，从残笔可以判断为"亥"。释文可以修正为：

【正释】：贞：翌甲午雨。
【反释】：☐亥邑☒。

（四）《选录》29（王 172）

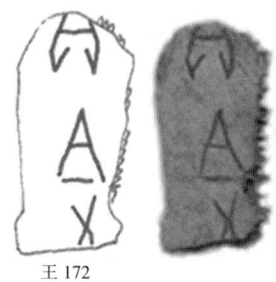

王 172

《选录》29 的编号是"王 172"，原文对于此版的释文及说明如下：

【释文】：☒［自］今［旬］☒。
【说明】："今旬"句于卜辞中稀见，本版甲骨为背甲。《醉古》198："自今旬雨。"《怀》204 等右背甲的内容、形式相似，本版与之或有关系。

《选录》认为"今"下的残文为"旬"字，并说明是属于比较少见的辞例。笔者以为这种推测有成立的可能，但似乎也不能排除其为"至"的残存笔画的可能，卜辞"自今至于干支"的辞例更为常见。

---

① 林胜祥：《〈殷墟文字甲编〉缀合二十六例》第 26 组，《第七届中国训诂学全国学术研讨会论文集》，台北：政治大学中国文学系，2005 年。

（五）《选录》33（王191）

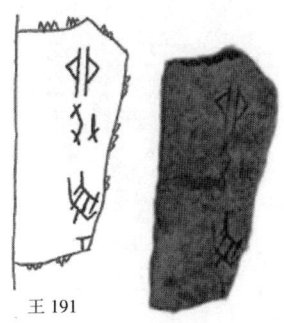
王191

《选录》33的编号是"王191"，原文对于此版的释文及说明如下：

【释文】：☒卯☒。
【说明】："卯"字下字，或为"戋甲"之"戋"，下一残文不识。

《选录》以为"卯"下或为"戋"，不确。这版目前所见的内容应为干支表的一部分，其中的"戊"和"辰"二字缺刻横画，并非"戋"字。根据干支表可以依序推知"卯"上的残去的字应为"丁"，而"辰"下的残文则为"己"。本版的释文应为：

☒卯戊辰己☒

（六）《选录》38（王228）

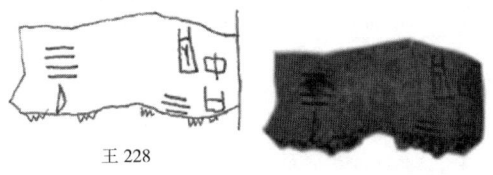
王228

笔者认为此版可与《合补》16769（《京人》212）上下拼合。首先两版右侧均为龟腹甲的边缘，本版下方与《合补》16769上方均为齿缝。缀合后卜辞的残辞亦颇合理。缀合后的释文及缀合图版如下：

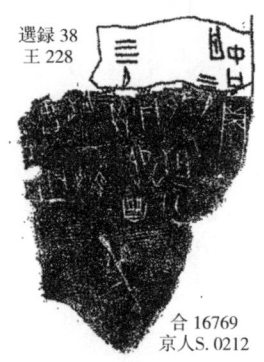

癸巳卜，古贞：旬无忧。六月。三
癸卯卜，☐贞：旬无忧。十二月。三
☐古☐忧。三月。
☐。四月

（七）《选录》44（A）

2005A67-A

《选录》44，原文对于此版的释文及说明如下：

【释文】：辛卯☐☐☐。三
叀十宰用且辛酉用。四
壬辰☐贞：☐。

【说明】：本版甲骨表面漫漶较严重，表面亦有些土块附著，仅能勉摹。A辞最后一字似乎为"羊",前一字则可能为"𤉲","𤉲羊"之语偶见于卜辞(《合》713、2226等)。

《选录》对于其上的卜辞提出了可能的释读。我们怀疑《选录》释为"羊"的残笔,也有可能是"王余"二字。王卜的卜辞中常见"干支卜王:余……"的辞例。

(八)《选录》49(6)

《选录》49,原文对于此版的说明如下:

　　【说明】:此版甲骨与《合》6167为对贞之关系,D词之完整词例为"贞:登人五千呼视舌方"。此版与《合》6077词例相接,"甲"字残笔可见,可能可与之缀合。但两版之间可能还有些小残缺,导致无法密合。《合》6077左上尖起处,或能与此版左下缺空处相接,但骨边弧度较大,若无拓片,较不好比对。

　　原文认为此版下方可能与《合》6077缀合,这是非常正确的。笔者怀疑其上方还可以加缀《合》6300。接点虽有残缺,但似略可通读:贞勿呼五千视舌方。如此视字似乎是独自一行且位于下方,不过若与本组同文的《合》6167其最上方一辞"贞:勿登人五千…"比较,其"五千"合文亦可能是独自一行且位于下方。此外,本版的五字,实是"五千"合文的残字,摹本缺摹人字下笔。

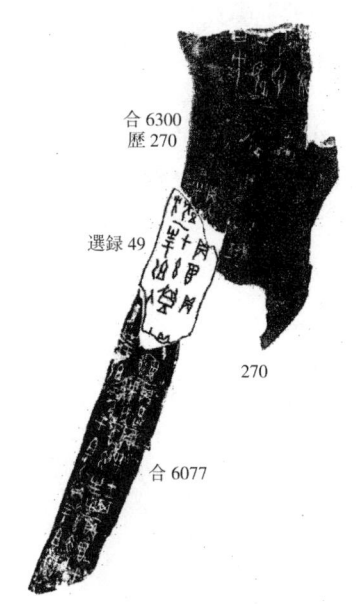

（九）《选录》50（罗旧1）

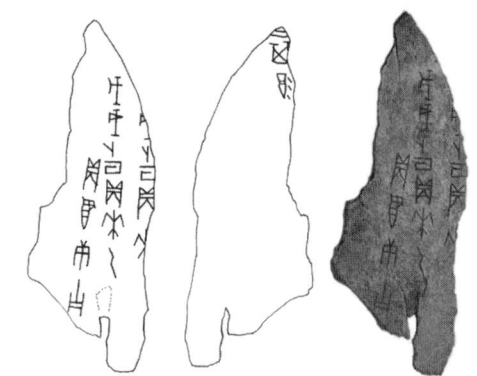

《选录》50，原文对于此版的释文及说明如下：

A. 戊戌卜，㱿贞：来乙[巳]☒。
B. ☒[戌]卜，㱿贞：[来]☒。
C. 贞：翌庚子☒。
【反释】：☒其☒。

《选录》对于最右一条卜辞在摹本及释文上均少了"乙巳"二字，根据文中所附照片，"来"字后的"乙"是完整的，"巳"字只残去子形的左手臂部分。因此 B 的释文应为：□戌卜，亘贞：来乙巳☒。

本文主要是拜读陈逸文、青木智史新发表的天理大学藏品，提出一些个人的想法。其中新缀合三例，前两则较有把握，后一则有待验证。至于释文的不同意见，有些只是提出另一种可以考虑或补充的意见，仓促成文肯定有考虑不周之处，敬请指正。

**参考文献**

［1］天理大学、天理教道友社共编：《ひとものこころ》第 1 期第 5 卷《甲骨文字》，奈良：天理教道友社，1987 年。

［2］陈逸文、青木智史：《天理参考馆所藏未著录甲骨选录》，"第三十一届中国文字学国际学术研讨会"，台南：成功大学，2019 年。

# 卜辞剩义 5 则

孙亚冰

(中国社会科学院古代史研究所)

**【提要】** 本文对五版甲骨中有争议的内容重新作了释读，它们分别是：《合集》34508 的"内旬"、《合集》16937 的"有咎卜"以及《合集》33378、33133、29387 的释文。

## 一、《合集》34086 的"内旬"

《合集》34086（图一）是一版历二类卜辞，与《合集》34085 同文，其中有一条辞释作：

　　癸未贞：内旬有求（咎），不于人忧。①

"内旬"之"内"，或释作"下""六"②，均不确。殷人将当时的政治区域区分为"内"和"外"。"内旬有求（咎）"是说商都内的下旬有灾咎，这句应当是之前卜问的占辞，本辞则主要关注这一灾咎是否会给商王带来忧患。卜问商都内是否有灾咎的卜辞还有：

　　癸酉卜，出贞：旬虫（有）求（咎），其在内。　　《殷拾》

---

① 根据同文的《合集》36085，"不于人忧"的"人"字前漏刻了"一"字，"一人"指商王。
② 诸说可参刘源:《谈一则卜辞"刮削重刻例"及一组历宾同文卜辞》,《南方文物》2015 年第 3 期,第 109～112 页。

15.5<sup>①</sup>（图二，出组）

三月癸酉卜，贞：旬在内。　　《合集》20609（师小字）

"其在内"指前一行为或动作的处所，相似的句型如："其登鬯，其在祖乙"（《合集》22925，出组）；"其登，其在祖乙"（《合集》22926，即《卡内基》161，出组）；"祭其酒奏，其在父丁"（《合集》23256，出组）；"王其㭪<sup>②</sup>，其于盥"（《合集》35965+36177+《笏》二986+《续存补》7.3.2，蒋玉斌缀，黄组）；"其寮，其自王季"（周公庙甲骨<sup>③</sup>）。《合集》20609"旬在内"是"旬亡忧在内"的省称。<sup>④</sup> 上引二辞也是卜问商都内下旬是否有灾祸。另外，《合集》22592"卜有咎，在兹内有不若"的"在兹内"以及《合集》16348、《屯南》附12、756，《缀汇》369（肖楠缀）<sup>⑤</sup>，花东子卜辞，安阳小屯18号墓出土的玉戈（M18:46）朱书铭文等的"在入（内）"，也可能都是指在商都内，而不是具体的地名。

像"内旬"一样在"旬"前加地域名限制的例子，又见于《合集》33145+《合补》10839（周忠兵缀，历二）："在癸旬""在簪旬""［在］食旬"。

---

① 即《合集》23620、41228，《上博》17647.403，这三版均不如《殷拾》15.5片形完整，而且《合集》41228的摹本有误。

② 此字陈剑改释为"游"，参陈剑：《甲骨金文用为"游"之字补说》，载《出土文献与古文字研究》第8辑，上海：上海古籍出版社，2019年，第1~46页。

③ 蔡玫芬主编：《赫赫宗周：西周文化特展图录》，台北故宫博物院，2012年，第36页。

④ 黄天树：《说殷墟甲骨文中的方位词》，《黄天树古文字论集》，北京：学苑出版社，2006年，第203页。

⑤ 蔡哲茂编：《甲骨缀合彙编》（图版篇，简称《缀彙》，下同），新北：花木兰文化出版社，2011年。

　　《合集》34086　　　《殷拾》15.5

　　　图一　　　　　　图二

## 二、《合集》16937 的"有㞢卜"

《合集》16937（图三）是一版典宾类卜辞，现藏清华大学，与《合集》5807[①]（图四）成套，前者为二卜，后者为三卜，但文字内容不完全相同，《合集》5807骨首部位完整，铭文为：

　　　癸亥卜，争贞：旬亡忧。王占曰：㞢（有）求（咎）。旬壬申中师嬃（殊）。四月。三

《合集》16937骨首残，缺字据《合集》5807同文可补，但卜辞第五竖行最上端有一个"▉"字，《合集》5807上没有。"▉"是字还

---

① 赵鹏将此版与《合集》17055（《怀特》959）缀合，可参考，见《甲骨拼合三集》，第600则，北京：学苑出版社，2013年。《合集》5807现藏瑞典斯德哥尔摩东方博物馆，具体情况参见王泽文：《对〈瑞典斯德哥尔摩远东古物博物馆藏甲骨文字〉的补充及相关著录的调查》，载《古文字研究》第29辑，北京：中华书局，2012年，第177～183页。

是骨花？笔者查前人释文，除了《殷墟甲骨刻辞摹释总集》以省略号表示外，其他释文都在"有咎"后直接释"旬壬申"，显然未把"▮"看作文字。这版甲骨还见旧著录《邺初》下29.3、《京津》1802，"▮"形都很清楚，而且"占"与"申"之间也刚好有一个字的位置，所以可以肯定"▮"是文字，释为"卜"：

癸〔亥卜〕，争贞：旬亡忧。王占曰：㞢（有）求（咎）卜。
旬壬申中〔师㱿（殊）。四月〕。二

"有咎卜"的说法目前只见这一例，卜辞常见的是"卜有咎"（《合集》16953、22592、26095、24215、34708，《合补》7935等）、"二卜有咎"（《花东》102）、"岁卜有咎"（《合集》15485、26096）、"王夕卜有〔咎〕"（《运台》3.0587）、"朕卜有咎"（《合集》24135）等，主语"卜"或"某卜"都在谓宾短语"有咎"之前。笔者认为，"有咎卜"的"卜"应当是后置的主语，意思与"卜有咎"相同。

陈梦家、沈培先生讨论"后置主语"，举例有："受年商"（《合集》20651）、"受年王"（《英藏》810）、"允来㞢侯""不来㞢侯"（《合集》20067）、"有至雀师"（《合集》40864）、"有忧众"（《怀特》1654，沈培将"忧"释为"祸"，下同）、"有忧百工"（《屯南》2525）、"今夕亡震师"（《合集》34718）、"有害禾"（《合集》33342）、"亡害禾"（《天理》532）。① 与"受年商""受年王"类似的还有"受年东""受年北""受年西""受年南"（《殷拾》12.5+《合集》33246+《合集》33267，周忠兵、孙亚冰缀②）。

由以上诸例可见，将"有咎卜"看作后置主语是合适的。不过，把"有咎卜"当作偏正结构，理解为有咎的卜，文意也通。

还有一个问题，"有咎卜"的"卜"能否释作"外"？"卜"与"外"同形，要根据辞例判断是"卜"还是"外"。以往有学者将"卜有咎"的"卜"

---

① 沈培：《殷墟甲骨卜辞语序研究》，北京：文津出版社，1992年，第10~14页。
② 宋镇豪、朱德天编集：《云间朱孔阳藏戬寿堂殷虚文字旧拓》，北京：线装书局，2009年，第604页。

释作"外",沈培已有辩驳①,从"二卜有咎"看,"卜有咎"应释作"卜"。虽然卜辞也有"外亡忧"的说法(《合集》590,此辞与"殷亡忧"对贞,当释"外"②),但是与"卜有咎"对比,还是应该把"有咎卜"的"卜"释作"卜"而不是"外"。

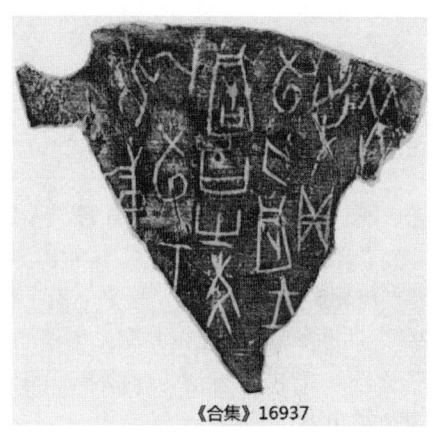
《合集》16937
图三

图四(王泽文提供)

## 三、《合集》33378 释文校补

《合集》33378 是一版无名类卜辞,内容与田猎有关。过去的释文因拓本不清楚和不了解无名类卜辞的文例而多有误读,最近王子杨根据刘影发现的无名类特殊文例(即骨边刻辞最后一行文字长度往往大大超过前行③)重新做了如下释文④:

(1)王其乎(呼)虤,擒。

---

① 沈培:《殷卜辞中跟卜兆有关的"见"和"告"》,载《古文字研究》第27辑,北京:中华书局,2008年。
② 黄天树主编:《甲骨拼合集》,北京:学苑出版社,2010年,第378页,注2;张惟捷、蔡哲茂合著:《殷虚文字丙编摹释新编》,台湾"中央研究院"历史语言研究所,2017年,第504页。
③ 刘影:《殷虚胛骨文例》,北京:首都师范大学出版社,2016年,第220~226页。
④ 王子杨:《甲骨文字浅释四例·释〈合集〉33378之"虤"》,《出土文献综合研究集刊》第3辑,成都:巴蜀书社,2016年。

（2）叀 求，擒。

（3）辛酉卜：王其田，叀省？犬比，丁□兮（刈）彔（麓），亡灾。

（4）叀牢虎虘，亡灾。

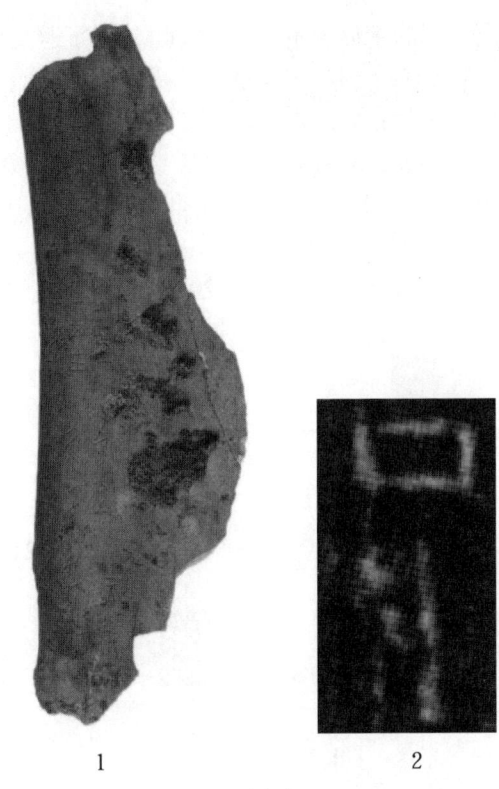

1　　　　　　　2

图五

　　王子扬的释文基本正确，并且释出了"虘"字，不过他根据不清楚的拓本推测（1）辞中的"暴"字所从的"戈"下可能有"又（手）"形，则需要纠正，《翰墨缥缃》①一书发表了该版甲骨的照片（图五1）和稍清楚的拓本，这些数据显示"戈"字右下角没有"又（手）"形。而第（4）辞的"虘"字，王子扬没有指出具体的写法，这里稍作补充。此字与（1）

---

① 国家图书馆、国家古籍保护中心编：《翰墨缥缃——中华古籍保护计划成果展暨国家珍贵古籍特展图录》，北京：国家图书馆出版社，2013年。

辞中的"虤"字从"虎"、从"戈"有别，它下面从"戈""又（手）"，上面所从的"⿱"，则当是头朝下的"豕"。《花东》113、363 有一个从"豕"、从"戈"的字，作"⿱"形，戈头对着豕头，隶作"豙"，姚萱博士指出"豙"是"虤"的异体①，很正确。（4）辞的这个字显然就是《花东》"豙"字倒过来的写法，再加一个"又（手）"。② 在同一版甲骨中，用不同的字形表示同一词，当是为了避复。③

（3）辞的"省"字，当非"省"字。"省"下从"目"，此字下从"首"，上面"中"的左上不太清楚，是否有"匕"或中竖上端左折，存疑待考，不过它应该就是无名类、何组常见的地名"𥝩"（《合集》29207 作𥝩），此字上从一个或两个手形，或省手形（本辞中的"𥝩"若只从"中"，则与下举第三类字类似），中间从"禾"或"木"，下大都从"首"，个别讹变为"目"（《合集》28146、29369）④，举例如下：

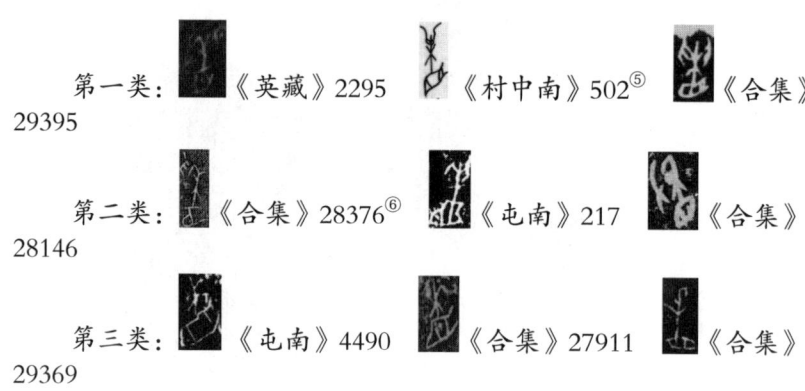

第一类：　《英藏》2295　　　《村中南》502⑤　　　《合集》29395

第二类：　《合集》28376⑥　　　《屯南》217　　　《合集》28146

第三类：　《屯南》4490　　　《合集》27911　　　《合集》29369

---

① 姚萱：《殷墟花园庄东地甲骨卜辞的初步研究》，北京：线装书局，2006 年，第 191 页。
② 《天理》575（师宾类）中有一个字，作"⿱"形，与此形很像，《天理》摹本作"⿱"，当为此字的异体。
③ 可参考徐宝贵：《商周青铜器铭文避复研究》，《考古学报》2002 年第 3 期。
④ 李宗焜的《甲骨文字编》（北京：中华书局，2012 年）第 214 页将《合集》29395、29396 中的"𥝩"字下从的"首"误摹为"目"。
⑤ 孙亚冰将此版与《缀汇》913［《合集》29314（《甲》836）+《甲骨文集》2.2.0464］缀合，参《读〈村中南〉劄记三则》，《南方文物》2016 年第 3 期。《缀汇》913 是林胜祥缀合。
⑥ 《合集》28868 是《合集》28376 的下半部分。

（3）辞"比"下"丂"上的字，多数释文认为是两个字，释作"丁十"或"丁午"，不确。"丁"下所从，从拓本看，左边似有一斜笔，整体像"止"形，那么此字当释为"正"（图五2）。"正"是"征"的初文，其本义，王国维、杨树达认为是"征行"①，裘锡圭先生认为是"远行"②。金文中用"正"本义的例子较多③，卜辞中则多用其征伐、适宜、对……适宜、官职、第一个月等意④。

过去商承祚说《佚存》693（《合集》20274）中"正商"之"正"用的是本义："此征之义为巡守，为行，非征伐之征……此辞殆王巡守于商渔而卜也。"⑤李爱辉将这版甲骨与合20655、掇三763缀合⑥，卜辞意思更明确了：

丙寅卜，王：隹正商人。允鲁。一
丙寅卜，🐾：隹东土其受年。允受年。

"黍"字又见于《合集》13906、18243。《合集》13906云"贞：咎黍其萑。"对比卜辞中常见的"帚井黍萑""帚井黍其萑""帚井黍不其萑"等（《类纂》658页），"黍"很可能是"黍"的异体。"黍正商人"大概是问黍对商人是否适宜。此"正"显然不是行的意思。

王光镐认为卜辞"正雨""雨不正辰""正年"中的"正"当训行⑦，张玉金已有辩驳，指出这些"正"应理解为：适宜、对……适宜。张说可从。

---

① 张世超等：《金文形义通解》，京都：中文出版社，1996年，第261页。
② 裘锡圭：《文字学概要（修订本）》，北京：商务印书馆，2013年，第128页。
③ 参商艳涛：《金文中"征"值得注意的用法》，《华南师范大学学报（社会科学版）》2007年第5期。
④ 张玉金：《殷墟甲骨文"正"字释义》，《语言科学》2004年第4期，收入《古文字考释论集》（广州：广东高等教育出版社，2018年，第219~232页）。也可参钊：《卜辞"雨不正"考释：兼论〈诗·雨无正〉篇题新证》，《殷都学刊》2001年第1期；季旭升：《〈雨无正〉解题》，《古籍整理研究学刊》2002年第3期。
⑤ 商承祚：《殷契佚存考释》，金陵大学中国文化研究所，1933年，第84页。
⑥ 黄天树主编：《甲骨拼合四集》，北京：学苑出版社，2016年，第937则。
⑦ 王光镐：《甲文"楚"字辨——兼论正、足不同源》，《江汉考古》1984年第2期。

笔者认为,(3)辞中的"正",用的应该是本义:"王比瞢犬行到亏麓进行田猎"。"亏"在武丁时期是敌对方国:"王令火戈亏"(《合集》20245,师小字),后成为田猎地,也写作"涝"形:"惠涝田,湄日亡灾"(《合集》29221,无名类)。

卜骨顶端还有一辞残余,左边似为"风"字,此辞估计是问田猎是否遘风。将以上补正部分总结如下:

(3)辛酉卜:王其田,惠瞢犬比正亏(刈)彔(麓),亡灾。
(4)惠牢虎羧(虢),亡灾。
(5)☒风☒。

## 四、《合集》33133 释文校订

《合集》33133(《山博》1360)是一版历一类卜辞,辞例特别,再加上拓本较模糊,故以往释文分歧较大,如《殷墟甲骨刻辞摹释总集》释作:

(1)癸丑贞旬王无囚见于敦𤉈
(2)癸亥贞旬无囚
(3)癸酉卜贞旬无囚王…
(4)…卯…

白于蓝将(1)分为两条卜辞[①]:

①王…(敦)…
②癸丑贞旬无囚见于𤉈京

《甲骨文合集释文》也认为有五条卜辞,释作:

(1)……王……[𣪠]……
(2)癸丑,贞旬亡囚。见于果京。

---

[①] 白于蓝:《殷墟甲骨刻辞摹释总集校订》,福州:福建人民出版社,2004年,第248页。

（3）癸亥，贞旬亡囧。于屵。
（4）癸酉卜，贞旬亡囧。王……二
（5）［癸］卯［卜］，［贞］旬［亡囧］。

《甲骨文校释总集》《殷墟甲骨文摹释全编》和香港中文大学"汉达文库"除了标点或个别文字的隶定不同外，释法与《甲骨文合集释文》基本相同。沈培先生将争议较大的前三辞释为：

（1）☐王☐敦☐
（2）癸丑贞：旬王亡忧。见于京☒。
（3）癸亥贞：旬亡忧。于火。

他在批注中说（2）辞"最后二字当是'☒'的分书，但把'京'写在了'☒'的前面，大概还是应该读为'☒京'"①。照此说，（1）辞的"王""敦"二字在（2）辞中重出，（1）当是衍文，可不论。

此版甲骨现存山东博物馆，我们在整理时，发现以往释文均不确，需要修正。整版甲骨现存4条卜辞，分别是：

（1）癸丑贞：旬王亡忧。见于敦。
（2）癸亥贞：旬亡忧。王在屵。不。二
（3）癸酉卜，贞：旬亡忧。王在☐。二
（4）［癸］卯［贞］：旬［亡忧］。☒。二

以上（1）辞命辞"旬王亡忧"的说法，很少见，目前只发现这么一例，所以《甲骨文合集释文》、白于蓝等将其分为两辞。从版面布局看，"王"字所在竖列是卜辞起刻位置，若分为两辞，"王"字应是卜辞首字，右竖列"旬"的刻写应与"王"平行而不是向下刻；就辞例而言，卜辞有"旬三卜亡忧"（《合补》10712）可以与之对比。总之，（1）分为两辞不可信。末尾最后一字，沈培先生认为是"京"，多数学者都推断是"敦"的残字，从照片观察（图六1，见下页），其右下端竖笔没有一竖到底，

---

① 沈培：《殷卜辞中跟卜兆有关的"见"和"告"》，第74页，注15。

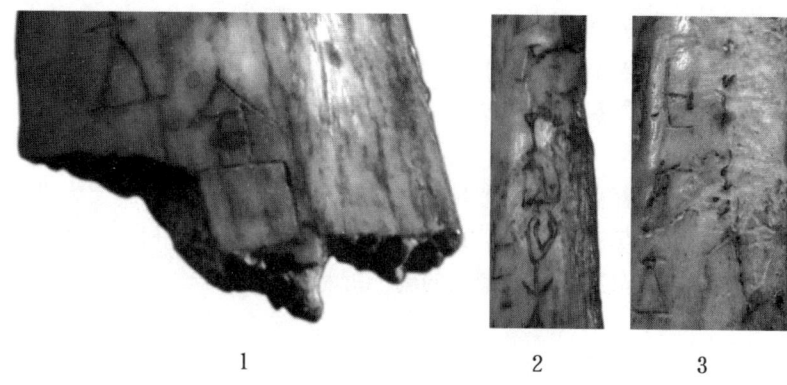

图六（汤铭摄影）

最下端左边还有一横与之相连，实为"㐭"形，释"京"不确。"㐭"下面残断，它可能是"敦"，也可能是"亯"（"亯"为地名，如历一类《俄藏》174）或其他带"㐭"形的字。不过，此形有一个典型特征，就是它的四方形很大，在历一类卜辞中只有"敦"字有一部分是这样写的①，如：

《屯南》2305　　　　　　　《屯南》4564

可见，此形为"敦"的可能性很大，当然，究竟是什么字，缀合之后才能揭晓。与"见于敦"类似的辞例，有：

  癸亥贞：旬亡忧。见于敦。　　《合集》33132（历二）
  癸未贞：旬亡忧。不见。王在□。　《合集》33163（历二）
  癸酉贞：旬亡忧。见于𨸏。一
  癸未贞：旬亡忧。见于鹿。一
  癸卯贞：旬亡忧。不见。一　　民间藏骨（历一）

---

① 参李宗焜：《甲骨文字编》，第737~747页。历二类《合集》32227的"亯"字，四方形刻得也很大。

关于"见"字，沈培先生读为"现"，认为其专指卜兆现出凶祟，"见于某地"是说卜兆显现在某地有凶祟之征。①

（2）辞"忧"下骨面剥落，拓本模糊，从照片上看是"王在"二字（图六2），"王在"下的字从"山"，"柚"声，即"岫"字②，此字常见，但多是把"山"刻在"柚"下③，"山"刻在"柚"上的只此一例。"岫"下的字，是"不"。"不"的属性，不易确定，用辞、验辞都有可能，有没有可能是"不见"的省略？恐怕也有。（2）辞的刻写特征类似历二类的刻写格式："先竖刻'干支'二字，然后提刀，由'贞'字开始贴着'干支'二字另起一行再继续竖刻"④。黄天树先生说历一类不见此种格式，由本版可知，这一说法需要修正。

（3）辞右边骨面剥落严重，"在"字尚可辨，"在"下地名则不能识（图六3，见上页）。

## 五、《合集》29387 释文校正

《合集》29387 是一版无名类卜辞，现存 3 条卜辞，（1）辞文字清楚，各家释读大同小异，差异主要集中在（2）（3）卜辞上（释文顺序自下而上），如《殷墟甲骨刻辞摹释总集》释作：

（2）戊申卜王其戉省…惟今日…
（3）…翌日…

《甲骨文合集释文》释作：

（2）戊申卜，王其戉省［田］叀今日。
（3）…之日…

---

① 沈培：《殷卜辞中跟卜兆有关的"见"和"告"》。
② 柚""岫"等字的释读，参王子杨：《甲骨文字形类组差异现象研究》，上海：中西书局，2013 年，第 287～307 页。
③ 参李宗焜：《甲骨文字编》，第 499 页。
④ 黄天树：《殷墟王卜辞的分类与断代》，北京：科学出版社，2007 年，第 169～170 页。

《甲骨文校释总集》释作：

（2）戊申卜，王其戉省［田］，叀今日。
（3）…之日…

《殷墟甲骨文摹释全编》的释文与《甲骨文校释总集》相同，香港中文大学"汉达文库"（2）辞释文与《甲骨文校释总集》同，（3）辞释"…翼（翌）日…"与《殷墟甲骨刻辞摹释总集》同。

（2）辞的关键在"其"后那个字，它到底是"戊"还是所谓的"戉"？此字上覆泥垢未除，故拓本不清楚。本辞辞末有时间辞"叀今日"，若释"戊"，会显得辞意重复。笔者查阅了《合集》原版（图七），发现

《合集》29387

图七

此字刻作"？"形，绝非"戊"字，《甲骨文合集释文》的释读基本正确。此字卜辞常见，旧释"戉"，李学勤先生改释"或"，读作"国"。[①]谢明文先生进一步考证其本义，及其在甲骨文、金文中的用法，认为此字本是"？"、"？"等形的兵器纳"柲"之后的象形字[②]，有三

---

[①] 李学勤：《论新出现的一片征人方卜辞》，《殷都学刊》2005年第1期。

[②] 笔者按：前一种兵器为北方的管銎斧，斧身为扁平状，后一种上部为扁圆球状，与管銎斧实为两种兵器，"或"的本义还需进一步研究。参中国社会科学院考古研究所安阳工作队：《河南安阳市殷墟王裕口村南地2009年发掘简报》，《考古》2012年第12期。

种用法：（一）作人名、国名、族名；（二）为副词，训"再""或"；（三）在方位词"东""西""南"后，读作"域"而不是"国"。① 本辞的"或"与谢文所举的无名类卜辞"翌日壬王其或田于吴"（《屯南》4556）、"其或幼盂田"（《屯南》620+2991+2291，萧南、裘锡圭缀）中"或"的写法、用法类似，故属第（二）种用法。（2）辞贞问王于今日戊申再次省田，是否吉利。

（3）辞，左边"日"字上是"翌"字的残笔，不是"之"，右边还有一个"工"字。"工"或读为"功"，训"功绩"，类似用法又见"王其省牢，又工，湄日亡灾"（《合集》29685）、"☒工于向，不遘雨"（《屯南》2776）、"其迻☒[又]工在宣"（《合集》28767）、"今日乙王弜省帅，又（有）工，其雨"（《合集》28971）。② (1)辞的"翌"字从"日"（无名类从"日"的"翌"字，如《合集》28537），说明（3）辞的"翌"很可能也是从"日"的，"寻"字下不知是否有缺文，该条与其前卜辞形成了对时间的选贞。

要之，《合集》29387应释作（释文采用宽式）：

（1）于翌[日]戊寻☒。
（2）戊申卜：王其或省[田]，叀今日。
（3）☒翌日☒工。

附记：王泽文、汤铭为本文提供了照片，赵爱学帮助核对了国图甲骨，李爱辉、牛海茹二位提供了修改意见，对以上诸位先生表示诚挚的感谢！

---

① 谢明文：《"或"字补说》，中国文化遗产研究院编《出土文献研究》第15辑，上海：中西书局，2016年。
② 刘桓：《殷代史官及其相关问题》，《殷都学刊》1993年第3期；王子杨：《甲骨文字形类组差异现象研究》，上海：中西书局，2013年，第284~285页；孙亚冰：《从甲骨文看商代的世官制度——兼释甲骨文"工"字》，宋镇豪主编《甲骨文与殷商史》新4辑，上海：上海古籍出版社，2014年。

# 从殷卜辞"鱟"字谈到西周"彊"国*

张惟捷

（厦门大学中国语言文学系）

**【提要】** 本文对甲骨文中的"鱟"字进行文字学分析，从前贤观点释读为"腥"，并针对前人所未及之处补充论述，指出是晚商语言中否定形式的一种特殊展现，与"鱻"殆为一字异体。金文彊、彊、彊等字均作为国族名，其器均出自于陕西宝鸡，"鱟"为"彊"的主要部件，且所从之所谓"弓"存在歧义，未来追寻该国族与传世文献记载的联系，可由这些语言线索来着手。

甲骨文有"鱟"字，一般作"自"上"鱼"下之结构，未见于后世字书之中，也少有学者对其做出解释。以下先罗列出目前可见的所有辞例，依字形特征分为两大类，再加以讨论：

A. ☐鱟☐夕。王☐　　《合》18352，宾组
B. 庚申卜，宾贞：叀（惠）鱟。
　　庚申卜，宾贞：易佳鱟。　　《合》18353，宾组过渡2类
C. ☐贞☐鱟☐　　《合》18354，宾组
D. ☐贞：鱟虫☐　　《合》18355，宾组过渡2类[①]

---

\* 本文是2019年度国家社会科学基金冷门绝学和国别史等研究专项"史语所藏殷墟一至十五次挖掘甲骨目验整理与研究"（项目批准号：19VJX113）、2018年度国家社科基金重大项目《甲骨文大词典》（项目批准号：18ZDA303）阶段性成果。

① 本文在传统分组分类划分上，主要采用黄天树所做之界定，参氏著：《殷墟王卜辞的分类与断代》，北京：科学出版社，2007年。另根据崎川隆新近分类方式注明过渡类型，参氏著：《宾组甲骨文分类研究》，上海：上海人民出版社，2011年。

以上的鱟字字形分别作 ◯、◯、◯、◯ 等形，均呈现单纯从自、鱼之结构。辞 B 是完整的一组对贞，其中鱟字在其中用作正反对贞核心词，贞问内容不明确。在此例中，否定副词是使用"弜"，用法与"刃（勿）"是一致的①。

  E. 己卯卜，敵贞：刃（勿）鱟帚（妇）好不妨。御于父乙十宰。《合》2262+2630②，典宾类
  F. ☐敵☐弜鱟不雨。帝受我年。二月。　《合》9731 正，典宾类
  G. 癸丑贞：入鱟。女（母）庚亡☐　《合》21882，子卜辞圆体类
  H. ☐刃（勿）鱟友［凡］若☐　《合》26846，出组

辞 E 是一条关于妇好生育的卜问，其中"刃（勿）鱟"连用，又见辞 H、I，可能是晚商语言中否定形式的一种特殊展现，卜辞另有"弜鱟"，也与肯定句形成对贞，形式相同，可以参考学者整理意见。③辞 F 的鱟前缀否定副词使用"弜"，则是刃（勿）弜通用的一个确例。辞 G 行款亦可注意，该"入"字显系补刻，字体属于圆体类，黄先生认为是武丁中期之物。④

这 4 组辞例的字形分别作 ◯、◯、◯、◯ 等形，在"自"下带有附加的点状笔画，应即水点符号。从组类来看，结合后面会谈到的宾一类（过渡 1 类）辞例"自"下不带水点的情形，似乎"自"下带有水点的辞例时代上是稍微靠后的，但其中可能也存在着不同组类间刻手习惯不同的因素。

---

① "弜"与"勿"有可能是用来假借表示同一个词，参裘锡圭：《说弜》，《裘锡圭学术文集·甲骨卷》，上海：复旦大学，2012 年，第 15～19 页。
② 此组为李爱辉缀合，收入黄天树编：《甲骨拼合四集》，北京：学苑出版社，2016 年，第 173 页。
③ 谢明文：《商代金文的整理与研究》，复旦大学博士学位论文，2012 年，第 682～684 页。
④ 黄天树：《非王卜辞中"圆体类"卜辞的研究》，《黄天树古文字论集》，北京：学苑出版社，2006 年，第 110～111 页。

关于此字的考释不多见，饶宗颐先生应是最早进行相关分析者：

> 按䱷，字书所无，以文义揣之，意为抵御。金文工䕩一作"攻敔"，济水注"鱼山"，谷子河歌作"吾山"。此字疑读为"敔"，敔与圉、御音义同。

其说乃从后文辞 I 的分析而来，认为是与敌方作战有关的一个动词，然而我们现在已了解到，卜辞自有从鱼的御字，作 形，是标准的形声结构，学者所论已详。无论释为敔或御，均无法解释为何其字之后可直接与自方之人物联系。"审"《诂林》编按谓"卜辞'䱷'多见用为动词，其义不详"，显然是较审慎的做法。①

后来，王宇信、张永山、杨升南等先生在讨论妇好墓及相关文字材料时，曾对此字有过推测：

> 字旧无识。此字鼻下有鱼，当即腥字。《一切经音义一》引《通俗文》曰："鱼臭曰腥"。《礼记·礼器》："大飨腥"，疏："腥，生肉也。"以生肉作祭品谓之"祭腥"。②

他们对上引辞 E 进行分析，认为其内容是在占卜给妇好举行攘除疾病的祭祀。也就是把"䱷"释为"腥"，卜辞这里是将"腥"的引申义动词化，即以生肉作祭品之意。到了 2008 年，刘桓先生在其著作选集中专论此字，指出䱷当释鱻（鲜），"字像以鼻子嗅鱼，会意为新鲜之鱻（鲜）"，其主要论据是宝鸡市茹家庄出土的"𢎨国"西周墓葬中，出土青铜器铭文属国族名或写作"𢎨"，或写作𢎨、𢎨等形，或省作鱼，刘先生认为这是重要的异文证据，"可以提供给我们释读䱷字的线索"。他联系《说文》鱻字，认为鱻（鲜）表"新鲜"义：

---

① 饶说与编按俱见于省吾主编：《甲骨文字诂林》第二册，北京：中华书局，1999 年，第 1752 页。用为否定词勿䱷的"䱷"其实不应视作一般的动词。

② 王宇信、张永山、杨升南：《试论殷墟五号墓的"妇好"》，《考古学报》1997 年第 2 期，第 16 页。

最早表示鱻（鲜）意的还是甲骨文鼼字，乃是以自（鼻）嗅鱼的气味，会意为新鲜的鱻（鲜）。食鱼必食新鲜者，自古如此。古人造字有一定的灵活性。由三个字符构成的某一会意字的一部分，有时也可由两个或一个字符代替它。①

并举了众、旅、蛊等字作例子，说明单个鱼字与后世鱻字的互通具有合理性。其实从根本来看，刘先生此说认为造字者以鼻嗅闻鱼味，乃会合二字表示鱼肉"新鲜"之意，恐怕有待商榷。首先，鱼类离水后，若不尽速加以加工处理或低温冷藏，其腐败速度非常快速，即使已经处理，其气味恐怕并不能以"新鲜"来看待，古人造此字会以鼻就鱼意，按照一般常识，所闻到的恐怕不会是令人愉悦的新鲜气味。何况，一般人判断鱼类是否新鲜，并不完全依赖嗅觉，对水产外观的观察也是非常重要的因素，若纯粹以鼻就鱼的意象来会合所谓"新鲜"义，恐稍嫌片面又迂回。

其次，茹家庄铭文从二鱼的鼼，与《说文》小篆的鱻字是否真属于同一个字的"异构"，恐怕也需要更多文字学上的严谨证明。换句话说，刘先生先将鼼字理解为表新鲜义的会意字，其次见到此字可以写作鼼，未对该字在㲋国的三大墓葬群的整体呈现作充分掌握（详后文），便认为"鼼、鱻必为字音、字义相同的字"，而《说文》鱻（鲜）字与后者结构相近，在缺乏更多材料论证的情况下便借之返证鼼字即其初文，其中论证过程恐怕还是欠缺推敲的。

我们认为，根据此字构型会意的角度来判断，王宇信等先生将鼼释为"腥"的说法还是很有启发性的，可惜文中只是简单附带一谈，且直接与后世"腥"这个字作联系是否允当，仍可探讨，我们在此尝试进一步加以申论。

"鼼"字从自从鱼，构字类型与"臭"相同，属于表意字中"主体和器官的会意字"②，诚如王宇信等先生所指出，所表之意大概是"以鼻就鱼"所得味觉一类的意思，从会意的角度来看，虽可表达嗅闻鱼类

---

① 刘桓：《释鼼》，《甲骨集史》，北京：中华书局，2008年，第239页。此文收录前似未曾正式发表。

② 裘锡圭：《文字学概要》，北京：商务印书馆，2013年，第130～133页。

的动词义，但考量汉语中关于味觉"嗅"此词已由"臭"表示，曑所表达的比较可能还是"鱼的气味"这种单纯的概念，而在文献中，这种与鱼类、水产相关的气味绝大多是由"腥"字来表达的，在《说文》中以"鮏"字作为"魚臭"的专称，其实所表示的就是后世"腥"这个词，其词源"魚臭"范畴是相对单一的，而后来由"魚臭"引申出来的泛指秽臭义，大部分由假借字"腥"字承担。《说文》腥字："星见食豕，令肉中生小息肉也。"是一种猪肉的病变，旧注大都以为后世"假腥为胜（鮏）"①。这样看来，可以说小篆"腥"字最早肇造很可能与"鮏"的本义、引申义无关，二者独立存在，但很快就产生了假借关系，是一种本有其字的假借，从《尚书·酒诰》《吕刑》两处与"馨香"相对的臭气用"腥"字表达的情况来看，这样的用法很早就开始了。现在看到的传世材料对于"魚臭"基本都已经不用"鮏"，反而都用"腥"来表示。例如《吕氏春秋·本味》"夫三群之虫，水居者腥，肉玃者臊，草食者膻"，《通俗文》"鱼臭曰腥，犺臭曰臊"，等等诸多材料，应该视作假借字取代本字的现象。②

总之，结合甲骨初文来判断，曑字原本应该专指鱼类气味"腥"而言，应无问题，可以与《说文》"鮏"字严格对应，西周以前曑还是会意结构，大约东周之后形声结构的鮏、腥等字才逐渐被造出。值得注意的是，"鮏""腥"皆从"生"得声，而曑字在卜辞中不仅单纯从自从鱼作，也有从"生"的字体，如下所示：

I. 辛卯卜，敵贞：刃（勿）曑基方缶乍郭。子商哉（翦）。
辛卯卜，敵贞：基方缶乍郭。不闌。弗圉。四月。
辛卯卜，敵贞：曑基方缶乍郭。其闌☐四月。 《合》6573+8066+9069+9070+9071+9072+9073+9136+13514+14956③，过渡1类（宾一）

这里的曑同样可放在否定副词之后，形成正反对贞，用法上与前引

---

① 丁福保编：《说文解字诂林》第五册，北京：中华书局，2014年，第4578～4579页。
② 鮏又有"鯹"字异体，应视作声旁单纯的代换，《广雅·释器》将之列于诸臭之首，参［清］王念孙：《广雅疏证》，北京：中华书局，2004年，第251页。
③ 此组为史语所旧缀。

诸例看来并无二致。值得注意的是，这里的两个鱻字分别作 ▨（▨）、▨（▨）等形，我们注意到该"鱼"旁的上端都写有"▨（屮）"形部件，考量到卜辞"生"字若作为偏旁往往可省去底部横划的情况，如一般以为"省"字▨所以从"屮"形即生省声，裘锡圭先生也曾对卜辞里头生、屮、木相通的一批字做了梳理，例如暮又可作▨，芍又可作▨，生月又可作木月等，① 可知鱻字"鱼"旁附加"屮"形部件实即以"生"作为音符，附加"生"旁就是为了较好的指示出"腥"这个词的语音。

不仅于此，如同后面会谈到的宝鸡强国出土的青铜器，此字会产生省去"自"旁的写法一样，卜辞鱻字也存在类似的省略写法，但稍有不同，如下：

J. 贞：刃（勿）鱻多口。亡囚（忧）。　　《合》22405 甲种子卜辞（乙8892）

这条卜辞的"鱻"从其与刃（勿）的结合来看，应该可确定为鱻字的一种异体，毕竟鱻前缀否定副词刻意采用刃（勿）的情况，在卜辞中是极为独特的，其中的鱻字省去"自"旁，但与辞 I 的构型一致，附加了"生"▨作▨（▨），形成了可严格隶定作鱻，即"鮏"的新字，其实还是鱻的异体。虽然这种写法十分罕见，却也是明确指示出鱻应读为"鮏"，表"腥"的直接证据，非常值得重视。②

应该指出的是，前已提到鱻字在所从之"自"下端偶附加水点，此现象亦值得注意。卜辞中时代性最早的鱻字是辞 I 的型态，属于宾一类，它不从水点，而从"生"得声。后来有时附加水点，作▨、▨、▨等形，此字一般大多将之考释为"息"，其实鼻子流水，与"息"本身的字义并没有太多联系，近来刘洪涛通过细致研究，指出这类鼻形附加水点的字，实即"四"之初文，字形上表现涕泗之"泗"这个词的词义，他一方面承继前人相关说法，加以论证其可靠性，一方面透过新出材料进行

---

① 裘锡圭：《释"木月""林月"》，《裘锡圭学术文集·甲骨卷》，上海：复旦大学出版社，2012年，第338~343页。

② 《诂林》编按："鱻字，其义不详。"载于省吾主编：《甲骨文字诂林》第二册，第1757页。

更进一步地推展，列举详细的字形演变例证作为论据，其说精审可信。①从这个角度来看，卜辞中稍后的䢅字存在这种结构增体现象，很可能是借由对"自"的附加水点而让全字读音向"泗"靠拢，应该可视为变形音化的现象。若"自"本有兼声作用，则借此过程由从母向"四"的心母演变，与生母古音更近，且"腥"的古音本即归入心母，这是声母的部分；韵部的部分"腥""生"均属耕部，"四"属质部，两者主要元音相同，且"自"本属质部，从生的"牲"属真部，真质阳入对转关系，关系亦极近，从中能看出䢅之所以向"四"变形音化的合理性。

商代之后，我们只能在陕西宝鸡强国墓地出土的青铜器上看到䢅字的存在，䢅是"彊"的主要部件。彊国墓地时间上有着连续性，可以锁定在西周早中期，仔细来说是成王至穆王这个区段内，在这期间，彊国呈现着由强大走向衰落的趋势，很可能是受到北方封国的侵迫，未及见证西周终结便先消逝于历史之中。②这在其铭文书体上也看得到若干端倪：

（一）纸坊头一号墓

 BZFM1:6   BZFM1:7

（二）竹园沟墓地

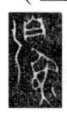 BZM4:1 盖   BZM4:1 器

（三）茹家庄墓地

 BRM1 乙 :13   BRM1 乙 :22   BRM1 乙 :8

---

① 刘洪涛：《形体特点对古文字考释重要性研究》，北京：商务印书馆，2019年，第173～183页。刘氏在174页注释中提到卜辞包括䢅的一些从自之字，其水点之形只是一种饰笔，笔者认为从完整的各辞例写法差异来看，刘氏这个说法稍嫌武断，不过无论饰笔与否并不影响本文的推论。
② 卢连成、胡智生：《宝鸡弓鱼国墓地》上册第二本，北京：文物出版社，1988年，第413～462页。

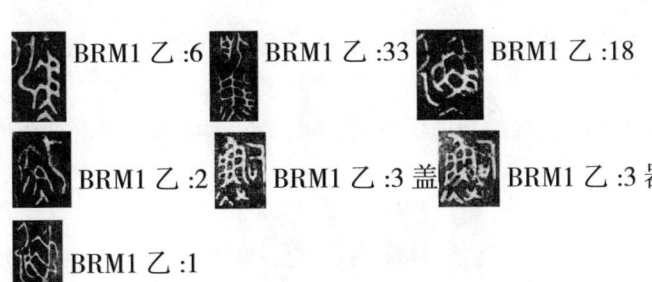

可以清楚见到，在最早期约当成王时期的纸坊头一号墓，铭文彊字所从鱟的写法十分工整，到了稍后的竹园沟墓葬青铜器，鱟字结构依然正常，和晚商甲骨文写法基本一致，只是鱼头部分有了些许缺笔。然而到了约当穆王时期的茹家庄墓葬青铜器中，彊字开始产生变化，结构上出现过度减省，解散正常书体轮廓，偏旁上产生弓、尸、司的混讹，这些现象或许也反映了该国族行将消逝一个文化侧面。认清了这一点，就能知道刘桓先生指出鱟、鱻二者为异体关系其实是缺乏根据的，他所引用的例子是茹家庄铭文，只有 BRM1 乙 :8 这一例，同时段茹家庄墓葬出土的其他彊字已然呈现各种变化，且更多的是连鱼也只剩下一个，在这种情况下，我们是否能说鱟、鱼二者为异体关系？答案显而易见。

与此有关的是，一些学者曾对彊国的国属进行推测，主要的依据之一来自于这个字的"鱼"部件，例如田仁孝等曾指出：

> ~（谨按：即彊）氏墓葬铜器铭文有~伯、~季等，知其族自称"~"，字从弓，从鱼，遗址中出土的鱼尊，均可看出该族崇拜鱼。先秦古族中，蜀人与鱼就有千丝万缕的联系……~氏亦崇拜鱼，当是鱼族的一个分支。①

其说还是基于该国族名主要有"彊""彊"两种异体写法，甚至有一例仅写"鱼"（茹家庄 BRM1 乙 :3 盖），由本文论述可知，这个说法其实完全忽略了彊写作彊的字形，且其中鱟字早在晚商武丁时期便已被使用的事实。现在看来，西周彊国的国名来自于"鱼崇拜"的说法并不可信。

---

① 田仁孝、刘栋、张天恩：《西周彊氏遗存几个问题的探讨》，《文博》1994 年 5 期，第 20 页。

最后提一点不成熟的想法。西周铭文"彊"字所从除了**鼂**以外，尚有"弓"字，试观察此所谓"弓"字 、 、 、 的型态，并联系其进入晚期茹家庄墓葬时期该字 、 、 、 的变化，笔者认为此"弓"与同时期铭文弓字形存在部分差异，与膝部稍作弯曲的人形其实较为接近，或许存在经由变形音化而改释为"尸"的可能。① 按古文字"尸""夷"习见通假，而所从附加水点的"四（泗）"与"洟"（《说文》"鼻液也"）实为一字之异体，② 阴入对转，尸古音在书母脂部，"腥"为心母耕部，二母习见通假之例，如《礼记·儒行》："虽危，起居竟信其志。"郑笺："信，读如屈伸之伸，假借字也。""信"属心母真部，"伸"是书母真部，是汉代古训里心书二母相通的例子。脂部耕部主要元音相同，而从生的"甡"属真部，脂真阴阳对转。后来茹家庄 BRM1 乙 :3 的两个"彊"字不从所谓"弓"而从"司"，若不是单纯字形上的讹变，而与字音有关，则"司"是心母之部字，与"尸"古音近而与"弓"殊远。由此看来，我们或可进一步考虑这个"弓"字在释字上的不确定性。③

---

① 古文字弓与人形构件混淆情形并不罕见，其例多见，例如弔字所从之人旁亦曾误释为弓，参白于蓝、王锦城：《释"弔"》，《江汉考古》总第 162 期（2019.3），第 135~136 页。
② 刘洪涛：《形体特点对古文字考释重要性研究》，北京：商务印书馆，2019 年，第 182~183 页。
③ 未来在研究西周彊国族属、国名时，应该将"腥""四""尸"的古音纳入整体考虑当中。颇疑此氏族与史籍所载的"申"族有关，据近代学者研究，"申"有东申（信阳）、南申（南阳）及西申（周原一带）之别，前两者为后期改封，而西申为早期封国，为羌人（大姜）种姓，《左传·隐九年》孔颖达正义："外传（捷按：即《国语》）说伯夷之后曰申、吕虽衰，齐、许犹在，则申、吕与齐、许俱同出伯夷，同为姜姓；又曰齐、许、申、吕由大姜，言由大姜而封也，然则申之始封亦在周兴之初。其后申绝，至宣王时，申伯以王舅改封于谢。"据此，则申国是西羌出身，周初即已存在，后来因不明原因绝国，到了宣王之后又有改封之事，似与彊国兴衰之考古证据环环相扣（该氏族遗址于西周中晚期就已经衰败）。而"申"古音书母真部，前已讨论到与从生、从四之字古音甚近，可作为一个旁证。出土材料显示东申、南申的申作"纙"，而西申迄今未见。关于申国的代表性研究，可参李学勤：《论仲·父簋与申国》，《中原文物》1984 年第 4 期；艾延丁：《申国之谜之我见》，《中原文物》1987 年第 3 期；徐少华：《从叔姜簠析古申国历史与文化的有关问题》，《文物》2005 年第 3 期。

本文初稿宣读于第十一届"黄河学"高层论坛暨"古文字与出土文献语言研究"国际学术研讨会（2019年6月22日），写成投出后，友人告知陈剑教授在同年台湾政治大学中文系"深波讲座"上曾对此字做出相关的考释，并也同意把"鼳"释为"腥"的说法。从时间上来看，陈老师提出观点较早两个月，但由于王宇信先生早已识读此字为"腥"，本文内容是在未见陈老师意见下对王说拓展完备而来的，且涉及历史地理方面，所论颇有异同处，似可并存，兹志于此。

**参考文献**

[1]（清）王念孙：《广雅疏证》，北京：中华书局，2004年。
[2]丁福保编：《说文解字诂林》第五册，北京：中华书局，2014年。
[3]于省吾主编：《甲骨文字诂林》第二册，北京：中华书局，1999年。
[4]王宇信、张永山、杨升南：《试论殷墟五号墓的"妇好"》，《考古学报》1997年第2期。
[5]田仁孝、刘栋、张天恩：《西周弭氏遗存几个问题的探讨》，《文博》1994年5期。
[6]刘桓：《释鼳》，《甲骨集史》，北京：中华书局，2008年。
[7]刘洪涛：《形体特点对古文字考释重要性研究》，北京：商务印书馆，2019年。
[8]卢连成、胡智生：《宝鸡弓鱼国墓地》上册第二本，北京：文物出版社，1988年。
[9]黄天树：《非王卜辞中"圆体类"卜辞的研究》，《黄天树古文字论集》，北京：学苑出版社，2006年。
[10]《殷墟王卜辞的分类与断代》，北京：科学出版社，2007年。
[11]《甲骨拼合四集》，北京：学苑出版社，2016年。
[12]崎川隆：《宾组甲骨文分类研究》，上海：上海人民出版社，2011年。
[13]裘锡圭：《说弭》，《裘锡圭学术文集·甲骨卷》，上海：复旦大学出版社，2012年。
[14]裘锡圭：《文字学概要》，北京：商务印书馆，2013年。
[15]谢明文：《商代金文的整理与研究》，复旦大学博士学位论文，2012年。

# 彭阳姚河塬 M13 卜辞疑难字释

王晓鹏

（山东大学历史文化学院）

【提要】2018 年 1 月宁夏彭阳姚河塬西周早期墓葬 M13 出土一片有字卜骨，该卜骨刻辞可能是墓主人生前就呼命蒇、叴二人率兵卒至五地之事所做占卜之辞，大致释为卜问：呼命蒇、叴二人分别率领兵卒三十人强速奔行至某某地，应该无灾祸、过失吧？其中 ![字] 、![字] 二形为一字，应隶释为"徤"，与"竞"音同义近，表示强速奔行之义，作动词。![字] 字隶释作"𩫸"，表示地名，![字]（𩫸）地可能是姬姜两族混居地。![字] 字构形表义与"犬戎"有关。![字] 字释读为"戍"。"![字]（戍）"为地名，应是西周王朝（或其边域封国）设置于西北边陲的戍地。

## 一

2018 年 1 月，宁夏彭阳姚河塬西周早期墓葬 M13 出土有字卜骨一件，是目前中国境内商周遗址发现甲骨文最西北部的一处遗址。姚河塬遗址现已勘探发现大、中、小型墓葬 50 余座，墓葬等级较高。其中发掘甲字形大墓 2 座，M13 为最大一座。考古人员认为姚河塬遗址可能为一处西周封国都邑遗址，在西周政权管辖范围内。① 根据遗址聚落形态、甲字形大墓形制和规模，结合周边墓葬型式、车马坑、祭祀坑以及墓道口

---

\* 本文为教育部人文社科规划项目（项目号 19YJA740057）的阶段性研究成果。
① 见王建宏等：《宁夏彭阳姚河塬商周遗址出土甲骨文》，《光明日报》2018 年 1 月 15 日，第 1 版；马强等：《宁夏彭阳姚河塬发现大型商周遗址》，《中国文物报》2018 年 1 月 26 日，第 8 版。

殉人等情况，可推测甲字形大墓 M13 墓主人的地位、身份较高。遗址灰坑内发现无字卜骨 2 件，M13 墓道填土中发现有字卜骨 1 件。

有字卜骨断代为西周早期，卜骨背面钻凿形态与陕西周原遗址所出卜骨基本相同，其正面卜辞内容和所涉及的 5 处地点十分重要。卜辞中""字虽有学者释读但并不准确，有待进一步释读，表示地名的 3 个字形""""""目前尚未释出，本文试作识释。

 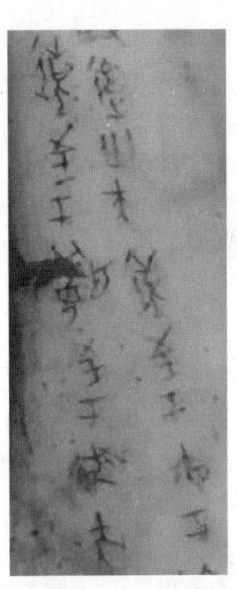

图 1　姚河塬甲字形西周墓葬 M13　　图 2　M13 卜辞图片局部放大
　　　墓道填土中出土的有字卜骨①

## 二

彭阳姚河塬西周早期墓葬 M13 出土的有字卜骨为牛肩胛骨，其正面左侧有刻辞两行，33 字，合文 2 字，共 35 字。此片卜骨刻辞中的多数字形见于以往出土的殷商和西周甲骨文中。M13 卜骨刻辞于 2018 年初发现后，经姚河塬商周遗址考古队专家和一些学者释读，初步隶释为：

---

① 图片源自王建宏等：《宁夏彭阳姚河塬商周遗址出土甲骨文》，《光明日报》2018 年 1 月 15 日，第 1 版（电子版）。

（1）乎（呼）蔵率卅夫󰀀至于󰀀，至于󰀀󰀀，囟亡（無）𡆤？

（2）乎（呼）臤率卅夫󰀀至于夜，于宕，至于次（次），囟亡（無）𡆤？①

现将两句卜辞释析如下：

"乎"（呼）作动词，表示呼命、命令之义。"蔵"和"臤"均为人名。"󰀀"即"遳"字（从辵率声），或作"衟"（从行、止，率声）。"遳""衟"见于两周金文、战国竹简、《诅楚文》等古文字资料和古文献中。《说文·辵部》曰："遳，先导也。"《说文·行部》有"衟"字，段玉裁《说文解字注》曰："衟，将衟也。衟也，今本作衟，误……衟，导也，循也，今之率字，率行而衟废矣。……将帅字古只作将衟，帅行而衟又废矣。……衟与辵部遳音义同。"②段氏其说甚是。《集韵·质韵》引《说文》："衟，将衟也。"又《玉篇·行部》曰："衟，导也。"古文字中偏旁"辵"与从行、止（或彳）相通，"遳""衟"音义同，既表示"将帅（衟）""率领"之义，又可表示"先导"之义，实为一字异体，后世以"率""帅"二字替代之。在西周金文中常见"遳"字表示"率领（师众兵卒）"之义，如戜鼎铭"遳（率）虎臣御淮戎"（《集成》02824）③等例。"衟"表"率领（师众兵卒）"之义，如战国秦《诅楚文》有"衟（率）者（诸）侯之兵"即其例。"夫"，《说文·夫部》谓："夫，丈夫也。"《诗·秦风·黄鸟》有"百夫之特"，"夫"指成年男子，是本义用法，又表示服劳役或兵役的男子，或专指兵卒，又用为人数的量词。这件卜辞中的"卅夫"之"夫"为量词，可解释为兵卒"三十人"。结合西周金文中"遳"（率）字表示"率领（师众兵卒）"之义来看，姚河塬卜辞的"遳（率）卅夫"意即率领兵卒三十人。

"囟"（或"由"）字常见于陕西岐山、扶风出土的周原（或西周）甲骨文，又见于战国楚简，曾有多位学者对其释说，意见有所不同，或

---

① 马强等：《宁夏彭阳姚河塬发现大型商周遗址》，《中国文物报》2018年1月26日，第8版。

② 段玉裁：《说文解字注》，上海：上海古籍出版社，1988年，第78页。

③ 中国社科院考古所编：《殷周金文集成》，北京：中华书局，1985～1995年，简称《集成》，下同。

释语气词"思"(即"斯"义同"惟"),[①] 或释愿望之词"思",[②] 或释祈使、使令之词(思读为"使"),[③] 综合各家来看,"囟"字隶作"思"无疑是正确的,但读"思"还是读"使",则应当根据它在具体语句中的语法、语义情况来判别。在本片卜辞中,"囟"字释为愿望、推测之词"思"更为合理,表示"应该是……情况吧"的推测语气。

"眚"字常见于殷商甲骨文和西周甲骨文,表示"灾祸"或"过失"之义。

"![字]" "![字]" 二形为一字,作动词,表示以某种方式行进。"![字]"字见于殷商甲骨卜辞,又写作"![字]"等形,应释读为"次",姚河塬考古队专家隶释"次"不确。"![字]" "![字]" "夜" "宕" "次"为地名文字,"![字]" "![字]" "![字]"等字表示5处地点,是这片卜辞所提供的重要信息和线索。从蒇、臤分别率领兵卒至于五地来看,他们执行的是军事任务,可见此五地与军事密切相关,似为驻兵戍卫之地。这两句卜辞可能是墓主人生前就呼命蒇、臤二人率兵卒至五地之事所做占卜之辞,可大致释为卜问:呼命蒇臤二人分别率领兵卒三十人![字]至于某某地,应该无灾祸、过失吧?

有的学者将"![字]"字释读为"逸",但于字形不相合,值得商榷。

"![字]" "![字]" "![字]"局部磨泐,不易辨清,结合该卜辞语法和语境,可以推断"![字]" "![字] ![字]"表示两处地点。以下释读、辨识姚河塬 M13 卜辞中的疑难字形"![字]" "![字]" "![字]" "![字]"。

---

① 王宇信:《西周甲骨探论》,北京:中国社会科学出版社,1984年,第50页。
② 李学勤:《续论西周甲骨》,《人文杂志》1986年1期;张玉金:《关于周原甲骨文的"囟"字及其辞语言本质问题》,张玉金:《甲骨卜辞语法研究》,广州:广东高等教育出版社,2002年,第70~76页。
③ 陈伟:《包山楚简初探》,武汉:武汉大学出版社,1996年,第31~32页;陈斯鹏:《论周原甲骨和楚系简帛中的"囟"与"思"——兼论卜辞命辞的性质》,《第四届国际中国文字学研讨会论文集》,香港:香港中文大学中国语言文学系,2003年,第393~413页;董珊:《试论周公庙龟甲卜辞及其相关问题》,北京大学中国考古学研究中心、震旦古代文明研究中心编《古代文明》(第五卷),北京:文物出版社,2006年,第248、258页。

## 三

（一）"㢟"

㢟、㣤二形实为一字，从辵（或彳）从𰀀，"𰀀"的构形上从"告"下从人。甲骨文"告"写作𰀀（《合集》1583）[①]、𰀀（《合集》30447）、𰀀（《合集》30596）等形，"告"上屮、丫、丰之形，其竖曲笔有的后来形变为横笔。西周金文中"䜘"字偏旁"𰀀"从𰀀从人，"𰀀"上之"𰀀"似为"𰀀"（告）上部丰演化、讹变之形，也就是说金文偏旁"𰀀"似为甲骨文𰀀（告）演化、讹变之形。

从"告"形演化及其后世隶化、楷化的一些字形和异体字可以看出，其上部竖曲笔演化讹变为横折笔或横笔的情况是存在的。如《居延汉简》三八·一七（甲二七五）之"告"写作"𰀀"[②]（吉），东汉郑固碑"告"写作"𰀀"（呰），清代吴任臣《字汇补》收录"呰"字即"告"。而《古文四声韵》所收"競"字是"競"（或"竸""竞"）的异体字，其上部与"呰""呰"（告）形同，"競"（竸）的异体字有"競""競""竞"等。因而可以推测，金文"䜘"所从之"𰀀"与后来"競"上部之"呰"（或呰）均为"告"字的形变所致。

《说文》："競，强语也。从誩、二人。"西周金文中"䜘"（競）字，即"競"，殷商甲骨文和西周金文写作"𰀀"或"𰀀"，"䜘"与"𰀀"是异体字关系，均为"競"。"競"在西周金文也写作"𰀀"（见鼓钟铭[③]），战国《诅楚文》写作"𰀀"，二形均从誩、二人，此与《说文》所说"競"字构形同。"競"或省简隶作"竞"，其实从造字和字形结构分析看，应先有"竞"（竞），后其作为偏旁而组合为"競"（竸）字，西周金文中的偏旁"𰀀"与"竞"在构形上是相通的。"競"上从二言（誩）下从二人，那么可知其偏旁"竞"上从言下从人，而"𰀀"上从告下从人，从构形关系看"言"与"告"二形关系亦为相通。徐中舒《甲骨文字典》谓："口象木铎倒置之形，其上之丫、屮、丰均为铎舌。告、舌、言三字初

---

[①] 郭沫若主编：《甲骨文合集》，北京：中华书局，1979～1982年，简称《合集》，下同。
[②] 中国社科院考古所编：《居延汉简》（甲乙编）上册，北京：中华书局，1980年。
[③] 《集成》00260。

义相同，后世乃分化为三字。"①《甲骨文字典》所说"言""告""舌"造意所像之形未必完全可信，但古文字中"言"之偏旁 𝍏、"告"之偏旁 𝍎、"舌"之偏旁 𝍍 相通以及"言""告"二字构形相通是可以肯定的。如西周中期㝬敖簋盖铭②中"𧭈"（譁）字偏旁"言"写作"𠯑"（告）、战国古鉨文"𧮫"③的偏旁"言"写作"𠯑"，即其例。此为"言""告"相通之例。再如战国相邦吕戈铭④之"𧮐"（誉）的偏旁"言"作"𠯑"，此与"競""竞"的上部同形。由此可证"竞"上部所从确为"言"或"告"，亦可证"𠯑"（言）与"告"相通，并证明"竞"确为"竞"字。

再看"競"字。《说文》谓："競，强语也。一曰逐也。"又谓："䚴，競也。……一曰：竸⑤，敬也。"《诗·小雅·无羊》"矜矜兢兢，不骞不崩"毛传："矜矜兢兢，以言坚强也。"⑥"䚴""競""兢"是异体字关系，其本义应是"强语"，后引申为"强劲"（后专用"兢"字表示敬义）。

据以上分析，姚河塬卜辞中"𢓜"字偏旁"𢓜"，其上从告，单从文字造意看当与"强语"有关，但典籍文献语言中未见"竞"表示强语用例，只见"競"有表示"强劲""競逐"和"奔行"之义的用法。𢓜、𢓜二形为一字，从𢓜，应与"䚴"（競）、"竞"（竞）是同源字，可隶释作"徳"（或"遶"），此字从辵（或从彳），应与行进义有关。"徳"（遶）与"競"音同义近，或者可能是"競"字表示"競逐"之义的异体字。再依据姚河塬卜辞"……徳至于某地"的用法来看，"徳"字表示一种行进方式，且与表示强语、强劲、競逐之字"䚴"（競）、"竞"（竞）应有语音、语义联系，故可训为强速奔行之义。该卜辞所谓"呼某某逑（率）卅夫遶至于某某地"，意即呼命某某率领兵卒三十人强速奔行至某某地。其率兵卒强速奔行至五地，可见执行的是紧急军事任务。

---

① 徐中舒主编：《甲骨文字典》，成都：四川辞书出版社，1998年，第222页。
② 《集成》04213。
③ 徐中舒主编：《汉语古文字字形表》，成都：四川人民出版社，1981年，第95页。
④ 《集成》11308。
⑤ 段玉裁《说文解字注》曰："竸字，各本误作競。"（见段玉裁：《说文解字注》，上海：上海古籍出版社，1988年，第405页。）
⑥ 毛亨传，郑玄笺，孔颖达疏：《毛诗正义》，阮元校刻：《十三经注疏》，北京：中华书局，1980年，第438页。

（二）"𦯴"

"𦯴"字左上一处磨损，但字形仍大致可辨。"𦯴"字左偏旁上为"羊"下为"母（女）"，似为"姜"。"𦯴"字右偏旁作🇧，与《合集》36542"𦯴"（獄）字中间偏旁"🇧"（臣）形体大致相同，与《合集》38752"𦯴"字左旁"🇧"（臣）、《合集》27547"𦯴"字左旁"🇧"（臣）等形，以及金文偏旁"臣"诸形极其接近（甲骨文、金文仅见"臣"用作偏旁），可隶作"臣"。

**表 1  甲骨文用作偏旁之"臣"**

| | | | |
|---|---|---|---|
| 《合集》36542，黄组 | 《合集》27547，无名组 | 《合集》8725，黄组 | 《合集》35364，黄组 |
| 《合集》35361，黄组 | 《合集》36276，黄组 | 《合集》35965，黄组 | 《合集》34217，历组 |

**表 2  金文用作偏旁之"臣"**

| | | | |
|---|---|---|---|
| 《集成》3450 作姬簋铭，西周早期 | 《集成》3450 燕侯簋铭，西周早期 | 《集成》6456 伯壶铭，西周中期 | 《集成》3798 叔山父簋铭，西周晚期 |
| 《集成》4572 季宫父簋铭，西期晚期 | 《集成》4321 询簋铭，西期中期 | 《集成》546 姬芳母鬲铭，西期晚期 | 《集成》727 伯夏父鬲铭，西期晚期 |

《说文》谓："臣，顄也。象形，頣篆文臣。"可知"臣"即"頣"，表示顄。"顄"即"颔"，《急就篇》卷三："颊颐颈项肩臂肘"颜师古注："下颔曰颐。"① "臣"（颐）表示下颔。② "臣"小篆作𦣝，与

---

① 史游撰，颜师古注：《急就篇》卷3，《四部丛刊续编》，上海：商务印书馆，1936年，第209页。

② 《黄帝内经素问·刺热篇》有"色荣颧前"张志聪集注曰："颧前，颐也。"先秦时"颐""颊"有别，"颐"指面颊及口腔前下部，与"颔"相当，即今俗语"下巴"，词义演化后来也表示面颊。张志聪：《黄帝内经素问集注》，北京：中医古籍出版社，2015年，第134页。

甲骨文偏旁⃝、⃝、⃝，金文偏旁⃝、⃝、⃝等形实属一字，有明显的字形演革关系。于省吾先生曾释"臣"字像梳比之形，即"笓"字初文，①但据甲骨文字形来看"臣"虽有⃝形却大多作⃝、⃝、⃝、⃝之形，显然非梳比之形，而像下颌形。先秦文献中"颐"字又作异体字"頤"，"頤"从阜，则与甲骨文"臣"字⃝、⃝、⃝、⃝等形以及金文⃝、⃝、⃝、⃝等形相近亦相关，即面部下颌向前突起似高阜处而有从阜之义，甲骨文"臣"像颌、阜形，或像下颌辅车，而非梳比形，金文字形似梳比形者实属字形讹变，故《说文》"臣"字释形不误。

另有甲骨文⃝字，可佐证甲骨文字偏旁⃝、⃝、⃝、⃝等形即"臣"字。黄组卜辞《合集》36315有"翌日癸"之"翌"作⃝形，《合集》36385"翌日庚"之"翌"作⃝形，其左旁⃝、⃝与《合集》35965"⃝"（姬）字左旁⃝、《合集》36276"⃝"（姬）字左旁⃝，及其他卜辞中"姬"字偏旁⃝、⃝等形接近，应为"臣"。而甲骨文"翌"通常写作⃝、⃝（翌/翼）等形，或以羽翼字⃝、⃝、⃝（翼）②表示"翌"。"翌"古音在余纽缉部，传世古籍中"翌"通"翼"，二字音同或音近，《晏子春秋·内篇杂下六》有"鸮当陛，布翌伏地而死"③，其中"布翌"即"布翼"。《晋书·礼志》有"翌室"，④即"翼室"。"翼"古音在余纽职部，"臣"（颐）古音在余纽之部，与"翼"双声旁韵，读音极近，也就是说"臣"与"翼""翌"古音相近。⃝与⃝、⃝音同，则⃝字偏旁⃝与⃝、⃝应是音同或音近，由此可以证明⃝以及⃝、⃝、⃝、⃝、⃝诸形音读"臣"（颐），无疑是正确的。结合金文、简帛文字、小篆"臣"字形与甲骨文⃝、⃝、⃝、⃝、⃝、⃝等形的关系，以及⃝与⃝、⃝音同或音近，可佐证甲骨文⃝、⃝、⃝、⃝、⃝等形就是"臣"字。从甲骨文字偏旁⃝、⃝、⃝、⃝等形看，凸显人面前下之颌，像颌形，应是"颐"的初文"臣"。

综上分析，"⃝"之偏旁"⃝"即"臣"，"⃝"字从羊从女、从臣，

---

① 于省吾：《甲骨文字释林》，北京：中华书局，1979年，第66页。
② 按："⃝、⃝、⃝"等形旧释"羽"，现在读作"翼"。字形见刘钊主编：《新甲骨文编（增订本）》，福州：福建人民出版社，2014年，第664页。
③ 张纯一：《晏子春秋校注》，北京：中华书局，2014年，第280页。
④ 《晋书》卷20《礼志》，北京：中华书局，1974年，第616页。

故隶释作"𡣄"。《说文》谓姜从女羊声，姬从女𦣞声。① "🧬"字由姜姬构成，其中姬从女省，亦即该字由同一偏旁女的姜姬二形构成。

"🧬"（𡣄）字表示地名，依据姚河塬西周墓葬遗址及出土甲骨卜辞内容，𡣄地位于周西北部地区，大概距今彭阳相去不远。"𡣄"字从姜从𦣞，字形表义可能与姜、姬族姓有关，"𡣄"字表示的地名则可能与姜姓族和姬周族都有关系。这一推测可以从古文献和考古发现中找到有力的证据。②

"🧬"是表示地名的文字，又似族氏文字，所表示的族氏名亦为其族氏所居地名。商周时姜戎与姬周经常通婚，两族混居已结成联盟，而"🧬"字构形表义可能象征着姬姜两族氏的盟姻关系。通常来说，甲骨文和金文中族氏或族徽文字表示的族氏名，多非"一时之名"，其承前启后，出现和存在往往有一段时间（当然也存在一些特殊情况）。"🧬"字所表示的族氏（复合族氏）和地名也应该属于这类情况，这一族氏名或族属关系在周灭商之前应该存在了很长一段时期。若此推测不误，则西周建立前，除周原关中等地区外，宁夏固原、彭阳一带和周边某些地区可能长期生活有姬姜两族的聚落群体。③

据考古调查和发掘资料，姚河塬遗址有仰韶晚期、常山下层、刘家、先周、晚商、西周、战国秦汉等不同时期文化遗存，姚河塬西周墓葬及考古遗存显然与该地遗址发现的周以前的文化遗存具有承接关系。而姚河塬西周早期墓葬和卜骨刻辞的发现，为探寻商周之际周姬与姜戎关系又提供了新的考古学证据。

（三）"🐕"

姚河塬卜辞中"🐕"字不甚清晰，其构形右部虽然较为模糊，但经分析比对，右上倾斜的笔画痕迹似为"🗡"形，可辨认出此形接近"戎"。而其左部形体🐕的部分笔画不甚清晰，似从辵（或彳）从犬，能够辨认出犬与甲骨文、金文"犬"字的一些写法接近，试将犬与"犬"字及

---

① 许慎：《说文解字》，北京：中华书局，1963年，第258页。
② 王晓鹏：《从彭阳姚河塬卜骨刻辞看西周早期西北边域族群关系》，《古代文明》2022年2期，第81～87页。
③ 王晓鹏：《从彭阳姚河塬卜骨刻辞看西周早期西北边域族群关系》，《古代文明》2022年2期，第81～87页。

偏旁比较如下：

表3　甲骨文、金文中的"犬"字和偏旁"犬"

| 甲骨文 |
| --- |
| 1. "犬"字 |
| 犬：[图] 《合集》32674，历组二；[图] 《合集》20700，师小字；[图] 《怀特》1348，何组 |
| 2. 偏旁"犬" |
| 臭：[图] 《合集》34353，历组二；猷：[图] 《合集》33076，师历间；狼：[图] 《花东》108，子组 |
| 狄：[图] 《合集》31592，何组 |
| 金文 |
| 1. "犬"字 |
| 犬：[图] 《员鼎》铭（西周中期） |
| 2. 偏旁"犬" |
| 獻：[图] 《𩰦子甗》铭（西周早期）；猰：[图] 《猰卣》铭（西周早期）；猷：[图] 《猷钟》铭（西周晚期） |

"㺇"字左部㺇形写法与"犬"有近似之处，可以认为其从"犬"。而此字右部从"戎"还可以辨清，也就是说"㺇"字从"戎"，其字形造意与"戎"有关。据字形分析，"㺇"字从辵（彳），从犬，从戎，此字构形表义与"犬戎"有关。

殷商甲骨文和西周金文中有"夷"（尸）和"戎"之称，也有"犬"之族称和"犬侯"之称，丁山认为此"犬侯"乃是商朝内服之侯亚，商周时期犬族一支曾生活于中原地区。①犬族有多支部族，商周时代除居于中原地区外，其主要活动地区还分布于中国西部和北部，即今甘肃、宁夏、陕西西部、北部以及山西北部等地，又称"犬夷""昆夷"。从

---

① 丁山：《甲骨文所见民族及其制度》，北京：中华书局，1988年，第116～117页；李德山：《古本竹书纪年之白、方、畎、蓝诸夷考略》，《古籍整理研究学刊》1994年第5期。

称述看,"犬戎"一词以及"犬夷""昆夷"与"西戎"的关系十分密切。《诗·小雅·采薇序》记曰:"文王之时,西有昆夷之患,北有玁狁之难。"郑玄笺:"昆夷,西戎也。"① 另《逸周书·王会解》孔晁注:"犬戎,西戎之远者。"② 关于"犬戎"与"犬夷""昆夷"之称的关系多见于史籍注释,如《史记·周本纪》载周西伯昌"伐犬戎",裴骃《集解》毛诗疏云"犬戎昆夷是也"③。《史记·匈奴列传》则言:"周西伯昌伐畎夷氏。"司马贞《索隐》韦昭云:"《春秋》以为犬戎。按:畎音犬。大颜云'即昆夷也'。"④ 又《汉书·匈奴传》:"周西伯昌伐畎夷。"颜师古注:"畎夷即畎戎也,又曰昆夷。昆字或作混,又作绲,二字并音工本反。昆、绲、畎声相近耳。亦曰犬戎也。"⑤ 统言之西戎,或西部戎夷,即"犬戎"或"犬夷"。《汉书·匈奴传》又云:"武王伐纣而营雒邑,复居于酆镐,放逐戎夷泾、洛之北,以时入贡,名曰荒服。"⑥ 其中"戎夷"实指犬夷。至周武王伐纣灭商之后西部犬夷已臣服纳贡于周。

上古又有所谓"犬戎国",见《山海经·海内北经》:"大行伯,把戈。其东有犬封国。贰负之尸,在大行伯东。犬封国曰犬戎国……"⑦ 此"犬戎国"即"犬戎"族,又称"犬夷",即畎夷,是西戎诸族中的一种,或称"昆夷",即绲夷。段连勤在分析清人《山海经地理今释》考据内容之后认为,大行伯在鄂尔多斯,即今内蒙古伊盟,《海内西经》又云"贰负之尸"在疏属山,疏属山又名雕阴山,位于今陕西绥德西南,而犬戎在绥德南北,与西申为邻,亦在"泾洛之北"。⑧《逸周书·王会解》

---

① 毛亨传,郑玄笺,孔颖达疏:《毛诗正义》卷9,阮元校刻《十三经注疏》,第412~413页。
② 黄怀信、张懋镕、田旭东:《逸周书汇校集注(修订本)》,上海:上海古籍出版社,2007年,第886页。
③ 司马迁:《史记》卷4,《周本纪》,北京:中华书局,1959年,第118页。
④ 司马迁:《史记》卷110,《匈奴列传》,第2881页。
⑤ 班固:《汉书》卷94,《匈奴传》,北京:中华书局,1962年,第3744~3745页。
⑥ 班固:《汉书》卷94,《匈奴传》,第3744页。
⑦ 郭璞注,袁珂点校:《山海经校注》,上海:古籍出版社,1980年,第307~309页。
⑧ 段连勤:《犬戎历史始末述——论犬戎的族源、迁徙及同西周王朝的关系》,《民族研究》1989年第5期。

载姬周北方有犬戎,段连勤认为应即《海内北经》之犬封国。① 商末周初中国西部和北部为犬戎族的主要活动地区,与姬周、姜戎、西羌等族群毗邻而居。

"犬戎"一词出现未见有早于《逸周书》和《竹书纪年》者,亦未见于殷商、西周甲骨文和金文。此次新出土姚河塬甲骨文中的"✦"字构形与"犬戎"有关,这就为"犬戎"一词可能出现于西周早期(不晚于西周早期)提供了文字证据,其重要价值是不言而喻的。同时,这一地名字"✦"的构形表义与"犬戎"有关,那么它所表示的地点或可能毗邻犬戎,或可能为犬戎族聚居地。

(四)"戍"

姚河塬卜辞中"戍"字的部分笔画磨泐,较模糊,但大致可辨其右上偏旁为"戈",左下从"人"。"戍"与甲骨文"戍"字形体很接近,试比较甲骨文"戍"的写法:

戍《合集》36538,黄组 戍《合集》27970,何组 戍《合集》27966,无名组

"戍"从人从戈,甲骨文等古文字中"戈"作偏旁可有如下写法:

(武)《合集》36317,黄组 (武)西周 H11:151, (戬)西周 H11:28, (武)战国玺汇 1322②

"戍"从人从戈,应即"戍"字,殷墟甲骨文中"戍"字有表示戍卫的用法。又《逸周书·大匡解》曰:"滞不转留,戍城不留。"朱右曾校释:"戍城,边城。"③ "戍"表示兵夫或戍人驻扎之处,是兵舍戍卫地点。

---

① 段连勤:《犬戎历史始末述——论犬戎的族源、迁徙及同西周王朝的关系》,《民族研究》1989年第 5 期。
② 汤余惠主编:《战国文字编(修订版)》,福州:福建人民出版社,2015 年,第 818 页。
③ 黄怀信、张懋镕、田旭东:《逸周书汇校集注(修订本)》,上海:上海古籍出版社,2007 年,第 156 页。

由此来看，姚河塬卜辞中的"戎卜"一语（词），应当指地名为"戎"，是与"犬戎"有关的戎地，应释为"戎"。

通过以上疑难字识释，姚河塬卜辞可进一步隶释为：

（1）乎（呼）馘（率）卅夫徣至于🉐（虁），至于戎卜（戎），卤亡（无）𡆥？

（2）乎（呼）馭逨（率）卅夫徣至于夜，于宕，至于次，卤亡（无）𡆥？

如前文所述，姚河塬卜辞中呼某某二人率兵卒30人强速行至某某地，执行的应该是紧急军事任务，其所至五地当具有同类性质，即与军事驻兵有关。那么，再结合"戎卜（戎）"之"戎"字表示边戎之地来看，可以认为"🉐"等其他四地也应是西北边戎之地。因此，"🉐""戎卜（戎）"等五地作为军事边戎，其所在地域应是西周王朝的西北边域。

除"🉐""戎卜（戎）"两地外，姚河塬卜辞还记述了率兵夫强速奔至"夜""宕""次"三地，从卜辞内容来看此三地应与"🉐""戎卜（戎）"两地性质相同，亦为西周政府（或其封国）在西北边域设置的戎守要地。

# 殷墟习刻甲骨补论[*]

刘风华
（郑州大学汉字文明研究中心）

【提要】判断是否习刻辞，除了其字形、书风、内容、行款等之外，最重要的应是考察刻辞是否有对应的钻、凿和灼痕。习刻辞所使用的是当时的流行语言，故亦有语言文字、历史文化方面的研究价值。有的习刻辞有独特的称谓、贞人名或是特殊的字形结构，可以据以考察其组类及时代。习刻多采用胛骨，有的属于"废物利用"。习刻甲骨或零散或集中存放。

近年有学者发表有关习刻甲骨的专文，如2016年西南大学齐奇乐园硕士学位论文《甲骨文习刻研究》；或文涉习刻，如2019年华东师范大学阴崔雪硕士学位论文《基于甲骨文的殷商学校教育研究》等。其论述详细、材料丰富，读后颇受启发，然有些问题似乎仍未涉及，故不揣鄙陋，试补论之，敬请师友教正。

本文主要涉及习刻的判断标准、内容及时代特征、选用材料及其存储等。

## 一、判断习刻最重要的标准
## 是刻辞是否有相应的钻、凿和灼痕

姚孝遂、肖丁先生在《小屯南地甲骨考释》一书中有"习刻"一节，对出土于小屯南地的习刻逐一分析和说明，书中对习刻的特征作了精到的归纳，如"似是而非的文字形体，似通非通的辞句"[①]等。详细来说，

---

[*] 本文为科研课题2021BLS022、18ZDA303、16@ZH017A2、16@ZH017A4的阶段性研究成果。
[①] 姚孝遂、肖丁：《小屯南地甲骨考释》，北京：中华书局，1985年，第206页。

习刻的判断标准包括：笔力稚弱、笔画散乱、不成字、不成辞、行款失序、内容诡异费解等，即书风、笔画、字形、辞句、行款、内容等6个方面。这些标准，是比较容易掌握的，基本上一望可知，或者稍具常识即可分辨。

对于书风老辣、内容中规中矩的示范作品，上述标准则失去了判断的效力。这时候，文辞能否与钻、凿、灼，兆序、兆辞或占辞等相对应，就成为另一重要标尺。众所周知，占卜的充分、必要条件是钻、凿、灼，文字甚至是其附属物。

缺少相应钻、凿、灼的刻辞，即使刻写美观、规范、流畅，也不能称为"卜辞"，其中不少可归于"成熟的习刻"，如《合集》26899、26907、27042、27919，《合补》7653等版。从这些版反面的拓片来看，其上的钻凿数目较少，而正面"卜辞"的条数远远多于钻凿的数目，显然，缺少占卜遗迹，即使有刻辞也不能称之"卜辞"，因"边面对应"布局而将同一条卜辞的详细内容、省减内容分置骨面、骨条两部位的情况，与本文所说的文字无法与钻、凿、灼相对应的习刻是两个问题。

齐奇乐园先生《甲骨文习刻研究》中亦反复强调，《村中南》513释文中也曾提到："此片反面无凿钻灼，字体较稚拙，似属习刻中的'仿刻卜辞'"[①]，本文赞同之，并再举例说明：

《屯南》2667、2668版为同一卜骨的正、反面，"背面有凿、灼。未切臼角""似为习刻"[②]。此版背面仅有5个钻凿，位于骨条下部，与遍布正面骨顶、骨颈、骨面、骨条对侧的骨面边缘的16条"卜辞"，均不对应。且此版背面另有4条"卜辞"，正面钻凿全无。此版行款杂乱无序，字形大小不谐，笔画飞扬散漫，书风草率稚拙，显然系习刻作品。它与《合集》28127版同文，后者行款整齐，书写工整，笔画稳重扎实，字形结构匀称内敛，与前者形成鲜明的差别，可知后者是范本，前者是仿刻。由此似可推知，该版先经占卜后遭弃，再被"废物利用"。此版有"兄庚"称谓，曾有学者将其列为"历草类"的断代标准，我们认为

---

① 中国社会科学院考古研究所：《殷墟小屯村中村南甲骨》下册，昆明：云南人民出版社，2012年，第744页。

② 中国社会科学院考古研究所：《小屯南地甲骨》下册第1分册，北京：中华书局，1983年，第1035页。

该版的时代应以与之同文的、书写老练的《合集》28127版为准[①]。

## 二、习刻辞的内容同样有研究价值

习刻作品的内容较为广泛，涵盖了多数占卜事项，如祭祀、战争、畋猎、卜旬等大项，涉及干支表、世系、先公、数字、动物名、官职名、署辞等类。其中，习刻干支表的情况最多，约占总数的一半以上。

上述多数习刻内容能够和正规卜辞相联系，偶尔有少数契刻内容未见于正规卜辞。习刻内容多属当时通行语言，习刻者生造和杜撰的可能性较小，因此亦有研究价值，举例如下：

例一：《屯南》1143版上有4字，分属二辞，为"……隹……"和"……𡉚隹𡉚……"，第二句意思是先公𡉚施害人间。村南系列卜辞中，未见𡉚有"𡉚（害）"的神能，但村北系列卜辞中是有的，如《合集》17362有"贞：𡉚𡉚我"，卜问先公𡉚是否加害于商王。此版习刻可补村南系列甲骨卜辞内容之不足。

例二：《屯南》4571为少见的肋条骨习刻，其反面4572上的习刻辞中出现两个"东保"字样，正规卜辞中未曾见过。其内容为"……舌豊，叀（惠）东保用""叀叀东保……"。

卜辞中"保"有3种用法：

（一）用为动词，表"保佑""护佑"。如《合集》3481之"癸未卜，古贞：黄尹保我史"，"古"是贞人名，"黄"即"衡"，"史"为官职名。

（二）用为名词，"护佑""保佑"。如《合集》6572之"癸未卜，内贞：子商㞢保"和"癸未卜，内贞：子商亡其保"，两辞为正反对贞，其中"内"是贞人名，"子商"为商王朝贵族名，"保"指"（受到）护佑"。

（三）表示职官名，可指已过世的保傅，也可指生人。前者是祭祀对象，如《合集》25038之"癸未卜，出贞：㞢于保，叀辛未酌"，"出"是贞人名，"㞢"指"侑祭"，"酌"是酒祭，"保"是祭祀对象，"泛指先公先王及旧臣之神灵"[②]。生人"保傅"，"地位显赫，他既

---

① 刘风华：《〈小屯南地甲骨〉2667版与历草类》，载《古文字研究》第28辑，北京：中华书局，2010年，第123~130页。

② 徐中舒：《甲骨文字典》，成都：四川辞书出版社，2006年，第877页。

是与国王论道的辅弼重臣，又是最高的执政官之一"①，不过例子较少，张亚初先生曾指出3条：（1）《录》649（按：即《合集》17634）之"丙子保▨示三屯。䈴"。（2）《后下》13·12之（按：即《合集》23683）"丙寅卜，大贞：叀（惠）由又保自又（右）尹"。（3）《前》5·4·2（按：即《合集》23536）之"丙寅卜，祝贞：令保献肴（璧）"。

上揭（1）（3）中的"保"为生人，是明确的。（1）是一条骨臼记事刻辞，其中"保▨""䈴"皆为史官，前者又是"保"官、是尊者，后者是下属、是卜骨的收存保管者。"示"字读为"属"，表示"委托、交付"，"可用于尊者对下属"。"屯"字"特指一头牛上的左右肩胛骨或同一块背甲所分出的左右两版背甲，读为'纯'或'对'"②。（3）辞中，所指"保"字仅"子"字清晰，叶玉森《殷虚书契前编集释》释为"好（俘）"，不过，《合集释文》《摹释总集》《校释总集》《摹释全编》皆释为"子"。《合集》3087也有类似的内容③，"丙寅卜，宁贞：子䰜肴（璧）眂（畯）四方。十月"，此二版皆属于出二类字形，干支亦同，故可推知，《合集》23536版所谓的"保"有可能亦为"子"。"保"指生人的，还可补充《屯南》1066、1082的"丁亥贞：王令保瞀因*侯商"，同样内容亦见于《屯南》1082。

西周金文中有"太保"（太保簋），也是职官名。传世文献中，名词"保"可表教育天子和诸侯子弟的官员，如《尚书·君奭》："召公为保，周公为师，相成王为左右。"孔传："保，太保也；师，太师也。"习刻甲骨有"东保"，卜辞有祭祀对象"保"，前者正可补充说明商代保官之分工。

---

① 张亚初：《商代职官研究》，载《古文字研究》第13辑，北京：中华书局，1986年；又载宋镇豪、段志洪主编：《甲骨文献集成》第25辑，成都：四川大学出版社，2001年，第21页。
② 方稚松：《殷墟甲骨文五种记事刻辞》，北京：线装书局，2009年，第32、44、78页。
③ 黄天树：《殷墟王卜辞的分类与断代》，北京：文津出版社，1991年，第79页。

图一　（《合集》24440）

例三：《合集》24440 版（图一），为干支表习刻，起首处有"月一正曰食麦"一语。该版多数字可与出二类卜辞相联系，但其中有一个奇特的字形反复出现，作 ▮、▮、▮、▮、▮ 形，从它在干支表中的位置而言，其当为地支字"子"；仅《合集》31839 有一个与之类似的写法，作 ▮ 或者 ▮ 形（后者为前者的倒转字形），此外，其不见于出组及其他组类卜辞。既知该字为"子"，则其结构也就不难分析，它不过是"子"字的另一种变形：将幼子形首部的头发状笔画由直笔改为向两侧外撇、下弯的弓形笔画，又在下方表示两足的笔画中间羡增两短一长三个竖笔。这样的例子还可举《屯南》2630 版（图二），其中多数字形能够与见于村南系列无名组的字形相联系，如 ▮、▮、▮、▮ 等，但有个别字的写法未见于该组卜辞，如 ▮ 和 ▮ 字，从矢，中竖中段有一个口旁，从其在干支表中的位置来看，当为地支字"寅"。因其重复出现，且未见修改痕迹，应非笔误。该版另有 ▮ 字，从其在干支表中的位置来看，应是地支字"子"，该字作侈口细颈鼓腹形，下方三足，写法罕异。此二字写法虽奇，但并非不可分析，前者从矢、从口，地支字"寅"亦从矢，习刻中只不过多了一个起装饰作用的口形而已，这一写法在黄组卜辞中多见，如《合集》35644 的 ▮、《合集》35452 的 ▮、《合集》35696 的 ▮ 等。后一字其实是"子"字的变形：将幼子之形首部表示头发的笔画束在一起，再分为两支外撇的弓形笔画，下方的两足中部也羡增了一个中竖而已，与常见写法并无本质区别，后者如《合集》19946 反的 ▮、《合集》20409 的▨、《合集》30771 的▨等。上举两版习刻皆书写流畅、行款规范，应该是老练的刻手所为。此类字形未见于正规卜辞，原因大概是殷墟时期商王手下有较多的刻手，其中有些水准高超，只是没有获得刻写卜辞的机会罢了，或者说他所刻写的卜辞尚未被人们发现。

图二　（《屯南》2630）

姚孝遂、肖丁先生在《小屯南地甲骨考释》一书中指出："我们过去对习刻的判定工作，不太注意。实则这一工作不容忽视。"① 李宗焜先生《甲骨文字编》凡例"二十一、关于习刻"指出："许多甲骨工具书不采录习刻。但习刻并非完全是向壁虚造，不宜一律摒去，我们仍斟酌采入并加以注明"②。上述诸例正可作为三位先生观点的证明。

## 三、习刻甲骨文字同样有分组分类特征

从甲骨卜辞分组分类的角度来看，各组类卜辞之间的贞人、常见称谓、人物、占卜内容、钻凿、字形风格和有些特征字的写法等通常存在差别，其内部则呈现一定的统一性或规律性。这些特点，是卜辞分组、分类的依据，它们也同样适用于习刻作品。下面从典型称谓、贞人、字形结构三个方面来进行说明。

（一）典型称谓：根据典型称谓和贞人能够将习刻与卜辞的组类相对应，如《合集》18948+《英国》1890 版为习刻，有典型称谓"母庚"，有助判断其组类与时代归属。再如《合集》26995、《屯南》2684、《屯南》4572 版皆有典型称谓"父甲"，结合其内容和字形结构特征，可知

---

① 姚孝遂、肖丁：《小屯南地甲骨考释》，北京：中华书局，1985 年，第 206 页。
② 李宗焜：《甲骨文字编》，北京：中华书局，2012 年，第 13 页。

该版或是祖甲之子廪辛或康丁的遗物。

（二）贞人：贞人也是判断习刻所属组别的标准，如《合补》372 版，其上有"丁亥卜，宁"，显然可归之于宾组卜辞。《合补》10222 正反皆为习刻，其中，正面有"己卯卜，𡧊"，《合集》27673 版，反面有"卯"字，正面有"□子卜，何"，"𡧊""何""卯"均为何组卜辞的常见贞人名，由此可知，此两版习刻的时代在何组卜辞的范围内。

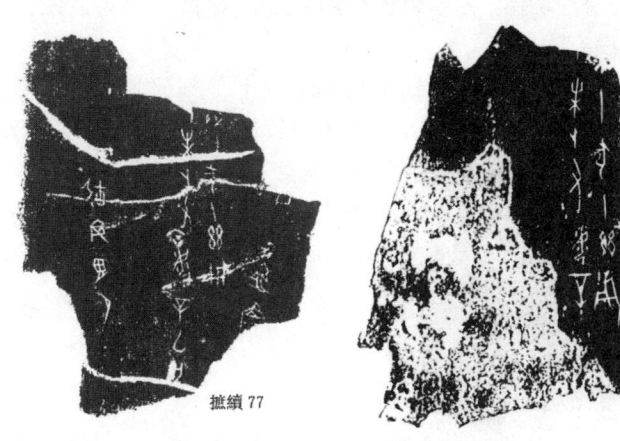

图三　（《摭续》77）　　图四　（《合集》32754）

（三）字形结构：根据目前卜辞分组、分类研究的成果，殷墟卜辞可分为村北和村南两系，而这两系卜辞有些字的字形结构是不同的。如《合集》18946 正反两面皆为习刻，内容是干支表，其中有"未"字，作 ![形], 上部左右对称的近树冠形的笔画仅写一重，且其底部下凸，这是村北卜辞才有的写法，如《合集》14966 的 ![形]；村南写作两重者，其底部或平或凸，如《合集》27826 反的 ![形]，属历组一类，后者如《合集》32330 的 ![形]，属历组二类。

又如《合集》1837 版，该版有"𡿪"字，此字仅村北较早期的卜辞中才有使用，多见于宾组和出组，少见于村南系列。又如《合集》15185 版有"弓"字，系否定词，表示"不"，该字仅见于村北系列卜辞，村南基本不用。

再如《村中南》513（图五），是 2004 年安阳大司空村出土的刻辞卜骨，整理者指出："此版（1）-（6）行六十干支的字体规整，书风雄劲，行款也较整齐,是有经验的刻手('师傅')的作品。第(7)行字体比较幼稚,且'庚'字为误刻,可能是学习刻辞不久的'徒弟'之作","此版似'出组'卜辞字体。时代大体上相当于祖庚、祖甲时期"。这是排除出土地点干扰,根据字形特征对习刻组类、时代进行判断的范例。

从习刻作品所用字形、称谓、贞人、同版内容等特征,习刻可划归不同的卜辞组类,且从统计来看,村北系列的宾组、出组、何组、黄组以及村南系列的历组、无名组皆有习刻作品存世。换句话说,在时间序列上,习刻没有间断过。

在无法见到原物、背面钻凿灼的情况下,刻辞内容、字形、行款是区别习刻、甚或伪刻的最好标准,如《摭续》77(图三)、《甲编》397(按:即《合集》32754,图四)两版。《摭续》77为顾青瑶女士旧藏,1948年归孔德研究所(参《摭续》"述例"部分)①,现归上海博物馆(《上海博物馆藏甲骨文字》2426.253),据《甲骨文合集材料来源表》,《合集》收录了《摭续》73、74、75、76、78、79、80等,不收此版。该版系伪刻,证据如下:

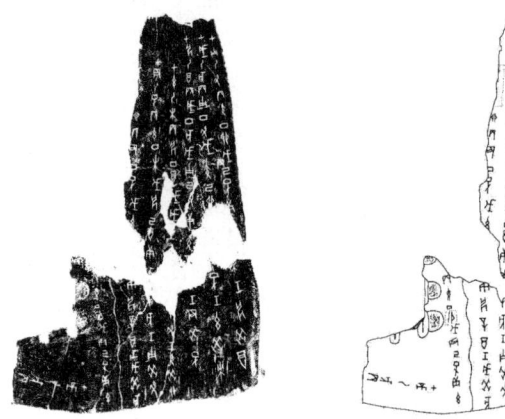

图五(《村中南》附录大司空村刻辞及其摹本②)

---

① 李亚农:《殷契摭佚续编》,载宋镇豪、段志洪主编:《甲骨文献集成》第3册,成都:四川大学出版社,2001年,第284页。
② 中国社会科学院考古研究所:《殷墟小屯村中村南甲骨》,昆明:云南人民出版社,2012年,第426~427页。

其一，从文例上来说，"吉""大吉""引吉"见无名组、黄组，历组卜辞未见，故此二版绝非历组；且其书风与《屯南》一书所认定的"武乙卜辞"风格迥异。

其二，从字形上来说，此版"引吉"作[图]，二字写法草率、讹误（"吉"上部为"士"或"↑"形，而非"十"形），与无名组、黄组两组的写法均不相类（历组、何组均未见"引吉"），无名组作[图]（《屯南》2718）、[图]（《合集》31690）、[图]（《合集》31693）、[图]（《合集》28497＋28905）等，黄组作[图]（《合集》35347）、[图]（《合集》37497）、[图]（《合集》37395）、[图]（《合集》37471）等。《撷续》77所谓的"引吉"写法近黄组但字形讹误，应属拙劣的仿刻。该版"小母"字作[图]，与《合集》32754版"小母"[图]、《合集》19983版[图]相比，一望可知，前者笔画生疏、顿滞，后者顺畅、舒展，亦足证其为仿刻。

其三，从材质和行款方面来说：《撷续》77为残破右前甲之倒置，历组、无名组均不用龟，毋庸赘言；左、右前甲处的占卜文字常贴近原边，沿外边缘纵刻，文字密集，且极少作文字稀疏的长款，《撷续》77版正与之相反；该文作者将《撷续》77与《合集》32754（《甲编》397）并举，恰说明前者系造假者不顾卜甲与卜骨行款特征迥异而生搬硬套的事实。不难推测，这正是《合集》未收录该版的原因。

## 四、习刻甲骨所选用的材料及其存储

以上讨论的是习刻辞的内在特征，下面试探讨其外部特征：选用材料、存储方式。

（一）习刻甲骨所选用的材料。习刻选用3种材料：龟版（如《合集》7771、10751，《合补》6912、6913）、牛肋条骨（如《屯南》2630、3543、4571）、牛胛骨。牛胛骨数量最多，还有刻写在肩胛骨侧面者，如《屯南》2682、2694。下面着重就1973年小屯南地发掘所得一批习刻骨文字来谈一谈这个问题。

不同于正规占卜的是，有的习刻采用牛肋条骨。"有的是刻在未经整治的牛肩胛骨或牛肋条骨上，如原编号H85：127是牛肋条骨，其上刻有干支表；还有的是把旧卜骨上的字迹刮去，在其上练习刻字"①。以牛肋条骨为习刻材料起源很早。1953年河南省文物工作队在郑州市货栈街二里岗期遗存中发现两片刻字牛骨，其一即为牛肋骨刻辞，时代属于商代二里岗期②，它的珍贵价值在于它是商代前期唯一的一例排行多字的骨刻辞标本，内容与占卜活动密切相关。这说明至少在郑州二里岗期，已有在甲骨上刻写占卜记录并有意在骨料上培养写字技能的风习③。

习刻选用的骨料或经钻凿或未经钻凿。经钻凿者，或有文字或无文字，有文字者则刻于占卜文字的空隙；有的卜骨虽经钻凿，但与文字无法对应，这两种情况均属"废物利用"。未经钻凿者如《合集》26995版，正面有4条"卜辞"（严格来说，是正规卜辞的仿写），背面未见一个钻凿，此版是纯粹的"练习册"。经钻凿者如《屯南》2174版，"背面有凿灼，凿属五型一式、五型二式，排列属二型一式"④。该版既有规范的字形和文例，又有字形讹误、笔画散漫、布局失谐的习刻，二者内容相关、相间分布，可知此版曾是正式的卜骨，废弃后成为临摹的范本。

（二）习刻作品的存储。习刻甲骨著录，有的集中，有的不大集中，前者如《合集》第五册的11730～11738版，第六册的17849～17863、17866、17870版，第十册末的35261～35276、35279～35282版，《合补》6933～6945版等，其余多分散著录。《屯南》一书中习刻比重略高，不过因为该书按照甲骨出土坑位编序，习刻也未集中收录。

村北系列习刻甲骨的收藏较为零散，如《合集》第五册11730～11738版分别选自《殷墟书契》《簠室殷契征文》《殷契遗珠》《殷契粹编》《善斋甲骨拓本》《殷虚文字甲编》等书，来源既杂，也多缺乏详尽的出土记载，习刻当初的存储情况更是不得而知。黄组的习

---

① 中国科学院考古研究所安阳工作队：《1973年安阳小屯南地发掘简报》，《考古》1975年第1期。
② 裴明相：《略谈郑州商代前期的骨刻文字》，载胡厚宣主编：《全国商史学术讨论会论文集》，殷都学刊编辑部，1985年，第251～253页。
③ 王蕴智：《殷商甲骨文研究》，北京：科学出版社，2010年，第5页。
④ 中国社会科学院考古研究所：《小屯南地甲骨》下册第1分册，北京：中华书局，1983年，第987页。

刻多数为干支表，出土于小屯村北，以非科学发掘出土为多，具体的存储情况也缺乏记载。

经科学发掘的村南系列则有集中出土的现象，其中H24出9版，H50、H85、H99等皆出7版，H103出5版，H61出4版。尤其是H99，"此坑主要是存放卜骨骨料用的"，"在距坑口深1.63～1.75米处，出未经加工的牛肩胛骨33片、牛肋条骨6片、卜骨6片、卜甲2片，其上有刻辞的共10片，其中7片都属于习刻"[①]，姚孝遂、肖丁先生提到，H99带字的甲骨共10片，而习刻有6片，占总数的60%。这是一个值得注意的现象。[②]H17"似为堆放刻辞卜骨的窖穴"[③]。村南系列另有出土零散的现象，如H16、H31、H65、H78、H72、H92、H119等灰坑均仅出一版，此外，还有一些习刻出土于墓葬与文化层。

1973年小屯南地出土习刻甲骨的情形可以概括为：第一，相对来说，1973年小屯南地出土习刻的比例较高，约占总量的2.23%。第二，既有零散出土者，也有集中出土的现象，这是过去非科学发掘甲骨所无法体现的信息。第三，集中出土的情况，如H99，该坑既主要用于存放卜骨骨料，且又有习刻作品集中出土，这两个点对于探究殷人的童蒙教育以及骨料的管理有相当的启示意义。习刻所用肋条骨、未经整治的骨料、废弃卜甲与卜骨，性能与正规卜用甲骨是很接近的，选用此类材料的原因可能是它们更易使练习者产生身临其境的效果，增加郑重神圣的感觉。据我们的统计，殷墟出土习刻作品总量近600版，其中，属宾组、出组、何组者100多版，属黄组者300多版，属村南系列者100多版，这应该是很保守的数字，因为目前多数甲骨著录不收录甲骨背面的钻凿，那些书写美观、笔画流利的习刻无从离析。这些组类的习刻与前文提及的二里岗期刻字牛骨一脉相承，教育"实习"代有遗传。

综上，本文谈及4个问题：习刻最重要的判断标准、其内容和价值、时代特征、所选用材料及其存储。需要提请注意的是：（1）钻凿是判

---

① 中国社会科学院考古研究所安阳工作队：《1973年小屯南地发掘报告》，载《考古学集刊》第9集，北京：科学出版社，1995年，第53页。
② 姚孝遂、肖丁：《小屯南地甲骨考释》，北京：中华书局，1985年，第203页。
③ 中国社会科学院考古研究所安阳工作队：《1973年小屯南地发掘报告》，载《考古学集刊》第9集，北京：科学出版社，1995年，第60页。

断习刻最重要的标准，习刻也有自己的时代特征；伪刻非习刻，二者均不能列入特殊的卜辞组类来进行甲骨卜辞的分期断代。（2）1973年小屯南地发掘H99所见集中收储未经加工的骨料，有刻辞者多半属习刻，其使用骨料而非卜骨卜甲及其集中收存的特点，是进一步探究殷人童蒙教育的重要线索。

附文中简称对照表：

《合集》：《甲骨文合集》
《合补》：《甲骨文合集补编》
《屯南》：《小屯南地甲骨》
《村中南》：《殷墟小屯村中村南甲骨》
《英国》：《英国所藏甲骨集》
《甲编》：《殷虚文字甲编》
《前》：《殷墟书契》
《后下》：《殷墟书契后编》（二卷）
《录》：《甲骨文录》
《摭续》：《殷契摭佚续编》

# 殷墟甲骨文中双宾语动词"示"用法分析

赵 伟

（河南大学黄河文明与可持续发展研究中心 黄河文明省部共建协同创新中心）

【提要】殷墟甲骨文中，动词"示"有500余例，大多出现在记事刻辞中，也见于少量的命辞。此类"示"属双宾语动词，可直接释为"交付""给予"义，不需要改读其字。通过比较甲骨辞例和后世文献中"示"的双宾语用法可知，"示"所指向的对象，经历了一个从具体到抽象的转变。相应的，其意义也发生了一定的变化，但都属于"与义"的范畴。

殷墟甲骨文中，"示"大体有名词和动词两类用法。在用作名词时，多写作 ▆、〒、示 等形，有以下几种意义：1.神主牌位；2.祖先神；3.族地名。在用作动词时，一般写作丁形[①]，大多出现在记事刻辞中，也见于少量的命辞。此类动词"示"应该如何解释，历来众说纷纭。方稚松曾将前人的解释归纳为以下7种：1.叶玉森释为祭祀义；2.董作宾、孙海波读为置；3.唐兰释为神祇义；4.丁山读为氏；5.释示为视（或眂、眡），其中郭沫若、陈邦怀读为眂，陈梦家、严一萍读为《周礼·大卜》"眡高"之眂，尚秀妍释为指导监督义；6.于省吾读为予；7.赵诚释为

---

① 柳东春曾在《殷墟甲骨文记事刻辞研究》（台湾大学硕士学位论文，1989年）123页指出："（示）卜辞里或作'〒'或作'丁'，两字可通，但在记事刻辞里皆作'丁'。"孙俊在《殷墟甲骨文宾组卜辞用字情况的初步考察》（北京大学硕士学位论文，2005年）17页亦曾提到两种写法的"示"存在异体分工的问题。其后方稚松肯定了柳、孙之说，并有所补充：1.两种写法的"示"在花东卜辞中偶有混用（《花》184、192），但总体上用法有别；2.此种区别普遍存在于殷墟甲骨卜辞中，不仅仅表现在宾组记事刻辞与卜辞之间。

交纳、进贡、奉献义。① 在综合分析上述各家之说和大量辞例的基础上，方氏肯定了"示"表"交纳""给予"义的说法，并指出"示"可用于双宾语结构，但又主张释"主"，读为"属"。

我们认为，此类"示"属于双宾语动词，其义确应释为"给予"，只是不用改读其字。尤其值得注意的是，殷墟甲骨文中的双宾语动词"示"与后世文献中双宾语动词"示"在用法上存在一定的关联。以往学者对甲骨文中"示"的这一用法多有忽略，如沈培②、张玉金③、喻遂生④、齐航福⑤等所研究的甲骨文双宾语动词中，均不包含"示"。对双宾语动词"示"的用法进行系统梳理，十分必要。

## 一、甲骨文中双宾语动词"示"的句法结构

据统计，包括残辞在内，甲骨文中可以确定为动词的"示"有500余例。根据其所在辞例句法结构的不同，其用法大体可以归纳为以下5种。

1. （S）+V+$O_i$+$O_d$

主语（S）可以省略，谓语（V）、间接宾语（$O_i$）和直接宾语（$O_d$）均不省。具体辞例如下：

（1）□巳，王示殼二屯。敱。　　《合》8797臼（宾二）
（2）丙子，𡄹示宁一屯⑥。　　《合》12764臼（宾二）
（3）贞：弜（勿）示屰四人？　　《合》1061（宾二）

吕叔湘认为："一件事情也许牵涉到三方面的人或物件，这个

---

① 方稚松：《殷墟甲骨文五种记事刻辞研究》，北京：线装书局，2009年，第22~41页。
② 沈培：《殷墟甲骨卜辞语序研究》，台北：文津出版社，1992年，第80页。
③ 张玉金：《甲骨文语法学》，上海：学林出版社，2001年，第197页。
④ 喻遂生：《甲骨文双宾语句研究》，载喻遂生：《甲金语言文字研究论集》，成都：巴蜀书社，2002年，第136页。
⑤ 齐航福：《殷墟甲骨文宾语语序研究》，上海：中西书局，2015年，第93~94页。
⑥ 《合》12764臼"示"作𥼶，属误刻字后改刻，方稚松（2009:32）已指出。

时候就会有两个宾语出现。"①这里说的"三方面"是指授予方（第一方面）、接受方（第三方面）和事物（第二方面）。黎锦熙曾把汉语中的双宾语动词概括为"交接物品"的外动词，并指出："有一种外动词表示人与人之间（或人格化的事物之间）交接一种事物的，如'送''寄''赠''给''赏''教授''吩咐'等，常带两个名词作宾语，叫作'双宾语'。"②由此看来，（1）—（3）辞均属于典型的双宾语结构，"殻""宁""岀"属于间接宾语，表示接受的一方，"二屯""一屯""四人"属于直接宾语，表示动词"示"所指向的对象。其中（1）辞中的主语"王"说明，此类"示"释贡纳义不可通。

吴丽婉认为（1）(2)两辞分别应读作："囗巳，王示二屯。殻、叙。""丙子，￥示一屯。宁。"谓"殻、叙""宁"等史官名系先刻，与"某示几屯"不应连读，进而否认骨臼刻辞中存在"某人示某人几屯"的用法。③此说有待商榷。如（1）辞中表示签署的"殻、叙"两史官名均为先刻，则无法解释"殻"位于骨臼中间偏右而"叙"却位于左下角的位置。另外，这一说法忽略了命辞中也存在一定数量"示"的双宾语用法的事实。

第一种结构在甲骨文中虽然为数不多，但对我们理解"示"的用法和意义至关重要。下文提到的几种结构，都可以看作是它的变体。

2.（S）+V+$O_d$

此种结构省略间接宾语，在殷墟甲骨文中最为常见，约有480例。兹拣辞例完整者节录如下：

（4）帚井示卅。争。　　《合》116反（宾二）
（5）帚井［示］三。宁。　　《合》438反（宾二）
（6）帚井示十。殻。　　《合》1248反（宾二）
（7）帚井示卌。宁。　　《合》828反（宾二）
（8）帚井示五。　　《合》926反（宾二）
（9）帚閈示十。殻。　　《合》656反（宾二）
（10）戊子，庞示十。　　《合》1582反（宾二）

---

① 吕叔湘：《语法学习》，北京：中国青年出版社，1953年，第27页。
② 黎锦熙：《新著国文语法》，北京：商务印书馆，1955年，第34、123页。
③ 吴丽婉：《试论骨臼刻辞的顺序》，《考古与文物》2018年第6期。

（11）帚喜示廿。　　《合》2106 反（宾一）
（12）帚井示百。殷。　《合》2530 反（宾二）
（13）丁巳，帚𡦢示四。　《合》5460 反（宾二）
（14）帚娘示三。殷。　《合》11423 反（宾二）
（15）喜示廿。　　《补》308 反（宾二）
（16）邑［示］卅。　《甲》3907（宾二）
（17）大示五。　　《花》184（花东子）
（18）癸巳，帚井示一屯。亘。　《合》130 臼（宾二）
（19）壬午，帚井示三屯。亘。　《合》177 臼（宾二）
（20）戊戌，帚喜示十屯。岳。　《合》390 臼（宾二）
（21）癸酉，辛示十屯。叡。　《合》493 臼（宾二）
（22）庚申，𡦢示三屯。宔。　《合》1581 臼（宾二）
（23）丙寅，邑示七屯。叡。　《合》2225 臼（宾二）
（24）戊申，帚息示二屯。永。　《合》2354 臼（宾二）
（25）足示三屯。宔。　《合》2362 臼（宾二）
（26）癸卯，邑示二屯。小叡。　《合》2387 臼（宾二）
（27）帚羊示十屯。古。　《合》6479 臼（宾一）
（28）丁卯，帚龏示一屯一𠀁。永。　《合》6855 臼（宾二）
（29）癸巳，羌宫示二屯。叡。　《合》7380 臼（宾二）
（30）丁丑，史示三屯。岳。　《合》7381 臼（宾二）
（31）己卯，𡦢示二屯。自古乞。小叡。　《合》8991 臼（宾二）
（32）壬戌，子央示二屯。小叡。　《合》11170 臼（宾二）
（33）己亥，帚庞示一屯。宔。　《合》17393 臼（宾二）
（34）壬午，邑示八屯。凹。　《合》17424 臼（宾二）
（35）壬寅，帚宝示三屯。岳。　《合》17511 臼（宾二）
（36）戊戌，帚妸示二屯。韦。　《合》17532 臼（宾二）
（37）古示十屯屮（又）一𠀁。宔。　《合》17581（宾二）
（38）画示四屯。殷。　《合》17584（宾二）
（39）利示三屯屮（又）一𠀁。宔。　《合》17612（宾二）
（40）戊戌，帚宝示二屯。箙。　《合》18348 臼（宾二）
（41）利示十屯。争。　《补》399 臼（宾二）
（42）丁巳，帚宝示一。亘。　《补》1804 臼（宾二）

上揭辞例中,(4)—(17)为甲桥刻辞,(18)—(42)为骨臼刻辞。其主语以"帚某"最为常见。《合》17638辞曰"庚午,示三屯",《合》21006反辞曰"庚寅,示五",此为记事刻辞中省略主语者,较为少见。

命辞中也有省略主语和间接宾语的用法,如"贞:示兔畐牛"(《合》309甲正),"贞:弜(勿)示兔畐"(《合》309甲正),"示九百人"(《合》1038正)等。历组卜辞《合》32008、32009两版有同文辞曰:"庚午卜:宓⿱弔示千?"方稚松(2009:36)释为"示宓⿱弔千"或"示千宓⿱弔"之义。如此则该"示"亦为双宾语动词。

3. 叀+O$_i$+V

通过虚词"叀"将间接宾语前置,直接宾语省略。此种用法仅见于命辞,如:

(43)叀在庞田丰示,王弗每(悔)?𡠗。大吉。　《屯南》2409(无名)

(44)叀在鼒田又示,王弗每(悔)?𡠗。吉。　《屯南》2409(无名)

(45)叀在泞田㘴示,王弗每(悔)?𡠗。吉。　《屯南》2409(无名)

上揭辞例中,在庞田丰、在鼒田又、在泞田㘴均为"在某地田+人名"的称名方式。他们属于接受方。所"示"之物不明。裘锡圭对殷墟甲骨文中的职官名"田"有详细论述,可以参看。①

自宾间类卜辞《合》10474有辞曰:"甲寅卜,王:叀蔑示⿱?五月。"这是为"示⿱"之时间而举行的占卜。⿱字在卜辞中更多的是用作族地名和人名,如"𠂤立史于⿱侯"(《合》5505),"乎犬⿱省,从南"(《合》10976正)等。陈剑释⿱为琮,谓象玉琮之形。②如将⿱理解为玉器名,则在上辞中表示所"示"之物,属直接宾语。

---

① 裘锡圭:《甲骨卜辞中所见的"田""牧""卫"等职官的研究》,裘锡圭著《古代文史研究新探》,南京:江苏古籍出版社,1992年,第341~365页。
② 陈剑:《释"琮"及相关诸字》,陈剑著《甲骨金文考释论集》,北京:线装书局,2007年,第273~316页。

4. $O_d$+S+V

将直接宾语提至主语之前。此种用法较为少见，如：

（46）☐丑，十屯，小臣从示。　　《合》5579 反（宾二）
（47）☐廿屯，严示。犬。　　《合》17599 反（宾三）

此二辞均属骨面刻辞。《合》5580 亦有骨面刻辞曰："☐廿屯，小臣☐"此与（46）辞结构相同，所记内容亦应相类。

5. S+V

同时省略间接宾语和直接宾语。此种用法有 15 例，如：

（48）甲申，乞自雩十屯。购示。叔。　　《合》501 臼（宾三）
（49）丁亥，乞自雩十屯，购示。𠃬。　　《合》5506 臼（宾三）
（50）丁亥，乞自雩十屯，购示。叔。　　《合》9409 臼（宾三）
（51）丁亥，乞自雩十屯。购示。𠃬。　　《合》9416 臼（宾三）
（52）丁亥，乞自雩十屯。乍示。𠃬。　　《合》5517 臼（宾三）
（53）乙亥，乞自☐。乍示。𠃬。　　《合》4415 臼+《补》1173 臼[①]（宾三）
（54）帚井示。争。　　《合》13658 反（宾二）
（55）帚妌示。殻。　　《合》12336 反（宾二）
（56）帚井示。　　《合》14313 反（宾二）
（57）［帚］井示。　　《合》14794 反（宾二）
（58）並示。　　《合》16750 反（宾三）
（59）☐喜示。　　《合》17039（宾二）
（60）我入八屯。帚井示。韦。　　《合》17493（《乙》5281，宾二）
（61）［我］入八屯。帚井示。韦。　　《合》17494（宾二）
（62）永入十。帚示。　　《合》18911 反（宾二）

---

① 李爱辉缀，见中国社会科学院历史研究所先秦史研究室网站，http://www.xianqin.org/blog/archives/1669.html，2009 年 9 月 26 日。

上揭辞例中，（48）—（53）、（60）—（62）诸辞皆同时记录甲骨的来源和交付情况。其动词"示"的直接宾语应该是承前省略。"乞""入"等动词的宾语，同时也是"示"的宾语。（54）辞位于龟腹甲反面左甲桥，其相对应的右甲桥有记录龟甲来源之辞曰"行取廿五"，则该辞"示"之宾语可能是承"取廿五"而省。

周迟明在谈到双宾语动词时曾指出："因上下文关系或语言环境关系，在说话时可能有一方面乃至两方面不出现，这应该认为省略，不是不具备。"[①] 这对我们理解甲骨文动词"示"的用法同样有启发意义。上文所列"示"的5种用法中，不管如何省略，"示"都应该看作是双宾语动词。

为什么绝大部分记事刻辞中的"示"都省略了间接宾语呢？我们认为，从《合》8797臼、12764臼两辞来看，接收一方很可能都是贞人，或者至少是某一占卜集团之人。他们同时属于所接收龟版或骨版的管理方和使用方，故多省而不刻。

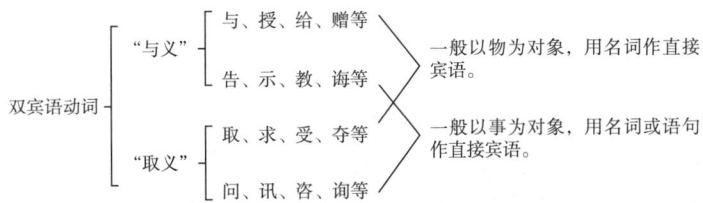

引自周迟明《汉语双宾语句的语法现象和历史发展》66页

汉语的双宾语动词一般分为"与义"和"取义"两类（如上图）。因此，甲骨文中双宾语动词"示"的意义只能从"与"和"取"两个意义范畴中去寻找[②]。再联系"示"的主语多是"诸妇"以及"王"和诸子等，间接宾语多是当时占卜集团的卜人，"示"的意义自然就可以限定在"与"义这一范畴。

---

① 周迟明：《汉语双宾语句的语法现象和历史发展》，《山东大学学报》1964年第1期。
② 有学者认为现代汉语中尚存在第三种双宾语动词，它们既不表示给予，也不表示取得。说见朱德熙：《与动词"给"相关的句法问题》，《方言》1979年第2期。

## 二、传世文献中的双宾语动词"示"

在传世文献中,双宾语动词"示"屡见不鲜,略举其例如下:

(63) 期年狄必至,示之弱矣。　《左传》僖公八年
(64) 於是乎伐原以示之信。　《左传》僖公二十七年
(65) 於是乎大蒐以示之礼。　《左传》僖公二十七年
(66) 郑人围许,示晋不急君也。　《左传》成公九年
(67) 宋人或得玉,献诸子罕,子罕弗受。献玉者曰:"以示玉人,玉人以为宝也,故敢献之。"　《左传》襄公十五年
(68) 庆季卜之,示之兆。　《左传》襄公二十八年
(69) 楚子示诸侯侈。　《左传》昭公四年
(70) 卒筮,书卦,执以示主人。　《仪礼·士冠礼》
(71) 卒筮,执卦以示命筮者。命筮者受视,反之。　《仪礼·士丧礼》
(72) 国奢则示之以俭,俭则示之以礼。　《礼记·檀弓下》
(73) 袒而示之背,信之。　《左传》庄公八年
(74) 楚子使师缙示之俘馘。　《左传》僖公二十二年
(75) 宗人受龟,示莅卜。莅卜受视,反之。　《仪礼·士丧礼》
(76) 卒筮,乃书卦于木,示主人,乃退占。　《仪礼·少牢馈食礼》
(77) 文侯示之谤书一箧。　《战国策·秦策》
(78) 皇天隆物,以示下民。　《荀子·赋》

上述16例双宾语句中,"示"之义均属"与"的范畴,表示把相关的事物或道理摆出来以使第三方知晓。其指向的对象多为抽象的事物。(73)—(77)诸例中所"示"之物为具体的"背""俘馘""龟"和"谤书"等,但"示"依然表示"给第三方看""使第三方知晓"之义,而不是"交付""给予"。《尔雅·释言》:"观、指,示也。"邢昺疏:"谓呈现于人也。"

值得注意的是（78）例。"下民"是表示第三方面的间接宾语，直接宾语为皇天所隆之"物"，承前省略。很明显，"皇天隆物"并不仅仅是让"下民"知晓或看看这么简单，"以示下民"应该包含有"给予""恩赐"之义。此"示"恰恰与殷墟甲骨文中的双宾语动词"示"用法一致，都用来表示"给予"义，所涉及的对象也都是具体的物，而不是抽象的事。王念孙《读书杂志·荀子弟八》认为"以示下民"之"示"为"俗音之误"，"不可通"，字本作"施"，并以《艺文类聚》所引"以施下民"为证。这应该是在文本解释不通时而寻求的该字或该读。

传世文献中的双宾语动词"示"，旧注多以为本字当作"视"。《小雅·鹿鸣》"视民不恌"，三家《诗》均作"示"。郑笺曰："视，古示字也。"孔疏云："古之字，以目视物，以物示人，同作视字。后世而作字异，目视物与示旁见，示人物作单示字，由是经传之中，视与示字多相杂乱。"又，《仪礼·士昏礼》"夙夜无愆，视诸衿鞶"，郑注曰："视乃正字，今文作示，俗误行之。"示上古在云母脂部，中古在止摄开口三等船母。视上古在群母脂部，中古在止摄开口三等禅母。二字自古音近，故可通用，然在字形演变上却是各成体系，不存在谁古谁今的问题。马瑞辰（1989:493）《毛诗传笺通释》指出："视与示二字各别。笺以视为示字者，谓古字多借视为示也。"此"借视为示"说，实质上就是把"示"看作本字，显优于郑玄"正字""俗误"之说。关于古文字中"视"字的构形，可以参看裘锡圭《甲骨文中的见与视》，此不赘述。

## 三、结　语

综上不难看出，以"施"或"视"来解释双宾语动词"示"，均稍显迂曲。同样是双宾语动词的用法，殷墟甲骨文中的"示"与后世文献中的"示"应该存在着一定的联系。某一方（S）把一个具体的物件（$O_d$）交接给第三方（$O_i$），这是我们熟悉的"交付""给予"义。但如果涉及到的对象是抽象的事物（比如一件事、一种思想或观点），这种"交接"自然也就变成了"呈现于人"的意思。如果再延伸开去，"示"也就有了"宣示""教示"诸义。《左传》宣公九年："公卿宣淫，民无效焉。"杜注云："宣，示也。"昭公九年："自文以来，世有衰德，而暴灭宗周，以宣示其侈，诸侯之贰，不亦宜乎？"这里的"宣示其侈"与例（70）

中的"楚子示诸侯侈"实际上表达的是同一类意思。

从殷墟甲骨文到后世文献，双宾语动词"示"所指向的对象，经历了一个从具体到抽象的转变。相应的，意义也发生了一定的变化，但都是属于"与义"的范畴。将甲骨文中的双宾语动词"示"直接释为"交付""给予"义，完全是有章可循，不需要改读其字。

**参考文献：**

［1］陈剑：《释"琮"及相关诸字》，陈剑：《甲骨金文考释论集》，北京：线装书局，2007年。

［2］方稚松：《殷墟甲骨文五种记事刻辞研究》，北京：线装书局，2009年。

［3］黎锦熙：《新著国文语法》，北京：商务印书馆，1955年。

［4］吕叔湘：《语法学习》，北京：中国青年出版社，1953年。

［5］马瑞辰：《毛诗传笺通释》，北京：中华书局，1989年。

［6］齐航福：《殷墟甲骨文宾语语序研究》，上海：中西书局，2015。

［7］裘锡圭：《甲骨卜辞中所见的"田""牧""卫"等职官的研究》，裘锡圭：《古代文史研究新探》，南京：江苏古籍出版社，1992年。

［8］沈培：《殷墟甲骨卜辞语序研究》，台北：文津出版社，1992年。

［9］吴丽婉：《试论骨臼刻辞的顺序》，《考古与文物》，2018年第6期。

［10］喻遂生：《甲骨文双宾语句研究》，喻遂生：《甲金语言文字研究论集》，成都：巴蜀书社，2002年。

［11］张玉金：《甲骨文语法学》，上海：学林出版社，2001年。

［12］周迟明：《汉语双宾语句的语法现象和历史发展》，《山东大学学报》，1964年第1期。

# 甲午日卜"四土"受年刻辞系联分析

张军涛　王蕴智
（河南师范大学历史文化学院）
（河南大学黄河文明与可持续发展研究中心）

**【提要】**殷人有以"商"为中心的"四土"观念。六版甲午日"四土"受年卜甲具成套性。从此六甲版上透露出武丁在位某年的甲午日，选取大小形制相当的至少两组（十版，每组五版）腹甲，由㱿、亘、韦、㱿、㱿、宾等6位贞人联手，每人各司一土（或亚），各执一龟，分别占卜东土、南土、西土、北土、亚"受年"。这时还有至少两位书家各司一组卜甲，主刀刻写"受年"卜辞。商代的"亚"作为地名，更多的是一个政治地理概念，盖指殷商王畿区域。甲午日占卜"四土"受年，参与者分工明确，用材讲究，形式独特，场面壮观，是商王武丁对农业收获高度重视的反映。它从一个侧面印证了史书对商王武丁胸怀天下，忧国忧民，"思复兴殷"的相关记载。

《合集》9735、9738、9742、9743、9745、9788六版同为龟腹甲，每版各司一土，于甲午日共卜"四土"受年。此六甲从其书风、所见贞人来看，其形制、来源、卜法、文例、行款彼此相类，同属宾组。反映出在商王武丁执政中晚期的某个甲午日，选取大小形制相当的两组（10版，每组5版）腹甲，至少由㱿、亘、韦、㱿、㱿、宾等6位贞人联手，每人各司一土（或亚），各执一龟，分别占卜东土、南土、西土、北土、亚"受年"。为了深入整理材料，本文谨试对该套卜甲的语料及占卜四土受年的有关问题进行一些系联和分析。

# 一、六甲释读

## （一）刻辞释文

此六甲每版正面各有两条卜辞，反面有著录者，其反面皆有署辞。各版刻辞如下：

1-1 甲午卜，徝贞：东土受年？一二三二告四五六七

1-2 甲午卜，徝贞：东土不其受年？一二三四二告五六　（《合集》9735）

2-1 甲午卜，韋贞：西土受年？一二二（三）四五六七八

2-2 甲午卜，韋贞：〔西〕土不其受年？一二〔三〕四五六　（《合集》9743正）

2-3 殻。　（《合集》9743反）

3-1 甲午卜，㠯贞：北土受年？〔一〕二三四五〔六〕

3-2 甲午卜，㠯贞：北土不其受〔年〕？〔一〕二三二告四五六　（《合集》9745）

4-1 甲午卜，亘贞：南土受年？〔一二〕三四五〔六〕

4-2 甲午〔卜，亘贞：南土不其受年？〕〔一二三四五六〕　（《合集》9738）

5-1 甲午卜，隼贞：亚受年？一二告二三四五

5-2 甲午卜，隼贞：不其受年？一二三告四六（五）　（《合集》9788正）

5-3 殻。　（《合集》9788反）

6-1 甲午卜，宾贞：西土受年？一二三三（四）五六七

6-2 贞：西土不其受年？一二二告三四二告五六　（《合集》9742正）

6-3 争。　（《合集》9742反）

《合集》9745版贞人写作"㠯"形，《甲骨文合集释文》[①]《甲骨

---

① 胡厚宣主编：《甲骨文合集释文》，北京：中国社会科学出版社，1999年，第522页。

文校释总集》①及《殷墟甲骨文摹释全编》②存其原篆，未作隶定，《殷墟甲骨刻辞摹释总集》释为"宁"③。商代文字"宁"作"㐀""㐁""㐀""㐁"等形，与"㐂"有异。《甲骨文编》《新甲骨文编》④皆分别将"㐂"和"㐃"另立为一个字头，而有别于"宁"字⑤，是谨慎的做法。"㐂"作为贞人又见于《合集》11750，其辞如下：

己丑卜，㐂：庚寅〔雨〕？

学界一般把《合集》9788中的地名释为"亚"，如《殷墟甲骨刻辞摹释总集》⑥《甲骨文合集释文》⑦《殷墟甲骨文摹释全编》⑧《甲骨文校释总集》⑨《殷虚文字丙编》⑩《殷虚文字丙编摹释新编》⑪均如是释。但也有不同意见，如魏慈德认为其释"亚"或不确，实应作"㐄"⑫。仔细观察拓片、照片，我们遵从见过实物的张秉权、蔡哲茂、张惟捷等先生的意见，还是释其为"亚"较为稳妥。

《合集》9742版反面右甲桥中下部有一署名，各家释读不一。《殷墟甲骨刻辞摹释总集》漏释之⑬，《甲骨文合集释文》释其为"□氏□"⑭，

---

① 曹锦炎、沈建华编著：《甲骨文校释总集》卷四，上海：上海辞书出版社，2006年，第1180页。
② 陈年福：《殷墟甲骨文摹释全编》，北京：线装书局，2010年，第937页。
③ 姚孝遂主编：《殷墟甲骨刻辞摹释总集》上册，北京：中华书局，1988年，第232页。
④ 刘钊等主编：《新甲骨文编》，福州：福建人民出版社，2014年，第1015页。
⑤ 李宗焜：《甲骨文编》，北京：中华书局，2012年，第817页。
⑥ 姚孝遂主编：《殷墟甲骨刻辞摹释总集》上册，北京：中华书局，1988年，第233页。
⑦ 胡厚宣主编：《甲骨文合集释文》，北京：中国社会科学出版社，1999年，第524页。
⑧ 陈年福：《殷墟甲骨文摹释全编》，北京：线装书局，2010年，第941页。
⑨ 曹锦炎、沈建华编著：《甲骨文校释总集》卷四，上海：上海辞书出版社，2006年，第1186页。
⑩ 张秉权：《殷虚文字丙编·考释》上辑（一），台北："中央研究院"历史语言研究所，1957年，第25页。
⑪ 张惟捷、蔡哲茂编著：《殷虚文字丙编摹释新编》，台北："中央研究院"历史语言研究所，2017年，第467页。
⑫ 魏慈德：《YH127坑甲骨卜辞研究》，新北：花木兰文化出版社，2011年，第76~77页。
⑬ 姚孝遂主编：《殷墟甲骨刻辞摹释总集》上册，北京：中华书局，1988年，第232页。
⑭ 胡厚宣主编：《甲骨文合集释文》，北京：中国社会科学出版社，1999年，第522页。

《甲骨文校释总集》①和《殷墟甲骨文摹释全编》②释其为"□以□"，皆不确。互参《乙编》3410拓片、照片，不难发现此为宾组常见贞人"争"的署名，《殷墟YH127坑宾组甲骨新研》所释为是③。

（二）来源形制

《合集》9735、9742、9743、9745、9788与《合集》9738同为甲午日卜"四土受年"之一，为一时一事之卜，理应一处出土。然其原始著录不同，现藏地亦不同，且前者为科学发掘出土，后者来源不明。《合集》9735、9742、9743、9745、9788五甲同出土于1936年6月第十三次科学发掘的YH127坑，现藏于台湾"中央研究院"历史语言研究所。《合集》9738卜甲原著拓号为《考文》21+，拼合号为29+30+45，现藏中国国家图书馆。

YH127坑本为原"中央研究院"历史语言研究所科学发掘且未遭盗掘的生坑，出土有字甲骨一万七千余版④。这些甲骨应该没有流落在外的，然而事实并非如此。张惟捷曾对YH127坑甲骨出土前后所遭遇的损害进行过阐述，指出此坑甲骨从出土之前、挖掘当时、战时辗转搬运，到运台后遭遇两次水灾，皆有不同程度的损伤，乃至无可挽回的遗失⑤。魏慈德对YH127坑甲骨与其他著录甲骨缀合情况进行过论述，举20余例揭示这一特殊情形，指出《合集》9738可与出土于YH127坑的《乙编》7970缀合，疑《合集》9738亦出土于YH127坑⑥，认为包括《合集》9738在内的"这些可和《乙编》缀合的甲骨，其来源仍然是一二七坑，只不过是在发掘和著录的过程中遗失了"⑦。宋镇豪对出自YH127坑而流散在外的甲骨做过较为详细的阐述，指出中国国家图书馆有多版卜甲源于YH127坑，但未明言现藏于中国国家图书馆的《合集》9738

---

① 曹锦炎、沈建华编著：《甲骨文校释总集》卷四，上海：上海辞书出版社，2006年，第1180页。
② 陈年福：《殷墟甲骨文摹释全编》，北京：线装书局，2010年，第937页。
③ 张惟捷：《殷墟YH127坑宾组甲骨新研》，台北：万卷楼，2013年，第232页。
④ 董作宾：《殷墟文字乙编·序》，台北："中央研究院"历史语言研究所，1994年，第4页。YH127坑出土有字甲骨经缀合整理，就目前来看，其数量应不足一万七千版。
⑤ 张惟捷：《殷墟YH127坑宾组甲骨新研》，台北：万卷楼，2013年，第3～12页。
⑥ 魏慈德：《YH127坑甲骨卜辞研究》，新北：花木兰文化出版社，2011年，第76页。
⑦ 魏慈德：《YH127坑甲骨卜辞研究》，新北：花木兰文化出版社，2011年，第81、82页。

与 YH127 坑有关①。无论如何，现藏于中国国家图书馆的《合集》9738 卜甲应与出土于 YH127 坑的甲午日卜"四土"受年的五版卜甲同源。

"四土"受年六甲形制大小相近。《丙编》278（《合集》9743）长 17.4 厘米、宽 8.1 厘米②，《乙编》3287（《合集》9735）长 16.2 厘米、宽 7.5 厘米③，《丙编》10（《合集》9788）长 16.5 厘米、宽 7.5 厘米④，《乙编》3409（《合集》9742）长 17.6 厘米、宽 10.4 厘米⑤。经过对 YH127 坑出土的龟腹甲尺寸测量统计分析后，张惟捷指出 YH127 坑出土的龟腹甲的长度多在 10～40 厘米之间⑥。由此可见，这六版形制相似的龟腹甲，就其尺寸而言，在 YH127 坑出土的龟腹甲中，属于较小者。

（三）卜法文例

甲午日卜"四土"受年六甲的卜法大体相当，一个钻凿对应一个卜兆，每个卜兆皆有兆序，右、左甲卜兆皆单列、下行分布，但又有些许差异。

《合集》9735 版基本完整，其右、左甲各有 6 个卜兆及兆序，单列自上而下分布，大体以千里路为界，呈右、左对称的弧形布局。中甲有一个卜兆及兆序，兆干位于中甲右部，兆枝左向穿过千里路，从其兆序"二"来看，其应与右甲的卜兆为一组。辞 1-1 统领右甲和中甲 7 个卜兆，辞 1-2 统领左甲 6 个卜兆，两辞各有一个"二告"，分别傍刻写于右甲第三卜兆兆枝和左甲第四卜兆兆枝下方。辞 1-1、1-2 前辞之"甲"字皆跨中甲下部齿纹。

《合集》9743 版残缺不全，左前甲下部靠近千里路的一小部分残去，左后甲沿第四、五卜兆兆干残去其左部及其上部靠近第二齿纹处的一部

---

① 宋镇豪：《记国博所藏甲骨及其与 YH127 坑有关的大龟六版》，载中国国家博物馆编：《中国国家博物馆馆藏文物研究丛书·甲骨卷》，上海：上海古籍出版社，2007 年，第 282～291 页。
② 张惟捷：《殷墟 YH127 坑宾组甲骨新研》，台北：万卷楼，2013 年，第 485 页。《合集》9743 版尾甲不存，张惟捷依据腹甲下半甲长度、上半甲长度、尾甲长度、单侧中舌缝长度至甲桥齿缝、尾甲宽带相对于整甲的尺寸比例较为稳定的规律（此参看张惟捷《YH127 坑龟腹甲尺寸分析与比例还原》，《殷墟 YH127 坑宾组甲骨新研》第 477～498 页），对其长度进行了推定。下举 YH127 坑不全腹甲的复原尺寸皆源于张惟捷的推定。
③ 张惟捷：《殷墟 YH127 坑宾组甲骨新研》，台北：万卷楼，2013 年，第 487 页。
④ 张惟捷：《殷墟 YH127 坑宾组甲骨新研》，台北：万卷楼，2013 年，第 506 页。
⑤ 信息源自史语所"考古资料数位典藏数据库"。
⑥ 张惟捷：《殷墟 YH127 坑宾组甲骨新研》，台北：万卷楼，2013 年，第 488 页。

分，整个尾甲不存。从现存情况看，右甲残存 7 个卜兆及兆序，右甲残存 6 个卜兆及兆序，右甲较左甲处多一个卜兆。右、左甲卜兆皆呈单列下行曲线排列。与《合集》9735 中甲情况一致，《合集》9743 中甲有一个卜兆及兆序，其兆干位于中甲右部，其兆枝左向穿过千里路，从其兆序"二"来看，其应与右甲卜兆为一组。《合集》9743 正辞 2-1 统领右甲及中甲 8 个卜兆，其第三个卜兆兆序误刻为"二"。辞 2-2 统领左甲 6 个卜兆。辞 2-1 统领的卜兆数较辞 2-2 多两个。辞 2-1、3-2 均未见告辞。两前辞之"甲"字皆跨中甲下部齿纹刻写，此与《合集》9735 相似。

《合集》9745 版亦有残缺，残去整个首甲，前、后甲的边沿部分，整个右尾甲，左尾甲的左部及下部的一部分。右甲残存第二至第五共 4 个卜兆及兆序，左甲存第二至第六共 5 个卜兆及兆序。从残存情况推断，其整甲之左右甲应各有 6 个卜兆及兆序，呈单列、自上而下、左右弧形对称分布状。辞 3-1、3-2 分别统领右、左甲 6 个卜兆。中甲无卜兆。两前辞之"甲午卜"同竖跨中甲，以千里路为中轴线，大致右、左对称刻写。傍左甲第三卜兆兆枝下方刻有"二告"。

《合集》9738 版残缺较多，残去右首甲、前甲、后甲的右部一部分及整个右尾甲和整个左甲。中甲无卜兆。右甲存第二至第五共 4 个卜兆及"三""四""五"3 个兆序。估计《合集》9738 右、左甲应各有 6 个卜兆及兆序，作单线、自上而下、右左弧形对称分布。辞 4-1、4-2 统领卜兆数相同，皆为 6 个。两前辞之"甲午卜"皆竖跨中甲，以千里路为界大致右左对称刻写。此种情形与《合集》9745 高度一致。《合集》9738 版残甚，辞 4-1、4-2 有无告辞不得而知。

《合集》9788 版残去左右后甲下部及整个尾甲。从残存情况看，右甲有 4 个卜兆及兆序，左甲有 5 个卜兆及兆序，左甲第五个卜兆兆序误刻为"六"。估计整甲应是右甲有 5 个卜兆及兆序，左甲有 6 个卜兆及兆序，其大致单列、自上而下、右左弧形对称分布。中甲有一个卜兆及兆序"二"，其兆枝左向穿过千里路，中甲卜兆与右甲卜兆为一组。辞 5-1 统领右甲和中甲 6 个卜兆，辞 5-2 统领左甲 5 个卜兆。辞 5-1、5-2 各有一"告"，分别傍刻于右甲第一卜兆兆枝和左甲第三卜兆兆枝之下。《合集》9788 两辞不跨中甲。

《合集》9742 版基本完整，仅残去左尾甲尾尖部分。其卜法与《合集》9735 一致，右、左甲各有 6 个卜兆及兆序，单列、自上而下、右左弧形对称分布。中甲有一个卜兆及兆序，其兆枝左向穿过千里路，中甲卜兆与右甲卜兆为一组。辞 6-1 统领右甲和中甲 7 个卜兆，其中，第四个卜兆兆序误刻为"三"。辞 6-2 统领左甲 6 个卜兆，有 2 个"二告"，分别刻于左甲第二和第四卜兆兆枝之下，皆不傍兆。《合集》9742 两辞皆刻于中甲下方，不跨中甲。

  六版刻辞文例大致相同，每版正面有两辞，傍千里路下行刻写，以千里路为界，右左正反对贞。在细节上，其文例稍有差异。《合集》9735、9738、9742、9743、9745 五版，每版正面第一条卜辞位于龟腹甲右部，从正面卜问，作"甲午卜，某贞：某土受年"，第二条卜辞位于龟腹甲左部，从反面卜问。《合集》9735、9738、9743、9745 四版，每版正面第二条卜辞前辞、命辞完整，作"甲午卜，某贞：某土不其受年"。《合集》9742 正面第二条卜辞承接第一条卜辞，省去前辞，作"贞：西土不其受年"。《合集》9788 版独卜"亚"地受年，第二条卜辞承第一条卜辞，命辞部分省刻"亚"字。《合集》9743、9788 两版右甲桥反面下部共见宾组常见贞人"㱿"的署名，《合集》9742 版右甲桥反面则有"争"的署名。《合集》9735、9738、9742、9743、9745、9788 六版贞人各不相同，分别为祉、亘、宾、韦、卣、隻。

  （四）书写风格

  "四土"受年六版卜辞皆下行单列刻写，傍千里路，大致右左对称布局。从字形、贞人来看，皆属宾组，但书风有别。《合集》9735、9738、9743、9745 和 9788 书风近似，而《合集》9742 与其有所不同。其中，"土""受"和"年"三字的字形区别较大，展示如下：

甲午卜"四土"受年六甲"土""受"和"年"字形对照表

| 著录号 | 土字 | 受字 | 年字 | 方位 | 贞人 |
| --- | --- | --- | --- | --- | --- |
| 《合集》9735（《乙编》3287） | | | | 东土 | 祉 |
| 《合集》9738 | | | | 南土 | ~ |
| 《合集》9743 正（《丙编》278） | | | | 西土 | 韦 |

续表

| 著录号 | 土字 | 受字 | 年字 | 方位 | 贞人 |
|---|---|---|---|---|---|
| 《合集》9745（《乙编》3925） | | | | 北土 | 㠯 |
| 《合集》9788（《丙编》10） | | | | 亚 | 隼 |
| 《合集》9742 正（《乙编》3409） | | | | 西土 | 宾 |

  《合集》9735、9738、9743、9745、9788 与《合集》9742 相比，前者"土"字表土堆之形与其下部表地面的横笔之间接触面积较后者大，后者"土"字表土堆之形近似菱形。前者"受"字表形兼音的舟形两外框多折笔，两外框不等距，后者舟形两外框呈流线状，较为流畅，几近等距。前者"年"字上部禾形表禾秆的竖笔与下部人形表头颈及胳膊的笔画连写为竖直的一笔，后者"年"字上部禾形表穗秆的笔画倾斜，其表禾秆的竖笔与下部人形表头颈的笔画连写为一竖笔，下部人形表胳膊的笔画斜出。《合集》9743 与《合集》9742 同为甲午日卜"西土受年"，除上举"土""受""年"三字字形有别外，其"西"字写法迥异，《合集》9743 用"西"之本字，而《合集》9742 借"卤"为"西"。

  《合集》9735、9738、9743、9745、9788 与《合集》9742 相比，除书风有别外，其卜辞刻写笔画之粗细亦有不同，后者较前者为粗，这可能是使用不同型号的刻刀刻写所致。

  由以上分析可知，六甲同在武丁时期某年甲午日卜东西南北土及"亚""受年"，前辞中贞人各不相同。存有右甲桥，且著录者，皆见有宾组常见贞人的署名。《合集》9735、9742、9743、9745、9788 同出于 YH127 坑，《合集》9738 疑亦源于 YH127 坑。六版形制大小相当，皆属 YH127 中规格较小的龟腹甲。六甲刻辞同属宾组，文例大致相同，每版正面两辞皆下行单列、傍千里路刻写，以千里路为界，右左正反对贞。因此，六版应为一套甲午日卜"四土受年"为核心内容的腹甲。从其书风和文例等方面的差别，又可将《合集》9735、9738、9742、9743、9745、9788 六版细分为两组。《合集》9735、9738、9743、9745、9788

五版为一组，《合集》9742 属另外一组。《合集》9735、9738、9743、9745、9788 五版为同一刻手的作品，笔画较细，每版第一、二条卜辞辞例完整，前辞、命辞皆具。《合集》9743、9788 的背面有著录，其右甲桥反面的下部皆有署名，同为宾组常见贞人"㱿"。《合集》9742 为另一刻手的作品，笔画较粗，其第二条卜辞承接第一条卜辞而省略前辞，其右甲桥反面的下部也有署名，但为宾组另一常见贞人"争"。因此，六甲分为两组，《合集》9735、9738、9743、9745、9788 为一组，分别从东、南、西、北、亚卜"受年"；《合集》9742 为另外一组，再卜"西土受年"。

饶宗颐指出：韦卜西土受年（《合集》9743）"与征卜东土受年（《屯乙》三二七八），㱿卜北土受年（《屯乙》三九二五），盖为甲午日事，分卜东西南北受年，其东土（原文有误，此应为南土）为何人所卜，惜原片尚未觅到。又隼卜亚受年（《屯乙》八一七二）亦在甲午日；此四龟者，其贞卜时间同，字体同，直行分刻于甲心之款式亦同，左右分记'告'字亦同，此实为成套之甲版：其文字契刻因出同一人之手，乃由不同之卜官，分贞其事"①。饶宗颐早在 20 世纪 50 年代就认识到《合集》9735、9743、9745、9788 之间的关系，实属先见之明。魏慈德在饶宗颐"四版"甲午日卜受年基础上，追加卜南土受年版（《合集》9738+《乙编》7970），认为"此五版字体相同，当为同一书手所刻写，而贞人为征、韦、亘、㱿、隼五人可证明其为同时供职王所的贞人。这五版可视为不同贞人的一套卜辞"②。魏慈德实乃在饶先生认识的基础上向前推进了一步。《合集》9742 出土于 YH127 坑，早有著录刊布（《乙编》3409，3410），饶宗颐和魏慈德两先生应皆能见之，惜两先生均未论及《合集》9742 与《合集》9735、9738、9743、9745、9788 之间的诸多关联。魏慈德虽从出土坑位、字形、占卜主题等方面的相似性，认为《合集》9735、9738、9743、9745、9788 五版，甲午日卜"四土""亚"受年为一套卜辞，但未就此作进一步的讨论，未触及"亚"与"四土"成套卜年背后的深层次原因。

---

① 饶宗颐：《殷代贞卜人物通考》，载《饶宗颐二十一世纪学术文集》卷二《甲骨》（上），北京：中国人民大学出版社，2009 年，第 340 页。
② 魏慈德：《YH127 坑甲骨卜辞研究》，新北：花木兰文化出版社，2011 年，第 76 页。

《乙补》4898 出土于 YH127 坑，作为中甲，形制大小与前举六甲之中甲相当，故其所属的龟腹甲大小也应与前举六腹甲相当。《乙补》4898 上有一卜兆，兆干居右部，兆枝左行穿过千里路，兆序为"一"。跨下部齿纹，千里路两侧各有一个"甲"字，应为前辞之残余。《乙补》4898 在来源、用料、形制、卜法、行款等方面与《乙编》3287 和《丙编》278 之中甲高度一致，疑其为整套甲午日"四土受年"卜甲之残存。如若此推测不误，则《乙补》4898 属于整套甲午日"受年"卜甲中除《合集》9735、9738、9743、9745、9788 之外的哪一组，又卜问哪一土（地）受年，皆不能确知。

| 著录号 | 拓片 |
| --- | --- |
| 《乙补》4898 | |

## 二、相关语料系联

### （一）关于卜"四土"

　　殷墟甲骨文有"四土"一语，多与卜年有关，如辞：

　　　　壬申卜：牵四土于▨□？三　　（《合集》21091）
　　　　□申卜：▨四土▨宗？二
　　　　辛未卜：燎于河，受禾？二
　　　　壬申卜：燎于𤊈，雨？二　　（《合集》33272）

　　《合集》21091 属𠂤组，《合集》33272 属历组，其时代皆属武丁时期。两版同为骨版，从其占卜主题及兆序看，可能为成套卜骨。两版之"四土"都是"四土"之神的省称。《合集》33272 版残存三条卜辞，向"四土"行祭条卜辞残缺，从另两条卜辞内容看，其应与卜年密切相关。《合集》

21091 向"四土"之神行叀祭,疑也与卜年有关。

殷商"四土"即"东土""南土""西土"和"北土",有东、南、西、北"四土"刻辞同版为证。《合集》36975 辞云:

己巳王卜,贞:□岁商受□?王占曰:吉。一
东土受年?
南土受年?吉。
西土受年?吉。
北土受年?吉。

《合集》36975 版为牛肩胛骨骨条的一部分,自下而上排列 5 条卜辞。此 5 条卜辞为一组,其中"己巳"条辞例基本完整,为这一组卜辞的领辞,其他 4 条卜辞为其属辞。4 条属辞皆承接其领辞而省略前辞,仅书核心内容。《合集》36975 版主题为占卜"受年",从其字形特征看,属黄组。此一组 5 条卜辞分别卜"商"与"东土""南土""西土""北土""受年",顺时针序列卜"四土"。此反映出殷人以"商"为中心的"四土"观念。

又如宾组《甲骨缀合汇编》591(《合集》9734+《合集》24429=《存补》7-21-1)[①]辞:

辛丑卜,大贞:今岁受年?二月。
癸卯卜,大贞:南土受年?
贞:不其受〔年〕?
贞:东土受年?
贞:不其受〔年〕?□月。
贞:北受年?
贞:不其受〔年〕?

《甲骨缀合汇编》591 版为牛肩胛骨之骨首、骨颈和部分骨条的残存,

---

① 蔡哲茂:《甲骨缀合汇编》,新北:花木兰文化出版社,2011 年,第 591 例。

其上有卜辞7条，皆围绕受年主题卜问。依据卜辞刻写位置、时间先后、领辞与属辞关系及"四土"序列可知，这7条卜辞的排列顺序应如上揭所示。其中，"贞：北受年"为"贞：北土受年"之省。"东土受年"下面的一条卜辞附记有月份，因拓片不够清晰，加之《合集》9734未经缀合，不易通观《合集》9734+《合集》24429之全貌，故而之前多释其为"一月"①。从缀合后的《甲骨缀合汇编》591看，其第一辞辛丑日属"二月"，癸卯在辛丑后第三日，则癸卯日不可能属"一月"，则作为癸卯条卜辞之属辞的"东土受年"卜辞所记月份不当是"一月"，可能为"二月"。《甲骨缀合汇编》591下部骨条残缺，从现存卜辞可推知，残去的骨条上应还有类似"贞：西土受年"和"贞：不其受年"两条卜辞。因此，《甲骨缀合汇编》591版所卜"四土"应分别为南土、东土、北土和西土，逆时针依次卜"四土"受年。

殷墟村北系的自组、宾组、出组、何组和黄组卜辞，习用"四土"一语，而村南系的历组和无名组卜辞，则习用"四方"来表达"四土"观念，如《屯南》1126历组卜辞：

☒[𠂤]弜☒于☒米？
弜米？三
米？三
王弜米？二
丙戌贞：父丁其岁？三
丁丑贞：以伐……三
商？一
东方？一
北方？一
西方？一

---

① 姚孝遂主编：《殷墟甲骨刻辞摹释总集》上册，北京：中华书局，1988年，第232页；胡厚宣主编：《甲骨文合集释文》，北京：中国社会科学出版社，1999年，第521页；曹锦炎、沈建华编著：《甲骨文校释总集》卷四，上海：上海辞书出版社，2006年，第1179页；陈年福：《殷墟甲骨文摹释全编》，北京：线装书局，2010年，第935页。

南方？一

《屯南》1126版残缺，残存牛肩胛骨骨首、骨颈及部分骨条。其上有卜辞12条，其中后5条卜辞集中刻写于骨颈处，各统领卜兆一个，其兆序皆为"一"，知其属一组卜辞。此"四土"在骨颈自下而上排列，逆时针依次卜"四方"。从此一组5条刻辞内容看，其与《合集》36975、《甲骨缀合汇编》591类似，皆明确传达出殷人以"商"为中心的"四土"观念。所不同者，前者称东、南、西、北"四方"，后者称东、南、西、北"四土"。村南系常用"四方"，有时也用"四土"，如前举《合集》33272历组卜辞，直书"四土"一语，此不赘述。

陈梦家认为，殷商卜年之"四土"与"四方"之所以称谓不同，盖因时代不同所致，武丁卜辞称"四土受年"，武文卜辞称"四方受禾"，乙辛卜辞称"四土受年"。并认为"与四方或四方相对待的大邑或商，可以设想为处于四方或四土之中的商之都邑。大邑或商实指一个范围的土地，即都邑所在的土地，故与之相对的四方或四土亦实指一个范围更为广大的土地区域"①。殷墟卜年有用"四土"与"四方"的不同，实因村南系和村北系用词习惯不同所致，陈梦家"因时代而异"的说法，在今天看来不够确切。陈梦家所谓的与"四土"或"四方"相对应的"商"为殷商之都邑土地的设想，其方向大体不误。朱凤瀚认为"商晚期以商为四土之中心，见《合集》36975"②。该说法大体方向不错，但此"商"究竟为殷商之都邑，还是殷商王畿范围，没有说清楚。彭邦炯则认为，《合集》36975之"商"泛指商王国的大范围，与"王入于商""归于商""大邑商""天邑商""中商"等有所不同，后面的商指一定的小范围，"入于商""归于商"之商盖指王都（或王城）的小范围，"大邑商""天邑商"之商盖指王畿范围。③上举《合集》36975和《屯南》1126版中与"四土"并列的"商"作为"四土"的中心区域，若表商王国的大范围，似

---

① 陈梦家：《殷虚卜辞综述》，北京：中华书局，1988年，第319页。
② 朱凤瀚：《武丁时期商王国北部与西北部之边患与政治地理——再读有关边患的武丁大版牛肩胛骨卜辞》，载中国国家博物馆编：《中国国家博物馆馆藏文物研究丛书·甲骨卷》，上海：上海古籍出版社，2007年，第281页。
③ 彭邦炯：《甲骨文农业资料考辨与研究》，长春：吉林文史出版社，1997年，第578、579页。

乎不妥；若仅表商都殷墟，其范围内农田面积极为有限，在农田总面积非常小，且在当时生产力低下的情况下，其所产寥寥无几，占卜不以农业生产为主要功能的商都殷墟的年成意义不大，且其无法与东土、南土、西土、北土在同一个政治地理的逻辑层面。因此，我们认为此"商"当指殷商王畿区域。

（二）关于"亚"地

亚字的本义各家所释不同，许慎谓象人局背之形，林义光、白玉峥等谓象宫中道路，高田忠周、何金松、柯昌济等谓象房屋之形，徐中舒谓象墓穴四面有台阶之形，朱芳甫谓象室内亚形火塘，丁山谓象区田而不方正者，于省吾谓象隅角之形[①]。亚字构形不明，本义难定。

商文字中"亚"有多种用法，或用作名词、或用作形容词。作为名词，或指宗庙，如"父甲亚"（《合集》30297），或似乎用作职官名，如"亚雀"（《合集》22092、《集成》5162）、"亚𣪊"（《合集》9161）、"亚旁"（《合集》26953）、"亚皋"（《屯南》961）、"亚般"（《合集》27938）等，或用作地名，如上举《合集》9788 版甲午日卜"亚"地受年；作为形容词，多用于男女先祖称谓前，如"亚祖乙"（《合集》1663）、"亚祖丁"（《集成》8323）、"亚妣己"（《合集》2448）、"亚母"（《集成》9177）等。

"亚"作为地名，除见于《合集》9788 外，还见以下几版：

王□田□
弋？
叀亚田省？
叀向田省？
不冓雨？　　（《屯南》888）
王□田□
弋？
叀亚田省？
□田省？　　（《合集》29374）

---

① 参见李圃主编：《古文字诂林（十）》，上海：上海教育出版社，2004 年，第 864～874 页，各家诸说。

癸丑□，□洺贞：王□亡［畎］？
癸亥卜，才彡公觥贞：王旬亡畎？
癸酉□，才亚觥贞：王旬亡畎？才十月又□。
癸未卜，才亚贞：王旬亡畎？
□□卜，才剮……旬亡畎？□□月二。　　（《补编》11283）

各家对《屯南》888 所作释文不同，《小屯南地甲骨·释文》将第一、二辞视为一条，作"叀亚戋田省"①，不合卜辞通例，其义难解。《殷墟甲骨刻辞摹释总集》②《甲骨文校释总集》③《殷墟甲骨摹释全编》④ 作如上所释，则文通字顺。《合集》29374 实与《屯南》888 存在同文现象，因《合集》29374 拓片漫漶不清，其"戋"字条卜辞多被漏释⑤。

"亚"表示人，在殷商甲骨文和青铜铭文中皆有单称者，如卜辞：

丁未卜，贞：叀亚以衆人步？二月。
贞：翌□亥□涉□虘？　　（《合集》35）
丁未卜，贞：亚勿往，庚才兹祭？一
贞：勿乎涉河？一　　（《合集》5684）
甲申卜，争贞：亚亡不若？十二月。一　　（《合集》5690）
癸卯〔卜〕，□贞：亚〔往〕来亡灾？　　（《合集》27928）

见于著录而单铭"亚"的商代青铜器多件，出土于安阳的，如 1980 年河南安阳市大司空村商代墓葬（M539）出土的亚斝（《集成》

---

① 中国社会科学院考古研究所：《小屯南地甲骨·释文》，北京：中华书局，1983 年，第 905 页。
② 姚孝遂主编：《殷墟甲骨刻辞摹释总集》，北京：中华书局，1988 年，第 981 页。
③ 曹锦炎、沈建华：《甲骨文校释总集》，上海：上海辞书出版社，2006 年，第 6104 页。
④ 陈年福：《殷墟甲骨文摹释全编》，北京：线装书局，2010 年，第 4910 页。
⑤ 胡厚宣主编：《甲骨文合集释文》，北京：中国社会科学出版社，1999 年，第 1452 页；姚孝遂主编：《殷墟甲骨刻辞摹释总集》，北京：中华书局，1988 年，第 654 页；《殷墟甲骨文摹释全编》，北京：线装书局，2010 年，第 2618 页；曹锦炎、沈建华：《甲骨文校释总集》，上海：上海辞书出版社，2006 年，第 3278 页。

9143）①，1987年安阳市郭家庄东南商代墓葬（M1）出土的亚鼎（《近出》188）②，1999年安阳市刘家庄北商代墓葬（M1046）出土的2件亚觚（《新收》254、《殷墟新》210）、1件亚角（《新收》259）、1件亚斝（《新收》260）③。出土地不明的，如现藏英格兰雅士莫里博物馆的亚鼎（《集成》1145），原藏美国卢芹斋的亚鼎（《集成》1147），现藏台北北京故宫博物院的亚鼎（《集成》1146）。

  卜辞中表示人的"亚"，究竟哪些是职官名，哪些是族名，不好判别。商器单铭"亚"者，极易被判为族名。似乎"亚"可作为族名，又可作为地名，还能作为人名。鉴于商代存在较多的地名、族名、人名三位一体的情况，有学者就曾对"亚"地地望进行过考察，或认为在今河南滑县④，或曰在晋中晋南⑤，莫衷一是。上举"亚"曾作为地名出现，然而学界将商代卜辞和金文中表人的"亚"多视为职官名，而较少视为族名或人名。王卜辞中的"亚"经常参加军事、田猎等活动，如卜辞：

  壬戌卜，狄贞：其又来方，亚旐其䖵，王受又又？（《合集》28011）

  甲子卜，亚㞢耳龙，毋启，其启。弗每，又雨？（《合集》28021）

  己亥卜，才微贞：王□亚其比䓄白伐□方，不苜㞢？才十月又□。（《合集》36346）

  癸巳卜，睹〔贞：〕亚往田，〔往〕来亡〔戋〕？一（《合集》27929）

  贞：其令马、亚射麋？（《合集》26899）

---

① 中国社会科学院考古研究所安阳工作队：《1980年河南安阳大司空M539发掘简报》，《考古》1992年第6期，第514页。

② 中国社会科学院考古研究所安阳工作队：《1987年夏安阳郭家庄东南墓葬的发掘》，《考古》1988年第10期，第875~881页。

③ 中国社会科学院考古研究所安阳工作站：《安阳殷墟刘家庄北1046号墓》，《考古学集刊》第15期，北京：文物出版社，2004年，第359~390页。

④ 彭邦炯：《甲骨文农业资料考辨与研究》，长春：吉林文史出版社，1997年，第603、604页。

⑤ 孙亚冰、林欢：《商代史·商代地理与方国》，北京：中国社会科学出版社，2010年，第183页。

然而非王午组、花东子卜辞中"亚"的职责与上举诸"亚"不同:

　　庚子卜,亚贞:☒　　(《合集》22306 非王午组)
　　癸卯卜,亚奠贞,子占曰:叺用。
　　癸卯卜,亚奠贞,子占曰:终卜用。　　(《花东》61)
　　戊戌:叀亚[奠]戠弜告?　　(《花东》260)

午组、花东子卜辞中的"亚""亚奠"作为贞人参与占卜,花东子卜辞中的"亚奠"还参与祭祀活动,其身份可能是家臣。①

商代施行内外服制度,传世文献记载,商末周初"亚"属于内服职官。《尚书·酒诰》云:"自成汤至于帝乙,成王畏相惟御事,厥棐有恭,不敢自暇自逸,矧曰其敢崇饮?越在外服,侯、甸、男、卫、邦伯;越在内服,百僚庶尹、惟亚、惟服、宗工;越百姓、里居,罔敢湎于酒。不惟不敢,亦不暇。"②何景成认为族氏铭文中的"亚"应该是一种职官性的称谓,其地位颇高,应该属于高级贵族,可能相当于诸侯一级,但不一定就是武官。③严志斌曾对商代"亚某"青铜器铭文进行统计,列出140个不同"亚某"的铭文,从其出土墓葬规格差异较大来看,这些"亚某"的身份等级并不相同,无法将其统归于诸侯这一级别。但出土"亚"铭青铜器的墓葬多随葬有青铜兵器这一客观事实,似乎佐证了卜辞中"亚"的职司与军事密切相关的情况。④有学者指出,殷商时期"亚"作为职官,非是专职,应为职责范围非常广泛的职官。⑤商代有"亚某"铭文的青铜器有明确出土地点的,多集中在河南安阳一带。此外河北丰宁、灵寿,河南洛阳、上蔡,陕西岐山、凤翔、长安、渭南、淳化,山东青州、长清,山西灵石,江西遂州,甘肃泾川亦有零星出土。商代"亚某"青铜器出土地呈现出以安阳为中心,以四周为边缘的水波纹一样的

---

① 朱凤瀚:《商周家族形态研究》,天津:天津古籍出版社,2004年,第143页。
② (清)阮元:《十三经注疏·尚书正义》,北京:中华书局,1980年,第207页。
③ 何景成:《商周青铜器族氏铭文研究》,济南:齐鲁书社,2009年,第47~61页。
④ 严志斌:《商代青铜铭文研究》,上海:上海古籍出版社,2013年,第167~175页。
⑤ 王宇信、徐义华:《商代国家与社会》,北京:中国社会科学出版社,2011年,第471页。

分布格局。①

商代"亚"职司广泛，不是一种职官名。商代单铭"亚"青铜器有明确出土地点者，皆为河南安阳。"亚某"铭铜器出土地分布广泛，但以河南安阳市最常见，零星见于殷商王朝所控制的东西南北"四土"地区。因此，"亚"作为地名更多是一个与商中央王朝密切相关的政治地理概念，盖指殷商中央王朝所直接控制的王畿区域。

（三）关于专版卜受年

YH127坑出土的专版卜年者，除上举卜"四土"和"亚"受年龟腹甲外，还有三版保存状况较好的专版卜年龟甲，一版专卜亶地受年，两版分别专版卜两地受年。

1. 专版卜亶地受年

《合集》9810（《乙编》2956、2957不全）卜亶地受年，专版专卜，其刻辞如下：

　　庚辰卜，亘贞：亶受年？二月。一二三四五六七八九十一二三四〔五〕二告〔六〕七
　　贞：亶不其受年？一二三四五六七八九十一二三〔四〕五六　　（《合集》9810正）
　　王占曰：亶秾佳囗鲁。
　　佳良囗。
　　帚羊来。
　　雀入二百五十。　　（《合集》9810反）

卜亶地受年与卜"四土""亚"受年相比，有同有异。相同之处：（1）专版专卜，每版仅卜一土或一地受年；（2）同出于YH127坑，同该坑出土龟甲尺寸皆较小②；（3）一个钻凿对应一个卜兆，每个卜兆皆有兆序；（4）正面两条卜辞，每条卜辞各统领一组卜兆；（5）正面两条卜辞，右、左正反对贞，命辞部分单列下行刻写。不同之处：

---

① 严志斌：《商代青铜铭文研究》，上海：上海古籍出版社，2013年，第175页。
② 《合集》9810版（《乙编》2956+）下部残缺，复原后其尺寸应为长19厘米、宽8.4厘米，参见张惟捷：《殷墟YH127坑宾组甲骨新研》，台北：万卷楼，2013年，第512页。

（1）前者正面每组卜兆皆双列下行分布，后者正面每组卜兆都单列下行布局；（2）前者正面第一条卜辞的干支横向排列，后者正面卜辞无论前辞、命辞皆同在一列，自上而下刻写；（3）前者正面卜辞除干支外皆沿龟腹甲边缘自上而下刻写，后者正面刻辞皆傍千里路单列下行刻写；（4）前者正面卜辞的占辞刻写于龟腹甲反面，后者卜辞中无占辞；（5）前者左甲桥反面见"雀入二百五十"，后者反面未见龟甲贡纳记录；（6）就尺寸而言者，前者长19厘米，后者的长度在17厘米左右，前者较后者稍长。

亶作为地名、族名共见于商代金文和甲骨文。卜辞表明，商王不但关注亶地的收成，还曾于亶狩猎，如卜辞：

　　　壬叀狩亶？　　（《合集》10957）

卜问壬日是否选择在亶地狩猎，可见亶地是商王狩猎的备选地之一。地之物曾供应商王朝之用，如刻辞：

　　　☑取亶廿。　　（《合集》7069）

由《乙编》3243（《合集》7069）的出土编号（13.0.6945反）知，其为腹甲反面的记事刻辞，记载取亶地某物二十供应商王朝之事。卜辞还见商贵妇活动于亶地：

　　　壬戌，贞：帚婪？ 二 二
　　　壬□，贞☑〔子〕☑二
　　　帚于亶？ 二
　　　☑束，才商。二　　（《合集》22260①）

《合集》22260出土于1937年第15次科学发掘的YH251坑，编号

---

① 蒋玉斌已将其与《合集》22360+《乙编》8799倒+《乙补》7365倒缀合，参见蒋玉斌：《甲种子卜辞新缀十六组》，《考古与文物》2005增刊·《古文字论集（三）》。

《乙编》8821（15.0.217），属非王无名组卜辞（或称"妇女卜辞"①、"甲种子卜辞"②、YH251、330 卜辞③）。

见于著录的亶铭商代青铜器多件，如亶觚（《集成》6738）、亶觚（《集成》6739）、卜亶觚（《集成》7036）、亶爵（《集成》8279）、亶斝（《集成》9146）和亶戈（《集成》10744）。其中，亶爵出土于河南省安阳市④，其他 5 件出土地不明。

亶族之人曾在武丁时期任职于殷商王朝，如卜辞：

壬寅卜，㱿贞：尊雀叀亶蒙基方？　　（《合集》6571）
癸巳卜，争贞：亶戈犭隹？八月。　　（《合集》6939）
己丑卜，贞：亶以沚或伐𢦏，受又？　（《合集》33074）
□申卜，□叀亶令执？　（《合集》5946）
贞：乎卣比亶？
贞：乎卣比亶？
乎卣比亶。　（《合集》14128 正）
令㱿比亶？
勿令㱿比亶？　（《合集》9503 正）
贞：乎亶归田？　（《合集》9504 正）
丁酉卜☒亶足☒隻？　　（《合集》10861）
贞：〔亶〕亡疾？
贞：亶其㞢疾？　（《合集》13757）

由上举卜辞可知，亶作为殷商王朝的重要军事将领参与对基方、犭隹、𢦏等的战争，其与雀、沚或、卣、㱿等重要人物同朝共事。商王重

---

① 李学勤：《论帝乙时代的非王卜辞》，《考古》1958 年第 1 期；黄天树：《妇女卜辞》，载《中国古文字研究》第 1 辑，长春：吉林大学出版社，1999 年。

② 林沄：《从武丁时代的几种"子卜辞"试论商代家族形态》，载《古文字研究》第 1 辑，北京：中华书局，1979 年。

③ 林沄：《从武丁时代的几种"子卜辞"试论商代家族形态》，载《古文字研究》第 1 辑，北京：中华书局，1979 年。

④ 中国社会科学院考古研究所：《殷周金文集成释文》第 5 卷，香港中文大学中国文化研究所，2001 年，第 155 页。

视亶的疾患安危，曾为其占卜疾病。

关于亶的地望，或说在今河南滑县[①]，或说在今豫西[②]，不易确定。从商王在此田猎、殷商贵妇于此活动、亶铭商青铜器曾出土于安阳来看，地应在商王朝统治的核心区域，即殷商王畿范围。

2. 专版卜两地受年

一版卜两地受年龟甲较大者有《合集》9775、9791、9792、9783 等，其中《合集》9792、9783 残缺较多，不能确定其残去部分是否有刻辞，故不能确定其是否为专版卜年，而《合集》9775、9791 保存状况较好，可以确定为专版卜年。

《合集》9775 版为一完整腹甲，整版仅卜"悖""罗"两地受年。通常《合集》9775 释文如下：

  辛巳卜，争贞：悖不其受年？ 一二三四五六七八
  一二三四五六七八
  贞：罗不其受年？二月。一二三四五六二告二告七八
  一二三四五六七   （《合集》9775 正）
  贞：悖受年？
  贞：罗受年？
  雀入二百五十。   （《合集》9775 反）

《合集》9775 版（《乙编》6422）长 16.6 厘米，宽 8.1 厘米[③]，其尺寸在 YH127 坑出土龟甲中属于较小者，与甲午日"四土"受年卜甲大小相当。《合集》9775 正面卜辞除"辛巳卜，争贞"前辞双列下行向右刻写外，其余皆沿腹甲边沿单列自上而下分布。反面两条卜辞以毛笔大字墨写于千里路处，"其书迹与正面刻辞风格一致，可知此版的书、契为同时、同人所为"[④]。本版正反两面共有 4 条卜辞，正面刻写 4 组兆序。

---

① 彭邦炯：《甲骨文农业资料考辨与研究》，长春：吉林文史出版社，1997 年，第 592、593 页。
② 孙亚冰、林欢：《商代史·商代地理与方国》，北京：中国社会科学出版社，2010 年，第 183 页。
③ 张惟捷：《殷墟 YH127 坑宾组甲骨新研》，台北：万卷楼，2013 年，第 512 页。
④ 张惟捷：《殷墟 YH127 坑宾组甲骨新研》，台北：万卷楼，2013 年，第 512 页。

反面卜辞正问、正面卜辞反问。正面两条卜辞分别统领其邻近的一组卜兆，反面两条卜辞分别统领其相应位置正面的一组卜兆。如此，则《合集》9775整版刻辞应释为：

辛巳卜，争贞：㴬不其受年？一二三四五六七八
贞：㴬受年？一二三四五六七八
贞：罞不其受年？二月。一二三四五六二告二告七八
贞：罞受年？一二三四五六七
雀入二百五十。

学界均认为"㴬"与"罞"两地距离较近，但对两地的地望有不同认识。认为两地同在殷商"西土"者，又有山西省说①和晋中晋南说②两种说法。认为两地同在殷商"东土"者，认为其在今山东省境内③。虽然学界对"㴬""罞"两地地望有不同意见，但均认为此两地同属殷商"一土"。

《合集》9791版（《丙编》373）为一残缺右尾甲的腹甲，长19.3厘米，宽8.5厘米④，尺寸不大。《合集》9791版虽然残缺右尾甲，我们依然可知其整版仅卜"𡶎""夅"两地受年。《合集》9791版正反两面共4条卜辞，正面刻写4组兆序。反面正问"𡶎"与"夅"两地受年、正面则反问。《合集》9791正面两条卜辞皆沿腹甲边沿单列下行刻写。反面5条刻辞，其中"辛巳卜，宾"为毛笔朱书，毛笔书迹与正面契刻风格一致，可知此版正反两面的书、契为一人、一时所为。正面两条卜辞分别统领其邻近的一组卜兆，反面卜"𡶎"与"夅"两地受年两条卜辞分别统领正面其相应位置的一组卜兆。《合集》》9775版"㴬"与"罞"受年卜辞于腹甲正反面同位布局，《合集》9791版"𡶎"与"夅"正反问受年卜辞分别于腹甲正反面错位布局。《合集》9791整版刻辞应

---

① 钟柏生：《殷商卜辞地理论丛》，台北：艺文印书馆，1989年，第285、284页。
② 孙亚冰、林欢：《商代史·商代地理与方国》，北京：中国社会科学出版社，2010年，第183页。
③ 郑杰祥：《商代地理概论》，郑州：中州古籍出版社，1994年，第168、169、174、175页；彭邦炯：《甲骨文农业资料考辨与研究》，长春：吉林文史出版社，1997年，第572、634、635页。
④ 张惟捷：《殷墟YH127坑宾组甲骨新研》，台北：万卷楼，2013年，第510页。

作如下释读：

辛巳卜，宾贞：㱿不其受年？ 一 二 二告 三 四 五 六 七 八
贞：㱿受年？ 一 二 三 四 五 六 七
贞：𢀛不其受年？ 一 二 三 四 五 六 二告 七 八
贞：𢀛受年？ 一 二 三 四 五 六 〔七〕
〔王占曰〕：☐年。
雀入二百五十。

学界对"㱿"与"𢀛"两地地望说法较为一致，认为此两地均在今山西境内[①]，同属殷商"西土"。

《合集》9775、9791两版除专版卜两地受年外，还有诸多共性：书风一致，系同一书家的作品；同在"辛巳"日卜受年；皆正面反问，反面正问；正面卜辞多沿腹甲边沿单列分布；反面皆有毛笔书写的卜辞；两腹甲同出于YH127坑，大小形制相似，《合集》9791版稍大于《合集》9775版；同为殷商重要人物雀贡纳的一批250版龟甲之一；每版所卜之两地，同属以殷商王畿为中心的一个方位上。故《合集》9775、9791为一时一地、同一书家的作品。

综上，殷人有以"商"为中心的"四土"观念。殷墟村北系卜辞习用"四土"一语，村南系卜辞习用"四方"，偶尔也用"四土"来表达"四土"观念。在殷人的"四土"观念中，以"商"为中心，即以殷商王畿区域为"四土"的中心。

"亚"字构形不明，其本义难寻。"亚"在商代的用法较为复杂：作为名词，或指宗庙，或与人有关，或表地名；作为形容词，用在先祖名前以修饰之。商代"亚"职司广泛，非为一种固定职官名。商代单铭"亚"青铜器有明确出土地点者，皆为河南安阳。"亚某"铭器以河南安阳市出土最多，殷商王朝所控制的东西南北"四土"地区亦有零星出土。因此，

---

① 参见钟柏生：《殷商卜辞地理论丛》，台北：艺文印书馆，1989年，第280、281页；郑杰祥：《商代地理概论》，郑州：中州古籍出版社，1994年，第309、298页；彭邦炯：《甲骨文农业资料考辨与研究》，长春：吉林文史出版社，1997年，第572、625~627页；孙亚冰、林欢：《商代史·商代地理与方国》，北京：中国社会科学出版社，2010年，第183页。

作为地名，"亚"更多属于政治地理范畴，且与殷商中央王朝密切相关，盖指殷商中央王朝所直接控制的王畿区域。

目前所见，用腹甲专版卜受年者，仅有《合集》9735、9738、9742、9743、9745、9788、9810、9775、9791九版。《合集》9735、9738、9742、9743、9745、9788、9810七版专版卜一地受年，但《合集》9810的占卜日期、卜法、行款等皆与前6版不同。《合集》9775、9791专版卜两地受年，与前六甲区别更大。同时，我们注意到，《合集》9775、9791两版实为一时一地之物，应为同一书家的作品。

## 三、结　语

《合集》9735、9738、9742、9743、9745、9788六版为一套甲午日卜"四土"受年为核心内容的龟甲，专版卜一地受年。从书风、文例等方面的细微差别看，此6版可分为两组：《合集》9735、9738、9743、9745、9788五版为一组，分别卜东、南、西、北、亚"受年"；《合集》9742属另外一组，再卜"四土受年"。从此六甲所透露出的信息可知，在武丁时期某年的甲午日，选取大小形制相当的至少两组（10版，每组5版，）腹甲，由至少狃、亘、韦、㱿、隼、宾6个贞人组成一个集团，每人各司一土（或亚），各执一龟，分别占卜东土、南土、西土、北土、亚"受年"，并有至少两个书家各司一组卜甲，刻写"受年"辞。

殷人有以"商"为中心的"四土"观念。李学勤认为，"在商人观念中，商是居于四方四土之中的一个区域，即商人所居处的国土。对于这一中心区域，商人称之为'商'、'亚'或'大邑'"①。《合集》9735、9738、9742、9743、9745、9788六版为一套甲午日卜"四土受年"刻辞，其中，《合集》9788、9735、9738、9743、9745五版一组，分别卜亚、东土、南土、西土、北土受年，则《合集》9788版中的"亚"作为地名，其内涵与《合集》36975和《屯南》1126两版刻辞中的"商"相当。《合集》36975和《屯南》1126两版之"商"指殷商王畿范围，《合集》9788版中的"亚"作为地名，亦指殷商王畿区域。商代"亚"职司广泛，难以定为一种职官名。商代"亚"铭铜器出土地有规律可循，以

---

① 李学勤：《殷代地理简论》，北京：科学出版社，1959年，第13页。

河南安阳市为中心，辐射到殷商王朝所控制的东西南北"四土"。因此，商代的"亚"作为地名，更多的是一个政治地理概念。甲午日卜"四土"受年六甲的解读和商代"亚"字内涵的探讨，都表明"亚"字作为地名，可指殷商王畿区域。

甲午日占卜"四土"受年，参与者众多，不乏殷商重要贞人，分工明确，用材讲究，形式独特，场面壮观，是商王武丁对农业收获高度重视的反映。同时，从一个侧面印证了史书对商王武丁胸怀天下，忧国忧民，励精图治，"思复兴殷"的相关记载。

# 组类断代理论视野下甲骨文介词"在"的用法研究*

毛志刚　邹亚

（重庆师范大学文学院）

【提要】甲骨组类断代理论较甲骨五期分类更为科学和完善，而运用组类断代理论来研究甲骨语言是甲骨语言研究向精细和纵深发展的新思路。本文吸收了前人组类断代的研究成果，对甲骨文"在"字用例进行了较为深入的组类整理。在前人研究的基础上，本文对甲骨文介词"在"的用法进行了定性、定量的描写和分析，并比较了介词用法在不同组类用法上的异同。

## 前　言

甲骨文从1899年发现到现在已有120年。在这个时期，学者们从语言文字、历史、考古、古代科学技术等方面对甲骨文进行了研究，使得甲骨学研究迅速发展，这为后世甲骨文的研究奠定了基础。

### （一）甲骨断代前期研究

考察任何一种考古实物的形式时，都应先遵从类型学的方法进行严格的分期分类，要充分考虑到不同时期不同组类之间形式的差别，然后再进行分期分类的考察分析①。甲骨文语法研究也应该注意从类型学的

---

\*　本文是国家社会科学基金西部项目《类组断代理论视野下的甲骨文虚词研究》（批准号18XYY022）的阶段成果。
①　方稚松：《殷墟甲骨文五种记事刻辞研究》，北京：线装书局，2009年，第90页。

角度进行比较、分析和考察。

　　刘鹗、孙诒让、罗振玉等学者证实甲骨文为殷商遗物。陈梦家先生指出,"王国维首先用卜辞中的称谓定甲骨的年代,大约罗振玉也已有见于此"①。明义士据称谓判断甲骨时代,以此标准对甲骨进行了分期整理,并创造性地发现了甲骨文字体的变化②。1933 年,董作宾正式发表《甲骨文断代研究例》,提出以 10 个标准全面整理甲骨的新方案。此"十项标准"的提出,对甲骨学研究的深入发展意义重大,正如王宇信先生的评价:"董作宾由'贞人'的发现到断代研究'十项标准'的建立,是他对甲骨学研究的重大贡献。这就使罗振玉、王国维以来的将二百七十三年甲骨文作为混沌的殷代史料,可以划分为五个不同时期了。从此凿破鸿蒙,有可能探索甲骨文所记载的史实、礼制、祭祀、文例发展变化,把对晚商各期的历史研究建立在科学的基础上。所以'断代例'的发明,是甲骨文研究中的一件划时代大事。"③其后,陈梦家在《殷墟卜辞综述》提出了 3 个分组断代的标准,将贞人分成 8 组,并注意到子、午两组与别的组别的不同④。这两组卜辞贝冢茂树称之为多子族卜辞,李学勤先生则称之为"非王卜辞"。

　　在对陈梦家先生按贞人分组断代进行批判研究的基础上,开始了按字体分类断代的理论探索。李学勤先生认为,"卜辞的分类与断代是两个步骤,我们应先根据字体、字形等特征分卜辞为若干类,然后分别判定各类所属时代。同一王世不见得只有一类卜辞,同一类卜辞也不见得属于同一王世"⑤。林沄先生指出,"无论是有卜人名的还是无卜人名的卜辞,科学分类的唯一标准是字体"⑥。

　　1978 年,李学勤提出甲骨断代研究"两系说"的新方案。"所谓两系,是说殷墟甲骨的发展可划分为两个系统。一个系统是由宾组发展到

---

① 陈梦家:《殷虚卜辞综述》,北京:科学出版社,1956 年,第 135 页。
② 扬升南、王宇信主编:《甲骨学一百年》,北京:社会科学文献出版社,1999 年,第 132~131 页。
③ 王宇信:《建国以来甲骨文研究》,北京:中国社会科学出版社,1981 年,第 20 页。
④ 陈梦家:《殷虚卜辞综述》,北京:科学出版社,1956 年,第 166~167 页。
⑤ 李学勤:《评〈殷虚卜辞综述〉》,载《文史》第 35 辑,北京:中华书局,1992 年。
⑥ 林沄:《小屯南地发掘与殷墟甲骨断代》,载《古文字研究》第 9 辑,北京:中华书局,1984 年。又收入《林沄学术文集》,北京:中国大百科全书出版社,1988 年。

出组、何组、黄组,另一个系统是由自组发展到历组、无名组"①。林沄、彭裕商先生对这个看法给予了补正,认为自组可能是两系共同的起源,黄组可能是两系共同的归宿。②林沄曾将"两系说"系统化,并将各类卜辞演进趋势列表表示。

黄天树先生认为,"从笔迹学的角度来说,依据字体对甲骨刻辞进行分类是切实可行的③",并运用两系说进行了王卜辞分类的可贵实践。冯时先生认识到甲骨文的书法风格与其时代紧密相关,同一种书法风格可以是某位书契者的风格,也可以是某一门派的风格④。黄天树《殷墟王卜辞的分类与断代》⑤、彭裕商《殷墟甲骨断代》⑥、李学勤与彭裕商合著《殷墟甲骨分期研究》⑦等专著,是学者们构筑"两系说"的总结和示范性著作。

在李学勤、黄天树等先生分类断代学说的指导下,近年来对甲骨刻辞分类断代的研究取得了很大的进展。如杨郁彦《甲骨文合集分组分类总表》对《甲骨文合集》中的刻辞进行了分组分类研究⑧。刘风华博士论文《殷墟村南系列甲骨卜辞的整理与研究》对出土于小屯村南甲骨进行了分组类的整理与研究⑨。琦川隆博士论文《宾组甲骨文字体分类研究》对甲骨宾组刻辞进行了整理与研究⑩。刘钊等《新甲骨文编》列出了不同组别的典型字形⑪。刘义峰就前期的讨论进行了评析,并提出自己的观点。他指出,

---

① 李学勤:《殷墟甲骨两系说与历组卜辞》,载《李学勤集——追溯·考据·古文明》,哈尔滨:黑龙江教育出版社,1989年,第98~99页。

② 林沄:《小屯南地甲骨与殷墟甲骨断代》,载《古文字研究》第9辑,北京:中国社会科学出版社,1989年。

③ 黄天树:黄天树《殷墟王卜辞的分类与断代》,北京:科学出版社,2007年,第3页。

④ 冯时:《殷代占卜书契制度研究》,载《探古求原——考古杂志社成立十周年纪念学术文集》,北京:科学出版社,2007年。

⑤ 黄天树:《殷墟王卜辞的分类与断代》,北京:科学出版社,2007年。

⑥ 彭裕商:《殷墟甲骨断代》,北京:中国社会科学出版社,1994年。

⑦ 李学勤、彭裕商:《殷墟甲骨分期研究》,上海:上海古籍出版社,1996年。

⑧ 杨郁彦:《甲骨文合集分组分类总表》,台北:艺文印书馆,2005年。

⑨ 刘风华:《殷墟村南系列甲骨卜辞的整理与研究》,郑州大学博士学位论文,2007年。

⑩ 琦川隆:《宾组甲骨文字体分类研究》,吉林大学博士学位论文,2009年。

⑪ 刘钊、洪扬、张新俊编:《新甲骨文编》,福州:福建人民出版社,2009年。

"卜人集团"作为时代指向性强、确定的标准被优先采用，字体作为第二大标准，将在甲骨文的进一步分类与断代中起到关键作用[①]。王子扬、莫伯峰两位先生在其论著中也较好地运用了甲骨文分类断代的理论[②]。

齐航福先生在前人研究的基础上，把不同组类的卜辞对应于特定王世：

| 组系 | 类别 | 相当时代 |
| --- | --- | --- |
| 王卜辞村北系列 | 自肥 | 武丁早期至武丁中、晚之交 |
|  | 自小 | 武丁中期或中晚期之交至武丁晚期 |
|  | 屮类 | 武丁中期 |
|  | 自宾间 | 武丁中期 |
|  | 宾一 | 武丁中期 |
|  | 典宾 | 武丁中期至祖庚之世，主要武丁晚期 |
|  | 宾三 | 武丁晚期至祖庚之初，主要祖庚之世 |
|  | 宾出 | 武丁晚期至祖甲之初 |
|  | 出一 | 祖庚之初至祖甲之初 |
|  | 出二 | 祖甲时期 |
|  | 事何 | 祖庚、祖甲之交 |
|  | 何一 | 祖甲晚期至武乙之初 |
|  | 何二 | 禀辛之世至武乙之世 |
|  | 黄类 | 文丁之世至帝辛之世 |
| 王卜辞村中南系列 | 自歷 | 主要是武丁中期之物，武丁晚期为下限 |
|  | 歷一 | 主要是武丁之物，祖庚之初为下限 |
|  | 歷二 | 武丁晚叶为上限，主要是祖庚之物 |
|  | 歷草 | 主要是祖庚时期 |
|  | 歷无 | 祖甲晚世至武乙初年 |
|  | 无名 | 康丁（或禀辛之世）至武乙、文丁之交 |
|  | 无黄 | 武乙、文丁之世 |

---

① 刘义峰：《甲骨组类学》，《中国史研究》2011年第4期，第15～25页。
② 王子扬：《甲骨文字形类组差异现象研究》，上海：中西书局，2013年。莫伯峰先生的论文未及读到。

续表

| 组系 | 类别 | 相当时代 |
|---|---|---|
| 非王卜辞 | 子组 | 武丁早期至武丁中、晚期之交 |
| | 刀卜辞 | 武丁中晚期 |
| | 婦女类 | 武丁中期 |
| | 花東 | 武丁中晚期 |

## （二）前人对甲骨文介词"在"的相关研究

"在"在古今汉语中都是一个比较常用的词，且出现时代较早，在甲骨文时代就已经大量出现。对甲骨文中"在"的词性的判定，众说不一，主要有两种意见。一种观点认为"在"在甲骨文时代是动词，尚未虚化为介词，持这一观点的学者有王力、郭锡良[①]、杨逢彬[②]、唐钰明等先生。[③] 另一种观点则认为"在"是动介兼类词，在甲骨文时代已经有了介词的用法，持这一观点的有胡光炜[④]、管燮初[⑤]、陈梦家[⑥]、姜宝昌[⑦]、黄伟嘉[⑧]、李曦[⑨]、沈培[⑩]、张玉金[⑪]、喻遂生[⑫]、齐航福[⑬]等先

---

① 郭锡良先生认为，甲骨文"在"是一个动词，独立作谓语或用在连谓结构中。
② 杨逢彬：《殷墟甲骨刻辞词类研究》，广州：花城出版社，2003年，第296~303页。
③ 王力、唐钰明虽然没有就甲骨文"在"字的词性进行专门的讨论，但认为"在"的虚化始于稍晚的时期。
④ 胡光炜：《甲骨文例》，载《中山大学语言历史学研究所周刊》，1928年。
⑤ 管燮初：《殷虚甲骨刻辞的语法研究》，中国科学院，1953年。
⑥ 陈梦家：《殷虚卜辞综述》，北京：科学出版社，1956年。
⑦ 姜宝昌：《卜辞虚词试析》，载《先秦汉语研究》，济南：山东教育出版社，1982年。
⑧ 黄伟嘉：《甲金文中"在、于、自、从"四字介词用法的发展变化及其相互关系》，陕西师范大学学报》1987年第1期。
⑨ 李曦：《殷墟卜辞语法》，四川大学博士学位论文，1988年。论文后成书于2004年由陕西师范大学出版社出版。
⑩ 沈培：《殷墟甲骨卜辞语序研究》，台北：文津出版社，1992年。
⑪ 张玉金：《甲骨文虚词词典》，北京：中华书局，1994年。《甲骨文语法学》，上海：学林出版社，2001年。
⑫ 喻遂生：《语法研究与卜辞训释》，《绵阳师范学院学报》2007年第4期。
⑬ 齐航福：《殷墟甲骨文宾语语序研究》，上海：中西书局，2015年。

生。喻遂生先生认为甲骨文"在"有引介对象的介词用法，它可以和"求""侑""告""祝""蒸""氒""岁""用""寻"等多个动词搭配，用例有好几十例，从词义上讲已无存在义，从语法上讲已很难点断而独立存在，没有理由不承认这些"在"字已是介词了。① 调查甲骨文"在"字用例，我们发现，"在"虽然大多数用例用为动词，但也有不少用例用为介词，我们所调查的语料可判定为介词的共 444 例。

胡光炜、管燮初、陈梦家、姜宝昌、黄伟嘉、李曦、沈培、张玉金、喻遂生、李丽艳、霍文杰、齐航福等先生先后对甲骨文介词"在"的用法进行了研究。② 早期研究较为粗疏，后来学者特别是沈培、张玉金、喻遂生、齐航福等学者的研究较为深入，研究多集中在"在"词性的判定、介宾短语的类型、介宾短语的语序 3 个方面。从类组的角度进行定性、定量描写的成果目前还很少见，所见仅齐航福从类组的角度对甲骨文介词在的语义类型和介宾短语的语序进行了较为深入的研究③。

本文运用两系说及分类断代理论对介词卜辞进行了组类的整理，描写甲骨文介词"在"的用法时注意比较不同类组卜辞在使用上的特点，并统计了介宾结构在不同类组中分布的情况。分类参考李学勤、黄天树、刘钊、杨郁彦等先生的分类标准和成果。各家未见分类的，以字体、称谓等标准斟酌归类。

## 一、甲骨文介词"在"用例的组类整理

本文调查的语料包括《甲骨文合集》《甲骨文合集补编》《东京大学东洋文化研究所藏甲骨文字》《天理大学附属天理参考馆藏甲骨文字》《怀特氏等所藏甲骨集》《英国所藏甲骨集》《小屯南地甲骨》《花园

---

① 喻遂生：《甲骨文"在"字介词用法例证》，载《甲金语言文字论集》，成都：巴蜀书社，2002 年，第 66～68 页。
② 李丽艳：《甲骨文介词、连词研究》，河北师范大学硕士论文，2007 年。霍文杰：《上古汉语"在"词性研究》，西南大学硕士学位论文，2009 年。其他学者的成果见前面的脚注。
③ 齐航福：《殷墟甲骨文宾语语序研究》，上海：中西书局，2015 年。

庄东地甲骨》《苏德西柏林民俗博物馆所藏甲骨文字》等9种著录著作。①

依据汉达文库对甲骨文"在"字的检索数据,"在"字一共出现了4402次。我们对照《校释》《摹释》和原拓片,对数据库里的材料进行整理,去除拓片残缺而汉达文库补出"在"字的卜辞(但保留拓片上有残字补全的卜辞),拓片因漫漶不清、不完整导致无法判断的卜辞以及重片卜辞。经过整理,除去重片卜辞后,共有4323条卜辞,其中包含残辞和拓片残缺无残字补全的卜辞有1670条,所以最终适用于分析的卜辞材料有2653条。经过整理分析,我们认为在有效的卜辞材料里,甲骨文"在"字用作动词的卜辞有2209例,用作介词的卜辞有444例。

本文在对甲骨文组类整理时,把甲骨文"在某月。在某地"和"在狱天邑商公宫衣"二种句法结构中的"在"看作介词,而把前辞的"在某地贞"中的"在"处理为动词。

1. "在某月。在某地"

在多数组类中辞末都出现附记月份、地点。一般形式为"在某月""在某地"或"在某月。在某地"如:

(1) 庚午卜,尹贞:王宾戠,亡尤。在九月。（《合集》25673 [出二]）

(2) 癸卯贞:旬亡尤。在云。（《屯南》1493 [历二]）

(3) 癸卯卜,贞:旬亡尤。在十月。在㲋𠂤。

癸丑卜,贞:旬亡尤。在十月又一。在齐𠂤。（《怀特》1886 [黄类]）

用"在某月""在某地"在辞末记时间、地点的形式,早期有学者认为这里的"在"是介词。如黄伟嘉在其论文中就表示:"介绍动作发

---

① 文中对著录书的简称:《甲骨文合集》简称《合集》,《甲骨文合集补编》简称《补编》,《东京大学东洋文化研究所藏甲骨文字》简称《东京》,《天理大学附属天理参考馆藏甲骨文字》简称《天理》,《怀特氏等所藏甲骨集》简称《怀特》,《英国所藏甲骨集》简称《英藏》。《小屯南地甲骨》简称《屯南》,《花园庄东地甲骨》简称《花东》,《苏德西柏林民俗博物馆所藏甲骨文字》简称《苏德》。释文采用宽式释文,用"□"表示缺一字,用"…"表示所缺字数目不详,用"〔 〕"表示拟补的字。文中用""标注出动词,用"( )"标注出作前置定语的"在"字介宾结构。

生或进行的时间，一般只介月份，多用在句末"①。后来多数学者都认为在辞末的"在某月""在某地"形式，都应独立成句。也有学者认为这是"在某月卜""在某地卜"的简省形式。我们把这种形式里的"在"都处理为动词。

另外有些卜辞辞末常记"在某月。干支祭某神祖。唯王几祀"的形式。如：

（1）癸未王卜，贞：酒日自上甲至于多毓衣，亡𡆥。在五月。唯王四祀。　（《合补》10944 [黄类]）

大多数情况，"唯王几祀"简省不记。如：

（2）癸亥王卜，贞：旬亡𡆥。在三月。甲子夕日上甲。　（《合补》10945 正 [黄类]）

这种情况，我们也认为"在某月"不应被看成句中的状语成分，应该独立成句，"在"字在句中用作动词。

2. 在𤝢天邑商公宫衣"

《补编》11248 这版甲骨有 9 条卜辞都是："干支卜贞：在𤝢天邑商公宫衣，兹夕亡𡆥。宁。"的形式。有学者认为，"𤝢"，系地名；"公宫"，指商的行宫。天邑商也是商王朝的核心地区。"衣"是一个祭祀动词。② 我们认为这条占卜里的 3 个地点，前两个地点是后一个地点"公宫"的定语，这三个地点作为一个整体。此时，介词"在"介引地点，位于谓语动词前作状语。

3. "在某地贞"

多数黄类卜辞在前辞中附记占卜地点，常以"在×贞"的形式出现。早期的学者将这种形式中的"在"当成介词来看，如管燮初、黄伟嘉、

---

① 黄伟嘉：《甲金文中"在、于、自、从"四字介词用法的发展变化及其相互关系》，《陕西师大学报（哲学社会科学版）》1987 年第 1 期，第 66～67 页。
② 李雪山：《商后期王畿行政区划研究》，《郑州大学学报（哲学社会科学版）》2001 年第 2 期，第 100 页。

肖德铣等。后来，沈培先生针对这个问题进行了讨论，认为第五期的卜辞前辞中经常出现的"在某地贞"的形式中的"在"，应当为动词。沈先生解释说："这里的'在×贞'应当读作'在×，贞'，因为有的时候，'在×'与'贞'字之间还有贞人名。因此不应当把前辞里的'在×'看作前置的介词结构。至于在验辞部分里的'在×卜'，是否应看成前置的介词结构，尚且存疑。" 我们认为沈先生的观点不无道理。虽然单从句法层面分析，这里的"在"可以理解为介词，但卜辞有其语法特殊性。"在×贞"应是卜辞的省变形式。因为前辞中"在某地"是记占卜地点的。它的位置很自由，既可以放在前辞里，又可以放在辞末，与动词贞的附着程度低，所以我们把"在×贞"中的"在"看作动词。

## 二、甲骨文介词"在"用法的组类考察

卜辞中的"在"字可以介引处所、时间、对象，构成"在"字介宾结构。"在"字介宾结构既可以位于谓语动词前作状语，又可以位于谓语动词后作补语。"在"字介宾结构作状语时，"在"字前还可以受"其""更"、"毋"等副词修饰。另外，介引处所时，它还可以作定语。

### （一）介引处所
1. 介宾结构作状语

介引处所时，"在"字结构用作状语在卜辞中最常见，共计246例。其中王卜辞村北系列最多，共152例，其次是村中南系列，共68例，而非王卜辞较少，只有15例。

甲骨文介词"在"引出的地点既可以是具体的地点，也可以是指示代词，还可以是方位词。此外，作处所状语的"在"字介宾结构通常多与祭祀动词搭配。如：

（1）癸卯卜，㱿贞：令章潄在京奠。　（《合集》6—19［宾三］）

（2）…令自般比…在北再册囗…　（《合集》7423［典宾］）

（3）癸卯，夕岁匕庚黑牝一，在入陟盉。　（《花东》178—4［花东］）

（4）囗卯贞：其大卹王自上甲，盥用白豭九，下示汎牛。在

祖乙宗卜。　　（《屯南》2707—2［历二］）

（5）丁未卜，贞：亚勿往，庚在兹祭。　（《合集》5684—3［宾出］）

（6）叀在万御，用宰匕庚。　（《合集》19893［自小字］）

（7）贞：日自毋在兹征。　（《补编》84=《缀集》211［典宾］）

（8）…其在兹又艰。二月。　（《合集》24150—2［出二］）

"在"字结构作处所状语时的搭配组合情况如下："在"字前可以受副词"叀""其""毋"等修饰。如例（6）（7）（8）。作处所状语的"在"字结构既可以与单个动词搭配，如例（1）例（4）等，也可以和动词词组搭配，如例（3）例（8）。其中例（3）"陟衁"解释为"登进，进献牲血以祭"①。此外，还多与祭祀动词搭配，如上所举的"奠""冉册""祭""又"等。

卜辞中"在"字介宾结构还可以用在兼语句中。如例（1）是一个兼语句。卜辞大意为：王命令"章繇"，"章繇"这个人在京奠祭。例（7）也同属此句式。例（2）这条卜辞的大意为：命令自般这个人联合…在北边举行冉册仪式好不好？这里"在"字介引的处所不是具体的地点，而使用的是表方位的"北"。"在"字介引的处所，除了使用方位词，还用指示代词"兹"，如例（7）例（8）。

例（4）"在某地卜"的形式在卜辞最常见，主要是在出二类中。此外，作处所状语的"在"字介宾结构还可以用在时间词后，一起说明动作发生的处所和时间。时间词的选用上有两种，一种是用季节表示时间，如"癸丑卜，贞：秋在虍帝"（《合集》3311）；一种是单用天干表示时间，如例（5）。这种"在"字结构还可以在表原因复句中，如"丙午卜，争贞：黄尹丁人嬔殟，在丁家坐子。"这条卜辞的大意为：因为黄尹丁人嬔没有暴死，所以在丁家祭祀子。

2. 介宾结构作补语

介引处所时，"在"字结构位于谓语动词后作补语的情况也较多，但只相当于作状语用法的一半，共计112例。其中王卜辞村北系列最多，

---

① 姚萱：《殷墟花园庄东地甲骨卜辞的初步研究》，北京：线装书局，2006年，第155~157页。

共 64 例，其次是村中南系列共 37 例，非王卜辞较少，共 11 例。如：

（1）癸未卜，宁贞：马方其囲在沚。
　　　贞：不囲在〔沚〕。　　（《合集》6［宾三］）

（2）丁未，其🐦翼日在大丁宗。
　　　丁未，其🐦翼在祖丁宗。
　　　丁未，其🐦翼日在父丁宗。　　（《怀特》1559［历草］）

（3）乙未卜，子宿在🐦，终夕□□自□。子占曰：不〔簧〕。
　　（《花东》10［花东］）

（4）…昔业祼在西。　　（《合集》8750［典宾］）

（5）曰或截在之。　　（《英藏》1—5［典宾］）

（6）甲子卜，宁，盟在兹，示若。　　（《合集》6461反［典宾］）

（7）庚戌卜，王贞：🐦其只，囲戎在东。一月。　　（《合集》6906［自宾间］）

（8）乙丑，王讯殳在🐦。　　（《合集》36389［黄类］）

　　表处所的"在"字结构作补语时的用法与作状语时的有些用法类似。作补语时，"在"字介引的处所既可以是具体的地点也可以是方位词、代词。如例（1）中"在沚"表具体的地点。例（4）中的"在西"，例（7）中的"在东"则用方位词表示处所。例（5）例（6）则用代词"之"和指示代词"兹"来表示处所。同样，作处所补语的"在"字结构也可以用在兼语句中，如例（5）。此条卜辞的大意为：命令或这个人，或在这里等待。

　　与动词搭配时，"在"字结构既可以与单个动词搭配，如例（1）例（5）等，又可以与动词词组搭配，如例（7）例（8）。其中例（7）的卜辞大意为：在东边围攻方国戎；例（8）的卜辞大意为：在🐦这个地方讯问战俘殳。

　　汉语中表现句子焦点的方式有重音、句式、标记词、重复等。但是甲骨文距今三千多年，我们无法通过语音来确定句子的焦点。但是却可以通过卜辞的句式、标记词等来判断一条卜辞的焦点。例（2）是一组选贞卜辞，"在"字介宾结构在句中作补语，表示处所。这组卜辞的焦点就是动词后的补语"在某宗庙"，句子的焦点集中于在哪个宗庙进行祭祀。

3. 介宾结构作前置定语

介引处所时，"在"字介宾结构还可以作前置定语，而且其在卜辞中的用例不少，共64例。其中王卜辞村北系列和王卜辞村中南系列用例分别为36例和25例，而非王卜辞系列仅有3例。如：

（1）丁未卜，王其逐（在蚰）鹿，只。允只七。一月。
　　　壬午卜，王其逐（在万）鹿，只。允只五。
　　　壬午卜，王弗其隻（在万）鹿。　　（《合集》10951〔师宾间〕）
（2）乙未卜：（在盂）犬告又〔鹿〕…　（《合集》27919反〔无名〕）
（3）（在酒盂）田，受禾。
　　　（在下燅南）田，受禾。　　（《合集》28231〔历无〕）
（4）己巳卜，贞：令绵省（在南）啚。十月。　（《合集》9638〔宾出〕）
（5）戊寅，子卜，丁归（在自）人。
　　　戊寅，子卜，丁归（在川）人。　　（《合集》21661〔子组〕）
（6）□□卜，贞：（在⊘）犬雚告…其比，叀戊申利，亡…（《合集》36424〔黄类〕）
（7）辛未贞：（在万）牧来告，辰卫其比史，受又。　（《合集》32616〔历二〕）
（8）贞：（在伎）田武其来告。　（《合集》10989正〔典宾〕）

表处所的"在"字介宾结构作前置定语时，常与人、官职、动物等名词搭配。例（1）是"在+地名+动物名"的形式。这几条同版卜辞，卜问王打猎的事。句子里，表地点的"在"字结构"在萬"作猎物"鹿"的前置定语。例（2）例（6）例（7）例（8）是"在+地名+官职"的形式。"犬""牧""田"这些词可表官职。"在某犬""在某牧""在某田"表示在某地的某官员。有时官职后还出现具体人名，如例（8）中的"在伎田"后的"武"是官职具体的人名。同样地，"在"介引的地点可以是方位，如例（4）。但例（3）中的"田"不是官职。例（3）是关于农事的卜问，所以"在酒盂田""在下煤南田"，指在某地的农田。上述用法，裘锡圭先生[①]和黄天树先生[②]在其论文中均有论述。

表处所的"在"字结构作前置定语时也能用在兼语句中。如例（4），其卜辞大意为：命令这个人，省察在南边的粮仓。

作处所定语的"在"字结构也能通过选贞卜辞确定句子的焦点，如例（3）例（5）。例（3）的焦点在定语，卜辞贞问，在酒盂的农田有好收成，还是在下  南的农田有好收成。例（5）中的焦点也是表处所的定语。卜辞大意为：是使在㠯这个地方的人归来还是使在川这个地方的人归来。

（二）介引时间

1. 介宾结构作状语

介引时间时，"在"字介宾结构位于动词前作状语的用法少见，仅有9例。这种用法，未见于非王卜辞，王卜辞村北系列4例，村中南系列5例。如：

（1）壬子卜，贞：在六月，王在罕。　（《合集》19946反［师肥笔］）

（2）甲申卜，殷贞：在春宜田京。　（《合集》8181—2［典宾］）

（3）贞：在庚酒。　（《合集》5056正—2［典宾］）

（4）己巳卜，彭贞：钾于河㲋三十人。在十月又二卜。　（《合集》26907）

"在"字介宾结构作时间状语时，常以"在某月卜"的形式出现，

---

① 裘锡圭：《甲骨卜辞中所见"田"、"牧"、"卫"等官职的研究——兼论"侯"、"甸"、"男"、"卫"等几种诸侯的起源》，载《文史》第19辑，北京：中华书局，1983年，第1～13页。
② 黄天树：《殷墟卜辞"在"字结构补说》，载《古文字研究》第24辑，北京：中华书局，2002年，第65～70页。

并放在辞末，如例（3）例（4）。另一形式则是位于命辞前面作状语，表示动作发生的时间。其中，卜辞中也见"在"介引的时间是用季节和天干表示的，如例（2）"在春"、例（3）"在庚"。

2."在"字介宾结构作补语

"在"字介宾结构用来作时间补语的情况很少，仅有3例，且全见于王卜辞村北系列。

（1）丁酉卜，祝贞：其品司在兹。八月。　（《合集》23712—2［出一］）

（2）丁酉卜，祝贞：其品司在兹。　（《合集》23713—2［出一］）

（3）丁酉卜，祝贞：其品司在兹。　（《合集》23714—3［出一］）

与例（1）同版的卜辞有"其品司于王出"一辞。这条卜辞中"于"字介宾结构"于王出"指"在王出去的时候"。这一组选贞卜辞的意思是："是在现在品祭司神好呢，还是等到大王出去的时候品祭司神好呢？"① 利用"互文见义"的方法，"在兹"也表示时间。例（2）例（3）同文，介引时间的"在"字结构在句中作补语。

（三）介引对象

1."在"字介宾结构作状语

介引对象时，"在"字介宾结构也偶有用在动词前作状语的，不过用例极少，仅有2例，非王卜辞未见，王卜辞村北系列和村中南系列各1例，如下：

（1）乙巳卜，殷：在父宾。　（《合集》01480反［宾一］）
（2）在毓祖丁舌。　（《合集》27322—3［无名］）

例（1）的卜辞大意为：向父宾祭好不好呢？例（2）的卜辞大意为：向毓祖丁举行舌祭好不好呢？"在"字介引的对象是句子中动作所关涉

---

① 张玉金：《甲骨文虚词词典》，北京：中华书局，1994年，第317页。

的对象。

2. "在"字介宾结构作补语

介引对象时,"在"字介宾结构大多位于动词后作补语,在卜辞中这种用法共 19 例,其中村中南系列最多,共 13 例,王卜辞村北系列和非王卜辞少见,各有 3 例。如:

(1) 贞:其又在父庚,王受又又。　　(《合集》27423〔何类〕)
(2) 其秦在父甲,王受又。　　(《合集》27370—4〔无名〕)
(3) 丙辰贞:岁在大乙,其⋯　　(《合集》32413+32463〔历二〕)
(4) 丁又鬼梦,𢀖在上甲。
　　多左在上甲,肩若。　　(《花东》113〔花东〕)
(5) 乙业在多亚。　　(《合集》20349〔刀卜辞〕)
(6) 贞:其叔鬯,其在祖乙。　　(《合集》22925〔出二〕)

表对象的"在"字介宾结构通常用在祭祀动词后作补语,例如"又""秦""鬯"等。而且"在"字介引的对象大多是先王先公,如"在父庚""在父甲"等。也有介引的对象是人物名,如"在多亚",但用例极少。例(4)两条例卜辞,第二条"多左"意不明。有学者将其与同版卜辞联系,认为"如果'多'为其省称或漏刻,'左'可以读为'佐',则本辞可视为被动句,存疑"[①]。我们依其所言,暂将"左"读为"佐",作动词理解。

## 三、甲骨文介词"在"组类用法差异的比较

上文我们对甲骨文介词"在"的搭配组合情况、语法功能等用法进行了较为详细的描述,下面我们比较一下介词"在"在不同组类中的用法。为了便于说明,我们制作了各组类介词"在"用法的统计表如下:

---

① 齐航福:《殷墟甲骨文宾语语序研究》,上海:中西书局,2015 年,第 264 页。

表1  各组类介词"在"的用法统计表

| 组类 | | 介引处所 | | | 介引时间 | | 介引对象 | | 总计 |
|---|---|---|---|---|---|---|---|---|---|
| | | 作状语 | 作补语 | 作定语 | 作状语 | 作补语 | 作状语 | 作补语 | |
| 王卜辞村北系列 | 自肥笔 | 0 | 0 | 0 | 1 | 0 | 0 | 0 | 1 |
| | 自小字 | 1 | 5 | 0 | 0 | 0 | 0 | 0 | 6 |
| | 㞢类 | 0 | 0 | 2 | 0 | 0 | 0 | 0 | 2 |
| | 自宾间 | 2 | 2 | 5 | 0 | 0 | 0 | 0 | 9 |
| | 宾一 | 1 | 10 | 2 | 0 | 0 | 0 | 0 | 13 |
| | 典宾 | 18 | 22 | 13 | 2 | 0 | 1 | 0 | 56 |
| | 宾三 | 7 | 6 | 0 | 0 | 0 | 0 | 0 | 13 |
| | 宾出 | 10 | 3 | 10 | 0 | 0 | 0 | 0 | 23 |
| | 出类 | 2 | 0 | 0 | 0 | 0 | 0 | 0 | 2 |
| | 出一 | 1 | 0 | 0 | 0 | 3 | 0 | 0 | 4 |
| | 出二 | 99 | 1 | 0 | 0 | 0 | 0 | 2 | 102 |
| | 何类 | 0 | 2 | 1 | 1 | 0 | 0 | 1 | 5 |
| | 何一 | 0 | 1 | 0 | 0 | 0 | 0 | 0 | 1 |
| | 黄类 | 11 | 12 | 3 | 0 | 0 | 0 | 0 | 26 |
| | 总计 | 152 | 64 | 36 | 4 | 3 | 1 | 3 | 263 |
| 村中南系列 | 历一 | 14 | 4 | 0 | 2 | 0 | 0 | 0 | 20 |
| | 历二 | 29 | 5 | 7 | 3 | 0 | 0 | 2 | 46 |
| | 历草 | 0 | 3 | 0 | 0 | 0 | 0 | 0 | 3 |
| | 历无 | 3 | 1 | 2 | 0 | 0 | 0 | 0 | 6 |
| | 无名 | 22 | 22 | 16 | 0 | 0 | 1 | 11 | 72 |
| | 无黄 | 0 | 2 | 0 | 0 | 0 | 0 | 0 | 2 |
| | 总计 | 68 | 37 | 25 | 5 | 0 | 1 | 13 | 149 |
| 非王卜辞 | 子组 | 1 | 3 | 3 | 0 | 0 | 0 | 0 | 7 |
| | 刀卜辞 | 0 | 0 | 0 | 0 | 0 | 0 | 1 | 1 |
| | 妇女类 | 1 | 0 | 0 | 0 | 0 | 0 | 0 | 1 |
| | 花东 | 13 | 8 | 0 | 0 | 0 | 0 | 2 | 23 |
| | 总计 | 15 | 11 | 3 | 0 | 0 | 0 | 3 | 32 |

分析上表中介词"在"的用法,可得出以下认识:

1. "在"字作为介词出现在王卜辞村北系列的用例最多，村中南系列用例较少，非王卜辞用例最少。王卜辞村北系列出现 263 例，约占总数的 59%；村中南系列用例共 149 例，约占总数的 34%；非王卜辞只有 32 例，占总数的 7%。这在一定程度上体现了甲骨文介词"在"在不同系列的使用情况，但 3 个系列的甲骨出土数量不一，一定程度上影响了数据，所以这个统计并不一定能完全展现介词"在"的使用情况。不过，通过现存的材料大体上能将介词"在"的使用情况呈现出来。

2. 王卜辞各小类用例情况如下：

（1）𠂤肥笔类、𠂤小字类、屮类中，"在"字用作介词的用例极少。𠂤肥笔类中，仅有 1 用条例。此类中"在"介引时间，位于动词前作状语。𠂤小字类中，"在"字用作介词仅有 6 例，而且用法很集中。𠂤小字的介词"在"全部介引处所，并且主要是位于动词后作补语，这种用法有 5 例，占比约为 83%；另 1 例位于动词前作状语。屮类中，"在"字用作介词的情况仅 2 例，且全部作表处所的定语。

（2）𠂤宾间类中，"在"字用作介词的情况有 9 例，且全部介引处所。"在"字介宾结构主要用法是修饰名词作定语，这种用法有 5 例，占比约为 56%。而位于动词前后作状语和补语的各有 2 例。

（3）宾一类中，"在"字用作介词的情况 13 例，也全部介引处所。介引处所时，"在"字结构主要位于动词后作补语，占宾一类"在"字介词用法的 77%。仅有 1 例位于动词前作状语的情况。另外，有 2 例"在"字结构修饰名词作前置定语。

（4）典宾类中，"在"字用作介词的情况有 56 例，而且既能介引处所，又能介引时间和对象，不过主要还是介引处所。介引处所的情况有 53 例，占比约为 96%。其他用法较少，其中介引时间的有 2 例，且都作状语，介引对象的有 1 例也作状语。

（5）宾三类中，"在"字用作介词的情况有 13 例，且全部介引处所。虽然此类中"在"字介宾结构只表处所，但位置灵活，既可以放在动词前作状语，也可以放在动词后作补语。

（6）宾出类中，"在"字用作介词的有 23 例，但只见介引处所的用法。"在"字介宾结构也既作状语又作补语，但以位于动词前作状语为常。

（7）出类和出一类中，"在"用作介词的情况很少。其中出类 2 例，均介引处所，位于动词前作状语。出一类 4 例，主要介引时间，位于动词后作补语，占比为 75%；仅 1 例介引处所，位于动词前作状语。

（8）出二类中，"在"字用作介词的多达 102 例，约占甲骨文"在"字作介词总数的 23%。不过，出二类中"在"作介词的用法较单一，主要是介引处所，放在动词前作状语，共有 99 例，约占出二类"在"介词用法的 97%。另有"在"字介引处所作补语 1 例；"在"字介引对象在动词后作补语 2 例。

（9）何类和何一类，"在"字用作介词的用法也很少。其中，何类有 5 例，"在"介引处所、时间、对象。何类卜辞中，介引处所的"在"字介宾结构没有在动词前作状语的用法。有 2 例用在动词后作补语，1 例修饰名词作定语。何类还有 1 例"在"字介引对象作补语。何一类仅 1 例"在"介引处所，用在动词后作补语。

（10）黄类卜辞中，介词"在"只有介引处所的用法，共有 26 例。此类中"在"字结构用作状语和作补语的情况相当，用作定语的较少（仅 3 例）。

（11）历一类卜辞中，"在"字作介词的用法有 20 例。此类中的介词"在"介引处所和时间，但介引时间的用例很少，仅有 2 例，且位于动词前作状语；而介引处所的较多，占此类介词"在"用法的 70%，并且主要位于动词前作状语。

（12）历二类卜辞中，"在"字用作介词的有 46 例。此类中的"在"可以介引处所、时间、对象，主要是介引处所，约占此类介词"在"用法的 89%。介引处所时，"在"字介宾结构的位置不固定，可以位于动词前作状语，也可以位于动词后作补语，或位于名词前作定语。但主要位于动词前作状语，约占此类"在"介引处所用法的 63%。另外 3 例"在"字介引时间，用在动词前作状语；2 例"在"字介引对象，用在动词后作补语。

（13）历草类和历无类卜辞中，"在"字用作介词的较少。历草类仅有 3 例，全部介引处所，放在动词后作补语。历无类有 6 例"在"字用作介词的情况。此类的介词"在"可以介引处所。介引地点时，"在"字介宾结构的语序位置比较自由，可以用在动词前作状语，也可以用在动词后作补语，还可修饰名词作定语。

（14）无名类卜辞中，"在"字用作介词的较多，共 72 例，约占"在"字介词用法的 16%。此类中的"在"字能介引处所和对象，但主要是介引处所，约占此类介词"在"用法的83%。同时，"在"字介宾结构位置自由，可以作状语、补语以及定语。

此外，无黄类卜辞仅2例，均作表处所的补语。

3. 非王卜辞系列"在"字用作介词的用法很少，只有32例。其中花东类的卜辞最多，占非王卜辞系列的72%。花东类卜辞中，"在"字可介引处所和对象。介引处所时，"在"字介宾结构作状语的用例比作补语的用例稍多，但没有用作定语的情况。"在"介引对象时，也只用在动词后作补语。刀卜辞类和妇女类卜辞各有1例，刀卜辞类的"在"字介宾结构表对象，用在动词后作补语；妇女类卜辞的"在"字介宾结构表处所，用在动词前作状语。子组类卜辞有7例，此类中的"在"字结构均表处所，位置也不固定。可用在动词前作状语，仅1例；也可用在动词后作补语和修饰名词作定语，各3例。

综上，从各组类的介词"在"用法的数据看，从自宾间类开始，表处所的"在"字介宾结构的位置变得更丰富，可位于动词前后作状语或补语，还可以位于名词前作定语。而表示时间和对象的"在"字结构则随意分散在各组类中。其中介词"在"在典宾类和历二类中的用法最丰富。可以介引处所、时间、对象，而且介引处所时，"在"字介宾结构的位置不固定，可作状语、补语、定语。典宾类卜辞所处的时代大约在武丁中期至祖庚之世，主要为武丁晚期；历二类卜辞所处的时代以武丁晚叶为上限，主要是祖庚之物，所以在武丁中期至祖庚时期，介词"在"的用法比较成熟了。无名类卜辞中的介词"在"用法也较丰富。而无名类卜辞所属时代大约在康丁（或上及禀辛之世）至武乙、文丁之交，表明从武丁中期至武乙、文丁之交，甲骨文"在"字用作介词的用法逐渐成熟。而武丁早期至中期的自肥笔、自小字、㞢类中介词"在"的用例和出现的形式都很少，主要是介引处所，而且"在"字介宾结构也大多位于动词后作补语。

但是，由于甲骨文"在"用作介词的用例主要集中在几个组类中，甲骨文介词"在"的用法在组类上演变的规律性并不明显。

## 四、甲骨文介词"在"字介宾结构的语序

上文我们把甲骨文"在"字介宾结构按意义分为表处所、表时间、

表对象三小类，这三小类的语序情况如下表所示：

**表2 "在"字介宾结构的意义和语序表**

|  | 表处所 | 表时间 | 表对象 | 总计 |
| --- | --- | --- | --- | --- |
| 位于动词前作状语 | 235 | 9 | 2 | 246 |
| 位于动词后作补语 | 112 | 3 | 19 | 135 |
| 作前置定语 | 64 | 0 | 0 | 64 |
| 总计 | 411 | 12 | 21 | 444 |

分析上表不难看出：

1. 在词语搭配上，甲骨文"在"可以介引处所、时间、对象，组成"在"字介宾结构。其中"在"字以介引处所的用法为常见，共411例，约占"在"字用作介词的92%；其次是介引对象，共22例，占比约为5%；最少的是介引时间的用法，共12例，占比约为3%。可见，在卜辞中介词"在"以介引处所为主，介引时间和对象的用法还不普遍。并且，除自肥笔类和刀卜辞类外，其他各组类均有"在"字介宾结构表处所的用法。而"在"字介引时间的用法只分布于自肥笔类、典宾类、出一类、何类、历一、历二类中；介引对象的用法也只分布在典宾类、宾三类、出二类、何类、历二类、历无类、无名类中。

2. 在句法成分上，"在"字介宾结构可以作状语、补语、定语。其中作状语的用例最多，有246例，约占"在"用作介词的55.3%；其次是作补语的用法有135例，占比约为30.3%；作定语的用法最少，有64例，占比约为14.4%。由此可见，卜辞中"在"字介宾结构的位置相对较自由，但还是以位于动词前作状语为常见。有学者研究过两周金文中的"在"，认为"两周金文中真正可以视为介词的'在'是很有限的，形式上'在'字结构全部位于动词后充当补语"[①]。这与甲骨文中介词"在"的用法差异很大。汉语语法的变化发展是一个缓慢的过程，从甲骨文到金文不可能发生突变。这一现象还有待进一步研究。

综合比较来看，"在"字介宾结构表处所和时间时都以作状语为常，

---

① 武振玉：《两周金文词类研究（虚词篇）》，吉林大学博士学位论文，2006年。

而表对象时则常放在动词后作补语。可见，卜辞中"在"字介宾结构表处所的用法最常见，形式也最丰富。

## 五、结　语

通过对甲骨文介词"在"用例的统计与整理，我们发现卜辞中"在"字用作介词的情况较常见，介词"在"已有介引处所、时间、对象的用法，其中以介引处所的用法最为常见。在语法功能上，表处所和时间的"在"字介宾结构通常位于动词前作状语，而表对象的"在"字介宾结构多用在动词后作补语。此外，"在"介引处所时还可以修饰名词作定语。"在"字介引处所、时间、对象组成"在"字介宾结构时，处所可以是具体的地名，也可以是方位词和代词；时间多是月份，也可以是季节和单个天干；对象则多是神名。"在"字结构与动词的搭配上也多以祭祀动词和"卜"字为主，作定语时也多与官职名和动物名搭配为主。在一组选贞卜辞里，表处所和对象"在"字介宾结构还表示句子的焦点。"在"字介引处所时，还可以用代词"兹"复指处所，表示句子的焦点。"在"介引处所时，还常用在兼语句中。

介词"在"的用法在不同组类中的分布很不均衡。甲骨文"在"字用作介词主要集中在典宾、宾出、出二、历二、无名、花东这几类卜辞中。出二类卜辞用例最多，但用法较单一。结合各类组所对应的王世和表一介词"在"的分布情况及具体用法来看，甲骨文语料中介词"在"的用法在武丁中期至武乙、文丁之交时期最为丰富。

由于自身学识及时间、精力所限，拙著多有疏漏，敬请各位专家、学者批评指正！

**参考文献**

［1］曹锦炎、沈建华编著：《甲骨文校释总集》，上海：上海辞书出版社，2006年。

［2］陈梦家：《殷墟卜辞综述》，北京：中华书局，1988年。

［3］陈年福：《殷墟甲骨文摹释全编》，北京：线装书局出版社，2010年。

［4］陈年福：《甲骨文词·论稿》，上海：上海古籍出版社，2007年。

[5] 管初燮：《殷墟甲骨刻辞的语法研究》，北京：中国科学院，1953年。

[6] 胡光炜：《甲骨文例·辞例篇》，国立中山大学语言历史学研究所，1928年。

[7] 黄天树：《殷墟王卜辞的分类与断代》，北京：科学出版社，2007年。

[8] 黄天树：《殷墟卜辞"在"字结构补说》，载《古文字研究》第24辑，北京：中华书局，2002年。

[9] 黄伟嘉：《甲金文中"在、于、自、从"四字介词法的发展变化及其相互关系》，《陕西师大学报（哲学社会科学版）》1987年第1期。

[10] 霍文杰：《上古汉语"在"词性研究》，西南大学汉语言文献研究所2009年硕士学位论文。

[11] 姜宝昌：《卜辞虚词试析》，载《先秦汉语研究》，济南：山东教育出版社，1982年。

[12] 李学勤、彭裕商：《殷墟甲骨分期研究》，上海：上海古籍出版社，1996年。

[13] 李丽艳：《甲骨文介词、连词研究》，河北师范大学硕士学位论文，2007年。

[14] 林沄：《无名组卜辞中父丁称谓研究》，载《古文字研究》第13辑，北京：中华书局，1986年。

[15] 刘凤华：《殷墟村南系列甲骨卜辞的整理与研究》，郑州大学博士学位论文，2007年。

[16] 刘义峰：《甲骨组类学》，《中国史研究》2011年第4期。

[17] 齐航福：《殷墟甲骨文宾语语序研究》，上海：中西书局，2015年。

[18] 齐航福：《殷墟甲骨文中焦点问题的初步研究》，《语文研究》2014年第4期。

[19] 沈培：《殷墟甲骨刻辞的语法研究》，台北：文津出版社，1992年。

[20] 王建军：《殷墟甲骨卜辞分期分类研究综述》，《中州学刊》2010年第1期。

[21] 武振玉:《两周金文词类研究 (虚词篇)》, 吉林大学博士学位论文, 2006 年。

[22] 杨逢彬:《殷墟甲骨刻辞词类研究》, 广州: 花城出版社, 2003 年。

[23] 姚萱:《殷墟花园庄东地甲骨卜辞的初步研究》, 北京: 线装书局, 2006 年。

[24] 喻遂生:《甲骨文"在"字用法例证》,《古汉语研究》2002 年第 4 期。

[25] 张玉金:《二十世纪甲骨文语法研究的回顾暨展望》,《古籍整理研究学刊》2002 年第 1 期。

[26] 张玉金:《介词"于"的起源》,《汉语学报》2009 年第 4 期。

[27] 张玉金:《甲骨文语法学》, 上海: 学林出版社, 2001 年。

[28] 张玉金:《甲骨文虚词词典》, 北京: 中华书局, 1994 年。

[29] 赵诚:《断代和历组卜辞讨论》,《古籍整理研究学刊》2003 年第 6 期。

# 甲骨左右的判别方法——以兆辞、占辞为例

丁军伟

(江苏理工学院人文社科学院)

**【提要】**文章通过梳理，指出兆辞"二告"中"二"基本向千里路、骨臼靠近；不论甲骨左右，横刻兆辞"不玄黾"之"黾"基本向千里路、骨臼靠近。无名类卜辞中对边刻辞之占辞"吉""大吉""引吉"多靠近骨臼，臼边刻辞之占辞多靠近骨条。

判别龟甲、卜骨的左右对甲骨缀合、甲骨文例、卜辞释读等非常重要，确定完整腹甲、卜骨的左右是很容易的，但存世甲骨鲜有完整者，故学者仅仅依据甲骨残片的拓片，判别甲骨左右就比较困难。黄天树、刘影等学者曾提出一些判别依据，如黄天树先生提出"以'卜兆'的走向""以臼角或臼角的切口位置""以背面钻凿"等7条标准来判断卜骨的左右。[①] 刘影女士亦总结出7种判断方法，如骨边弧度判断法、原边骨条判断法、文例判断法、骨脊部位判断法、骨面署辞判断法等来判断胛骨的左右。[②] 何会女士、李延彦女士、蒋玉斌先生等诸位学者亦对判断甲骨的左右提出了一些方法。[③] 在研读相关卜辞的过程中，我们发现兆辞"二告""不玄黾"，占辞"吉""大吉""引吉"的刻写有一定规律，可帮助判别甲骨的左右，兹论述如下。

---

[①] 黄天树：《关于卜骨的左右问题》，载《甲骨拼合集》，北京：学苑出版社，2010年，第507~513页。

[②] 刘影：《殷墟胛骨文例》，北京：首都师范大学出版社，2016年，第18~28页。

[③] 何会：《殷墟王卜辞龟腹甲文例研究》，北京：中国社会科学出版社，2020年；李延彦：《殷墟卜甲形态探究》，故宫博物院博士后出站报告，2017年；蒋玉斌：《从甲骨文"肩"形说到判断卜骨左右的一项新标准》，载《古文字研究》第33辑，北京：中华书局，2020年，第14~19页。

## 一、二告

兆辞是张秉权先生提出来的,他指出兆辞一般位于卜兆横兆的左或右下角。① 兆辞"二告"的具体含义,目前学界未有定论,蒋玉斌先生指出,从宾组甲骨上的文字布局来看,"小/一/二/三告"等"告"类刻辞如果是横向展开,则是逆横兆出枝的方向(也即朝着兆干)契刻。虽有例外,但绝大多数都符合这一规律。② 冯少波先生亦有类似观点,如他指出"二告"所偏方向与兆璺——凹槽横向所出方向一致,即"二告"所偏随兆枝所出。③

卜辞中"二告"主要作"二告""告二""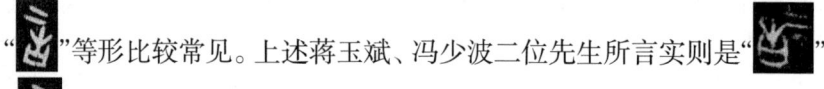"等五形,其中"二告""告二"形式比较少见,目前仅有几例,""""""""等形比较常见。上述蒋玉斌、冯少波二位先生所言实则是""""二形中的"二"均向龟甲的千里路、卜骨的骨臼处靠近。通过梳理,我们认为此说可信,据此规律可判别相关甲骨残片的左右。④

"二告"主要出现在宾组卜辞中,自组、自宾间、出组、何组一类(《合集》31316、31341)、历二类(《合集》33020、35165)、子组(《合补》

---

① 张秉权:《殷虚卜龟之卜兆及其有关问题》,载《"中央研究院"院刊》第 1 辑,1954 年;又见《甲骨文献集成》第 17 册,成都:四川大学出版社,2001 年。张先生称"兆辞"为"记兆术语"。

② 蒋玉斌:《甲骨文字证真例说》,载《出土文献综合研究集刊》第 9 辑,成都:巴蜀书社 2018 年,第 36~51 页;蒋玉斌:《从甲骨文"肩"形说到判断卜骨左右的一项新标准》,载《古文字研究》第 33 辑,北京:中华书局,2020 年。

③ 冯少波:《"二告"字义证》,载《甲骨文与殷商史》新 8 辑,上海:上海古籍出版社,2018 年,第 294~301 页。

④ 本文所言卜骨的左右据黄天树《关于卜骨的左右问题》一文,即臼角在右为左胛骨,臼角在左为右胛骨。

6837）等卜辞中亦有出现。①自小字、自宾间卜辞中所见"二告"次数较少，大约 20 例②，主要作"[图]"形，如《合集》1761、9758 等，亦有作"[图]"形，如《合集》53。其中"[图]"形中的"二"均靠近千里路、骨臼。宾一 A 卜辞中"二告"出现 50 例左右，主要作"[图]"或"[图]"二形，部分作"[图]"形。除"[图]"形外，其余两形均符合上述规律，只有几例例外，如《合集》1151、4141 二版左腹甲上的"二告"作"[图]"形，《合集》7408 为左胛骨，但其"二告"作"[图]"形。《合集》31636 为宾一 A 卜辞，该版"二告"作"[图]"形，据此我们推断其当为右胛骨。

宾一 B 甲卜辞中"二告"大致出现 200 例，除上下刻写之外，其余诸例基本符合上述规律，只有五六例与此规律不合。如《合集》98 为右腹甲，该版有两例"二告"，其中一例上下刻写、一例作"[图]"形；《合集》894 为左腹甲，但其"二告"则作"[图]"形；《合集》6483 为右腹甲，靠近千里路附近有兆辞"二告"，但却作"[图]"形。

---

① 钟舒婷曾对宾组卜辞进行了细致的分组、分类，本文宾组卜辞的分类参照其标准，详见钟舒婷：《宾组卜辞分类整理与战争相关卜辞系联研究》，四川大学博士学位论文，2020 年，指导教师：彭裕商教授。其余卜辞分类参李学勤、彭裕商：《殷墟甲骨分期研究》，上海：上海古籍出版社，1996 年；黄天树：《殷墟王卜辞的分类与断代》，北京：科学出版社，2007 年。
② 缀合按 1 版计算，同版多次出现按 1 例计算。

宾一B乙卜辞中"二告"大致有200例左右，除上下刻写之外，其余诸例基本符合上述规律，大致有10例与此规律不合。如《合集》83为右腹甲，但其"二告"却作"〖图〗"形；《合集》676为左胛骨，其上"二告"出现两次，分别作"〖图〗""〖图〗"形；《合集》10229为右胛骨，其上"二告"却作"〖图〗"形。值得注意的是《合集》676"二告"出现两次，但其写法则不同。宾二卜辞中"二告"比较少见，但亦遵循此规律，如《合集》16732、16735、16818等。

除宾组卜辞之外，其他类组卜辞中"二告"出现较少，如出组有十几例、何一有3例（《合集》31304、31316、31341）、历二A有2例（《合集》33020、35165）、子组亦有1例（《合补》6837）。这些类组中的"二告"基本作上下刻写，作"〖图〗""〖图〗"形者亦与宾组卜辞规律一致，偶有例外，如出组一类《合集》26629为左胛骨，该版上"二告"出现两次，其中一上下刻写之形，一作"〖图〗"形，其中"〖图〗"形与常见规律不合。

宾组卜辞兆辞"二告"有千余例，除二三十例与上述规律相反外，其余诸例均符合此规律。据此，《乙编》《乙补》等著录书中诸多残片之左右可据此而定。

## 二、不玄黿[①]

宾组卜辞除兆辞"二告"外，亦有兆辞"不玄黿"比较常见。蒋玉斌先生指出从宾组甲骨上的文字布局来看，此种兆辞多顺着卜兆之横兆

---

[①] "玄黿"二字学者释读意见不一，目前尚无定论，暂释为"玄黿"。

的出枝方向往外刻。① 简言之，即横刻兆辞"不玄鼄"之"鼄"字靠近千里路、骨臼。通过梳理，我们认为蒋先生所言可信，据此规律亦可判别部分甲骨残片的左右。

"不玄鼄"，主要见于宾一类卜辞，宾二类除《合集》11163外，基本未见。卜辞中所见"不玄鼄"大致有1000余例，目前可确定违背此规律的大致有十几例，如《合集》667正、1115正、12434正、17307正及《合补》3826等，确定遵循此规律的有520例左右，剩下的多是较小的碎片，不易确定。通过梳理，我们认为这些不易确定的应该是遵循这一规律的，据此，可大致推断相关甲骨的左右。

宾组卜辞除"不玄鼄"比较常见外，亦有兆辞"不玄"，大致有50例，主要见于宾一A、宾一B甲卜辞中，宾间、宾一B乙亦有几例。除宾间《合集》6905、宾一A《合补2863》两例"不玄"上下书写外，其余诸例均左右书写，其书写方式虽多顺着卜兆之横兆的出枝方向往外刻，但亦有10例左右乃逆着卜兆之横兆的出枝方向往兆干方向刻写。如宾一A卜辞中目前所见大致有20例左右，有6例"不玄"逆着横兆而背向千里路或骨臼而刻，如《合集》1854、9242、9680、11511、14659、15044。据此我们认为兆辞"不玄"虽多数符合蒋先生所言，但亦有不少与此不符，当尚未形成一定规律。

宾一B卜辞中兆辞"二告""不玄鼄"常共现一版，通过梳理，我们发现同版时二者基本上都遵循上述规律，如《合集》2893、5845、6232、17773等，只有几例违背上述规律，如《合集》1115、12899等。但违背上述规律时，要么"二告"违背，要么"不玄鼄"违背，未见二者同时违背上述规律的。

综上所述，兆辞"二告""不玄鼄"的刻写并非随意所为，其刻写是有一定规律的，即不论甲骨左右，兆辞"二告"作""""形时，上方的"二"基本向千里路、骨臼靠近；不论甲骨左右，横刻兆辞"不玄鼄"之"鼄"基本向千里路、骨臼靠近。据此规律，可推断相关甲骨残片的左右。

---

① 蒋玉斌：《甲骨文字证真例说》，载《出土文献综合研究集刊》第9辑，成都：巴蜀书社，2019年，第48页。

## 三、吉、大吉、引吉

宾组、无名类、无名黄类、黄类等卜辞中占辞常见，不过与宾组、黄类等卜辞不同的是无名类、无名黄类卜辞中占辞比较简单，常作"吉""大吉""引吉"等形式，其中无一B类开始出现占辞"引吉"，无名组卜辞中"大吉、吉""引吉、吉"共版者常见，但未见"大吉""引吉"共版者。无名黄类除《屯南》962一例占辞"大吉、吉、引吉"同版外，其余均同无名类。值得注意的是无名类、无名黄类卜辞中的占辞少有与命辞连写者，一般多单刻于兆侧。

刘凤华指出，除了有些占辞不在卜辞之首，而是处于两辞之间，或附于辞末外，常见无名类卜辞之占辞吉字通常布于辞首偏上方的骨条内侧，处于骨面上而非骨条上。① 马智忠指出，本类"吉"字的位置一般在与之对应的刻辞内侧（如左胛骨对边刻辞对应的"吉"字在其右侧，臼边刻辞对应的"吉"字在其左侧）。② 简言之，即无名类卜辞对边刻辞之占辞靠近骨臼，臼边刻辞之占辞靠近骨条。

除少数例外，如《合集》29185 为骨臼在左的右胛骨，但其占辞"大吉"则刻于卜辞右侧靠近骨边边缘；《合集》27573、29463、29580 三版为左胛骨骨条，但《合集》27573 占辞"大吉"刻于命辞"二牢"下方，二者上下分布；《合集》29463、29580 占辞"大吉"则位于命辞外侧。本组占辞刻写习惯均如上述二位学者所言。据此规律，可判别无名组卜辞中相关胛骨残片的左右及部分卜辞的释读问题。

《合集》27014、28122、28223、30459、28057、28563、28751 及《屯南》2529 均为胛骨残片，占辞"大吉"或"吉"位于命辞左侧，据上述规律可知以上诸版应为臼角在左的右胛骨；《合集》29000、29357、29491、29758 等占辞位于命辞右侧，此四版应为臼角在右的左胛骨。以上诸版胛骨残片的左右亦可从其他方面验证，蒋玉斌先生曾指出从对

---

① 刘凤华：《殷墟村南系列甲骨卜辞整理与研究》，上海：上海古籍出版社，2014年，151～152页。
② 马智忠：《殷墟无名类卜辞的整理与研究》，吉林大学博士学位论文，2018年，第62页。

边与底边相交之处——亦即后角（对角）向着臼角方向，延伸至骨面中心偏上、骨颈下方的位置有一条斜沟，此斜沟指向臼角。①《合集》30459、28057、28563、28751及《屯南》2529等卜辞下部有一左上右下的斜沟，据此亦可知以上诸版为臼角在左的右胛骨。

《合集》30364为一版残骨，其上刻辞《甲骨文合集释文》《甲骨文校释总集》《殷墟甲骨刻辞摹释总集》《殷墟甲骨文摹释全编》均释为"□子卜，祝在 ②…。大吉"。此版又见于《上博》2426·4，据《上博》可知该版为臼角在左之右胛骨，右侧骨条残失。据无名组卜辞占辞契刻规律，我们认为占辞"大吉"与"甲子卜，祝在 …。"不属于一条卜辞，占辞"大吉"的命辞当位于右侧骨条部分，只不过由于骨条残失，才造成二者为一辞之假象。

---

① 蒋玉斌:《从甲骨文"肩"形说到判断卜骨左右的一项新标准》，载《古文字研究》第33辑，北京：中华书局，2020年，第14～19页。
② 此字《殷墟甲骨刻辞摹释总集》释为"必"，《甲骨文校释总集》《殷墟甲骨文摹释全编》释为"升"。刘钊主编《新甲骨文编（增订本）》将此字释为"祼"。

# 田猎卜辞中所见的专字

欧瑞安（Marian Olech）
（台湾政治大学文学院）

**【提要】** 本文从甲骨学界"专字"术语与相关学说出发，对田猎卜辞所见的"陷""网""罩""暴""逐"5个及物动词的字形异体进行讨论。就以上5个动词而言，其所涉及的专字可归纳为从某动物形，而专用于以该动物为狩猎对象的语境之异体字，学者或视之为原始象形符号之残存孑遗。本文针对上述5个动词在卜辞所呈现的书写异体，试图以其辞例环境的出现规律，考察其用法实情，从而对这些字形在使用上是否具备"专字"的条件稍作判断。其后笔者希望对田猎专字的表词功能与特点、以及其与合文概念的彼此关联作一简略谈论。

殷商文字体系在具备完整记录语言能力的同时，仍显现出某些较为原始的特点，当以字形不固定、异体纷呈为主。[①] 其相当特殊的表现，乃是以合体字部件改换而迎合语言环境，或表达该字所记之词的某种专门意义，在学界或称之为"专字"。有关此类现象的研究，首推裘锡圭在《汉字形成问题的初步探索》一文中所作的论述。裘氏认为，"在甲骨文里，有些象形字往往随语言环境而改造字形，有时字形改变以后，一个字可以读成两个字"[②]，并将此现象视为"接近图画的表意手法的

---

① 如刘钊所言："甲骨文虽然已是成熟的符号体系，但也残留了许多原始的迹象，如形体的不固定，异体众多，存在许多合文、借字的现象，有许多专字等等，都体现了甲骨文一定的原始性。"（《古文字构形学》，福州：福建人民出版社，2006年，第66页）。
② 裘锡圭：《汉字形成问题的初步探索》，载《裘锡圭学术文集》第4卷，上海：复旦大学出版社，2015年，第35页。

一些残留痕迹"①。刘钊在《古文字构形学》则将"专字"定义为"用于某一专门概念的字"②。

在诸家讨论的专字实例当中，比较鲜明的类型即是专用于某动宾词组的动词异体，原则上是将行动的对象（语言上一般等于动词所接的宾语）展现在记录该动词的字形中。田猎卜辞习见表示某田猎手段，以动物为对象的动词；③以多种手段而狩猎多种动物的现实，在语言层面反映成多个田猎动词与表示多个猎物名的宾语之交叉搭配，可谓是产生专字现象的肥沃土壤。

然而凡论专字时，基本的课题在于将某一字形辨识为专用异体，而非记录他词的独立字，亦为研究者往往莫衷一是之处。本文对于某异体为专字与否的问题，主要求证于辞例规律，以某字异体所从的兽形与卜辞所言的猎物种类之间的相符程度作为判断标准。下文即从此理论角度切入，对"陷""网""罩""暴""逐"④5个田猎及物动词在卜辞所显现的书写情况稍加简论，继而对田猎专字的表词特点及其与合文概念的关系略陈管见，求教于大方之家。

## 一、陷

田猎卜辞屡见象麋鹿（"𣥠"）落入坑洞的"𤲙"字，表示以擒获猎物为目的的及物动词，学者多释为"挖坑捕兽"义的"陷"字，可从。⑤

---

① 裘锡圭：《文字学概要》，台北：万卷楼图书股份有限公司，1995年（出土文献译注研析丛刊2004，2016年再版），第9页。
② 刘钊：《古文字构形学》，福州：福建人民出版社，2006年，第64页。
③ 亦即葛亮所谓"A2类动词"（即直接作用于猎物的田猎行为）。葛氏在吸收前人研究成果的同时，以语法标准为田猎动词制定客观的分类，是本文十分重要的参考点。参看葛亮：《甲骨文田猎动词研究》，载《出土文献与古文字研究》第5辑，上海：上海古籍出版社，2013年，第31~49页。
④ 本文袭用裘锡圭、葛亮等学者之标点方式，以"{ }"标示词，以区别于文字层面。参看裘锡圭：《文字学概要》，"凡例"第3页；葛亮：《甲骨文田猎动词研究》，第4页，注解2。
⑤ 何组、无名组、历组卜辞或将"凵"形改为"井"，历组亦有从"口"之例。参看姚孝遂、肖丁：《小屯南地甲骨考释》，北京：中华书局，1985年，第153~154页；王子杨：《甲骨文字形类组差异现象研究》，上海：中西书局，2013年，第139页。从"井"的字形亦偶见于宾组，例如《合集》10675、10676。

就不少辞例而言，"𢄛"所代表的田猎行为确以麋鹿为猎物，例如：

（1）其𢄛麋于斿。　　合5579［典宾］
（2）☑王𢄛麋☑　　合10361［典宾］
（3）子其𢄛麋。　　合10363［典宾］
（4）戊申卜，□贞：今日其𢄛麋，毕（擒）。王占曰：其圂在☑①　　合10362+10749（拼续451、《合补》2630正）［典宾］
（5）贞：王勿狩父、既𢄛麋、归。九月。　　合40133［典宾］
（6）贞：于翼（翌）己巳𢄛麋。　　合10383［宾三］
（7）丙申卜，□贞：𢄛才（在）南麋。　　合10911（+10912同文例）［宾三］
（8）贞：于乙酉𢄛荓麋。才（在）襄。　　合10991［宾三］
（9）王叀（惠）𢆶麋取𡧊。　　合28375［无名］
（10）贞：乙亥𢄛，毕（擒）七百麋用登☑　　屯2626［历二］
（11）壬申卜，殻贞：甫毕（擒）麋，丙子𢄛，允毕（擒）二百又九。　　合补3987（乙）［典宾］
（12）☑翼（翌）庚辰☑𢆶麋擒𡧊☑𢄛。允毕（擒），只（获）麋八十八、兕一、豕三十又二。　　合10364+合10364（何会缀合）②［宾三］
（13）贞：其麋☑𡧊☑王　　合28797［何组］
（14）戊午卜，贞：更𢄛，毕（擒）。允毕（擒）二☑。二月。贞：更𢄛，弗其擒。③　　合10951［𠂤宾］

---

① 葛亮：《甲骨文田猎动词研究》，载《出土文献与古文字研究》第5辑，上海：上海古籍出版社，2013年，第44页。
② 何会：《龟腹甲新缀第三十四则》，中国社会科学院历史研究所先秦史研究室网站（http://www.xianqin.org/blog/archives/2140.html），2010年11月22日。
③ 王晖提出，该条卜辞"𢄛"字中的"𢆶（麋）"形"既作'更（鞭）'的宾语，又作'陷'的主语，即'鞭麋而麋陷'之义"，认为合体字的部件与周围词语独立发生语言关系，并以此为原始象形符号残存于商代文字的实例。参看王辉：《从商代甲骨文和金文看前汉字时代"文字画"的孑遗》，《中国史研究》2011年第2期，第9页。王氏承袭于省吾之说，将"更"读为动词{鞭}，后由葛亮辨明其非，改读为另见于他辞的人名"𡧊"。有鉴于此，王说难以令人信服。参看葛亮：《甲骨文田猎动词研究》，第66~69页。

（15）壬戌卜，争贞：叀（惠）王自往𤉣。

贞：叀（惠）多子乎（呼）往𤉣。　　合787［典宾］

（16）丙戌卜，丁亥王其𤉣，毕（擒），允毕（擒）三百又四十八。　　合33371［历一］

（17）乙酉卜，在箕：丙戌王𤉣，弗正。乙酉卜，在箕：丁亥王𤉣，允毕（擒）三百又四十八。丙戌卜，在箕：丁亥王𤉣，允毕（擒）三百又四十八。①　　屯663［历一］

（18）己卯卜，殸贞：我其𤉣（𤉣）②，毕（擒）。　　乙2235（合10655）［宾一］

以上（1）到（9）当中，"𤉣（麤）"与"麋"之间存在着动宾关系。（10）到（12）中二者虽无直接语法连接，但"麋"即是通过"𤉣"所擒获之猎物。（13）辞例较残，但仍同见"麤""麋"两个字。"𤉣（麤）"未见由其他动物名充当宾语者，足证"𤉣（麤）"的确专用于"陷麋"之义。

卜辞凡述所捕获猎物之数量，均必指明其物种，是以上引（16），早已被郭沫若用以论证"𤉣"为"穽麋"的合文；③于省吾反对郭氏的看法，谓"卜辞多见'𤉣麋'连言，是'𤉣'不得为'穽麋'二字之合文"④，裘锡圭调和二说，提出"卜辞后面不跟兽名的'𤉣（麤）'、'麤'、'𤉣'

---

① 该版释读从赵鹏。赵氏指出，牛肩胛"陷"字共四见，每一均为异构，当系刻手有意避重的特殊情况。参看赵鹏：《释"陷"及其相关问题》，载陈光宇、宋镇豪主编：《甲骨文与殷商史》第6辑（罗格斯商代与上古文明国际会议论文专辑），上海：上海古籍出版社，2016年，第86、88页。
② 单育辰根据同文例比对指出，"𤉣"应是"𤉣"字讹体，参看单育辰：《甲骨文所见的动物之"麋"》，载《出土文献》第4辑，上海：中西书局，2013年，第112~113页。赵鹏则认为"这里的'陷'字形从'兔'"。由字形观之，宾组"𤉣"字所从的"𤉣（麋）"形实有不少与（17）"𤉣"所从的兽形十分相似之例，如《合集》787、《合集》10346、《合集》10658等皆然，是故单说较为可从。参看赵鹏：《释"陷"及其相关问题》，第87页。
③ 本文所引（17）辞例与（16）甚近，可以连带考虑。参看郭沫若：《卜辞通纂》，北京：科学出版社，1983年，第235页。
④ 于省吾：《甲骨文字诂林》第二册，北京：中华书局，1996年，第1658页。

的诸字，大概多数应该分别读为'陷麋'、'陷鹿'、'陷毘（麋）'"①。

无名组卜辞另有"羿"字，较完整的辞例为《屯》2589："戊辰卜：其羿叀（惠）☒，擒又（有）兕。吉"。"兕"是通过"羿"所能捕获的猎物，可证羿为"陷兕"的专字。《合集》28798"其羿，擒"及《合集》28864"☒羿，擒"中的"羿"均可参照《屯南》2589而知其专指"陷兕"之义。②

至于学者或视为专字的"㘡"与"麠"，"㘡"形实当系于"麠"之讹变，③而"麠"字并不多见，辞例多残，如《合集》10659"☒贞：令…麠"、《合集》10662"☒麠☒擒"。该字较完整的卜辞语境则是《乙》2948（《合集》6480）："辛未卜，争贞：妇好其比沚戛伐巴方，王自东探伐戎，麠于妇好立（位）。"此条却与田猎无关，而牵涉军事，卜问敌人是否会陷入妇好的埋伏。王子杨将此当作"麠"字例外的用法；④单育辰同意"麠"字的本义是"用陷阱猎捕鹿"，但指出"㘡"與"麠"之间用法上的区别："在一般情况下，'㘡'专指猎捕麋，不像'麠'一样，可以用来泛称用陷阱猎捕动物或敌人。"⑤以现有甲骨材料而论，

---

① 裘锡圭：《甲骨文字考释（八篇）》之六"释'坎'"，载《裘锡圭学术文集》第 1 卷，页 83（原载《古文字研究》第 4 辑，中华书局，1980 年）。姚孝遂亦言："㘡或羿所擒获者必定是毘，而不是任何其他兽类。据此，则麠、㘡、羿等也当分别是指擒获鹿、毘、兕而言。"姚姚说见于于省吾主编：《甲骨文字诂林》，北京：中华书局，1996 年，第 1658 页。单育辰对"麠"字看法与学界迥异，认为该字抑或表示早已废弃的词语，抑或"不是一个语音单位（非一个词），而是用一个字形表示几个语音单位（多个词），即表示'用陷阱猎捕'意义的几个词。单氏的两种假设都无从得证，且考虑到"麠"如同众多确定无疑的动词一般，在卜辞可接宾语，并与周围词语发生其他正常的语法关系，本文仍将"麠"视为表示语言单位"陷"的字。《合集》27964 有"甲子卜，其澫，麠。叀（惠）马乎澫。""澫"字意义不明，单育辰同样假设，可能"表示在水边设陷阱以猎获麋的意思"。上引单氏两说见于单育辰：《甲骨文所见的动物之"麋"》，第 112～114 页。

② 甲骨文"兕"字所代表的动物当为圣水牛。参看单育辰：《说「兕」、「象」——「甲骨文所见的动物」之六》，《饶宗颐国学院院刊》2015 年第 2 期，第 41～53 页。

③ 参看第 155 页注②。

④ 王子杨：《甲骨文字形类组差异现象研究》，上海：中西书局，2013 年，第 138～139 页。

⑤ 单育辰，《甲骨文所见的动物之"麋"》，载《出土文献》第 4 辑，上海：中西书局，2013 年，第 112 页；又参看单育辰：《甲骨文所见的动物之"鹿"和"莧"》，载《出土文献研究》第 15 辑，北京：中华书局，2016 年，第 36 页。

可以确定无疑的"陷"之专字，似乎仅为"齒（羴）""羴"两形。卜辞"齒"字未见明确用于"陷鹿"之例，本文因暂存疑。①

## 二、网

在田猎卜辞之中，"网"一般用为"以网捕兽"意义的及物动词。此外习见从"网"的"🈸""🈸""🈸""诸字，另偶见"🈸"字，用法皆与"网"字相同，下文先罗列这些字形的各自用例，再一并讨论。

"网"之用例：

（1）庚戌卜：盾只（获）网雉。只（获）十五。
　　　庚戌卜：罙只（获）网雉。只（获）八。
　　　甲寅卜：乎（呼）鸣网鸟，只（获）。丙辰风，只（获）五。② 合 10514 [𠂤宾间]
（2）□巳卜，古贞：王齒☒网鹿。　　合 10666 [𠂤宾]
（3）壬戌卜，𣪠贞：乎（呼）多犬网鹿于麓。
　　　壬戌卜，𣪠贞：取犬乎（呼）网鹿于麓。　　合 10976 [宾一]
（4）□戌卜☒网，只（获）。　　合 10752 [𠂤宾]

---

① 卜辞还有"🈸""🈸"等字形，用法如《合集》10358"☒ 🈸 麋，获。"《合集》8282"贞：乎（呼）🈸于🈸。"。"🈸""🈸"字形，王子杨有见于裘锡圭之说"㱿"字"本象铲锸之类的挖土工具"，从字形上将"🈸""🈸"与《说文》的"羴"字作一联系，从词义上将其等同于古书所见的"阱""窜""𥩈"三个同义或同源词汇。"🈸""🈸"在卜辞中有用为名词"陷阱"之例，也有用为"设阱猎兽"意义的动词之例。这一动词用法与"陷"字接近，然而按照王说，从兽形从"井"或从"丼"的诸字，仍应读为"陷"。参看王子杨：《释甲骨文中的'阱'字》，《文史》2017年第2期，第5~15页。卜辞另见从"凵"并从"犬""豕""牛""羊""女"等的诸字，用为祭祀动词，学者或将其与田猎"陷"字做一联系，或以为专指不同祭品的"坎"字异体。裘锡圭认为{坎}与{陷}两个词之间存在同源关系。参看裘锡圭：《甲骨文字考释（八篇）》之六"释'坎'"；又参看单育辰，《说甲骨文中的"豕"》，《出土文献》2016年第2期，第17页。

② 《合集》10514"网雉"两字位置相近，学者或将其视为一字，如张惟捷：《商代甲骨田猎刻辞研究》，辅仁大学硕士论文，2003年，第107页。

"▨""▨"之用例：

（5）其▨献鹿，甼（擒）。　　合 28342［无名］
（6）叀（惠）献鹿▨，甼（擒）。　　合 28352［无名］
（7）其▨□鹿。　　合 28329［无名］
（8）▨□□罷（麋）。　　合 28388［无名］
（9）叀（惠）戍▨，甼（擒）。　　合 27968［无名］
　　　叀（惠）王以戍▨，甼（擒）。
　　　□鹿冓（遘）。
（10）以▨甼（擒）又（有）鹿。允甼（擒）。　　合 28332［何组］
（11）贞：弜（勿）以▨，其每。　　合 28822［何组］
（12）辛酉卜，䀧贞：于矢先▨。一月。　　合 11016［宾三］
　　　贞：于砥先▨。一月。
（13）己卯卜，贞：翼（翌）辛□多犬▨□。　　合 5664［宾三］

"▨"之用例：

（14）丁丑卜：今日令匹▨，不遭魁（"鬼日"合文）。允不。兔十四。　　乙 55（合 20772）［𠂤组］
（15）卜，王令□▨□兔□冬。　　合 20729［𠂤组］
（16）▨，不其（隻）獲。　　合 10857［𠂤宾］
（17）其▨，执。　　合 20708［𠂤组］贞：田，弗其毚▨。
　　　贞：田▨。弗其毚。　　乙 5347（合 110 正）［典宾］

"▨"之用例：

（18）甲子卜：尞于濿▨▨虎。①　　合 20710（乙 200+乙 427）+乙 235［𠂤组］

---

① 本组释文从林宏明：《醉古集——甲骨的缀合与研究》，台北：万卷楼出版公司，2011年，第164页。

（19）☒其🀄，執癸亥卜，虎☒①　　合20708［宾组］

学界对"🀄""🀄""🀄""🀄"诸字的考释，大致可分为两种方式。其一乃是从时间纵向的角度，为甲骨所见之形分别找出可对应的后世文字，例如王国维较早提出，"🀄""🀄"应是《尔雅·释器》"麋罟谓之罞"之"罞"，"🀄"则为《尔雅·释器》"兔罟，谓之罝"之"罝"（亦即《诗经·兔罝》之"罝"）。②裘锡圭为王氏两则释读均作补充："'矛'、'目'二字古音阴入对转；'🀄'所从的'目'既代表麋鹿一类野兽的头，又兼作声旁。"③至于"🀄"字，裘氏认为《屯南》730"其田🀄，以🀄，亡𢦏（灾）"與《合集》28825"☒王其田☒以🀄☒"的"🀄""🀄"二字下部所从是"疋"异体，"疋""罝"古音相近，"🀄"当为"罝"之异体，且见于自组、宾组的自组、宾组的"🀄"，乃是"罝"的表意初文。④单育辰支持此说，认为由于"殷商时代狩猎是一件大事，狩猎用语比现在要多得多"，是以从"网"从某的诸字应分别代表各不相同的狩猎词汇；其中"以网捕虎义的'🀄'字现已消亡"。

第二种考释方式则以辞例推勘，从横向角度将"🀄""🀄""🀄"以及"网"诸字通盘类比，均与"网"字作释读上的联系。如姚孝遂、于省吾皆以

---

① 参看陈剑：《楚简"罞"字试解》，载《简帛》第4辑，上海：上海古籍出版社，2009年，第143页；又参看王子杨：《甲骨文字形类组差异现象研究》，第91~92页。应该指出，《合集》20708"🀄"字下部所从的动物形与同版所见的"虎"字字形不尽相同，但结合《合集》20710相关字形与辞例，似仍当以🀄为相对可信的隶定。

② 罗振玉：《增订殷墟书契考释》卷中，选自《罗振玉学术论著集》第一集，上海：上海古籍出版社，2010年，第241页。学者多以"🀄""🀄"为一字异体，其用法相同，表示"设网以猎"一类意义的动词。两形在不同类组之间呈现着某种程度的互补分布，如宾组多作🀄，无名组作🀄，何组两形皆见，（10）（11）两个辞例分别作"以🀄""以🀄"，文例相近，字形仅仅差在眉毛有无，上引辞例中两个字形所表示的田猎行为主要以"鹿"为猎物，"🀄""🀄"为一字异体当可确定无疑。

③ 裘锡圭：《释殷墟甲骨文里"远"，"🀄"（迩）及相关诸字》注13，载《裘锡圭学术文集》第1卷，上海：复旦大学出版社，2015年，第174页（原载《语言文字学术论文集——庆祝王力先生学术活动五十周年》，知识出版社，1989）。

④ 裘锡圭：《殷墟甲骨文字考释（七篇）》（四、释"罝"字异体），载《裘锡圭学术文集》第1卷，上海：复旦大学出版社，2015年，第353~354页（原载《湖北大学学报（哲学社会科学版）》1990年1期）。王子杨支持此说，参看王子杨：《甲骨文字形类组差异现象研究》，第89~91页。

"🐇"为"网兔"合文①，陈剑看法相同。②张惟捷提出，该诸字形"或乃以网为主象，下附兽形以会其网狩之谊"，又云"鉴于资料，商代从网诸字用在狩猎上大都不能骤以单一动词读之，而应视其所从某兽而读为'🐇'"③。葛亮亦持此见，认为"'🐇'与'🐇'所代表的即是动词'网'"，且"对比'🐇'形，可知'🐇'中的'目'亦未必表音，'🐇''🐇'二字可能只是截取了'毘（麇）''毘（麋）'的头部来代替其整体。"④

本文基本赞同将"🐇""🐇""🐇""🐇"视为"网"字异体的看法。上引（2）（3）皆云"网鹿"，用法与"🐇""🐇"同。（1）有"网雉""网鸟"，足见商人用网所捕的猎物之多元，从语言角度则能窥知"网"动词使用范围之广；既然设网以猎捕鹿和鸟类均可言"网"，则设网猎兔理当也可以用"网"这个词表示。从"网"字用例看来，将"🐇""🐇""🐇"视为同表一词"网"之异体字，比起分别释作"罛""罝"不同词语，立足略显稳固。然而至于其为"网某"的专字或合文与否，又须鉴诸辞例。（14）（15）似乎均以"兔"为"🐇"的对象，"🐇"又未见与其他兽名发生动宾关系之例，将其视为"网兔"的专字应当无误。⑤"🐇"字于（18）以"虎"为宾语，（19）为残辞，但"🐇"与"虎"存在着同版异辞的关系。"🐇"作为动词未见与其他兽名搭配者，其为"网虎"的专字可能性也较高。

就"🐇""🐇"两形而言，先须指出一点：正如卜辞未见明确由"鹿"充当"陷"之宾语者一般，"网""🐇""🐇"三形似乎也没有与"麋"搭配的实例，从中或许反映了商人罕以陷阱捕鹿，并少用网狩麋的田猎

---

① 参看于省吾：《甲骨文字诂林》第二册，北京：中华书局，1996年，第2833～2834页。
② 陈剑：《楚简"罙"字试解》，载《简帛》第4辑，上海：上海古籍出版社，2009年，第92～95页。
③ 张惟捷：《商代甲骨田猎刻辞研究》，辅仁大学硕士论文，2003年，第108～109页。
④ 葛亮：《甲骨文田猎动词研究》，载《出土文献与古文字研究》第5辑，上海：上海古籍出版社，2013年，第26页。
⑤ 例（17）"㹤""🐇"两个动词并列。"㹤"意义不明，字形象以矢射豕，在田猎语境之中或与"射豕"有关，如此则"㹤""🐇"两字也许分别代表两个田猎动宾组，然而此说从"㹤"字其他辞例上无法得到证实，只得存以待考。参看单育辰：《说"熊""兔"——"甲骨文所见的动物"之三》，复旦大学出土文献与古文字研究中心网站，http://www.gwz.fudan.edu.cn/Web/Show/916，2009年9月23日。

习惯。卜辞所记载"☒""☒"的目标猎物,绝大多数为"鹿",极少接以其他兽名,如(8)以"麋"为"☒"对象即是为数不多的特例之一。除此尚有如下辞例:

(20)□□卜,亙贞:王往☒莫☒?。王占曰:㞢(有)求(咎)。往☒豕,☒,率禽。　　合10727+10729+10730①[典宾]

其中"莫"为地名,《合集》10227即有"往逐莫豕",可见(20)涉及决定在"莫"地的猎捕对象。其中"☒"字释读有所争议,刘恒提出其下所从即"熊",整字释为"罴",读作"黑";单育辰从之。林宏明与王子杨却倾向于《甲骨文编》之隶定为麗。②无论"☒"字下部所象动物为何,该字在卜辞一般记录的是地名,(20)则用为猎物名。张惟捷就此条卜辞评论说:"复体的☒就少数情形看来,是具有通用性质的",主张"网"字异体一般各有专指。③然而无名组卜辞尚有如下三例:

(21)先王☒☒,毕(擒)。　　屯778[无名]
(22)王☒,毕(擒)。　　合28821[无名]
(23)其☒,于东方埶,毕(擒)。　　于北方埶,毕(擒)。
屯2170[无名]

裘锡圭早已将"☒"释为"埶",在此读作"设",并指出"☒"

---

① 《合集》10727+10730为蔡哲茂师所缀合,后由方稚松加缀《合集》10729。参看蔡哲茂:《甲骨缀合集》第34组,台北:乐学书局,1999年,第66页;方稚松:《〈甲骨文合集〉缀合一例》,中国社会科学院历史研究所先秦史研究室网站,http://www.xianqin.org/blog/archives/1951.html,2010年6月18日。
② 刘、单、林、王四说参见王子杨:《甲骨文字形类组差异现象研究》。
③ 张惟捷:《商代甲骨田猎刻辞研究》,第108页。

即"设☒"的专字或合文。① 辞（21）之中，"☒"代表动词"设"之宾语，显然用作名词。卜辞此类名动相因之例并不鲜见，但"设☒"这一词组里面的"☒"，自然不可能是"网鹿"的合文，将其视为某种专字，恐亦相当牵强。

葛亮认为"不带宾语的'☒''☒''☒''☒'则可以读为'网毘（麋）''网麂（麋）''网兔''网虎'"②。据上所论，本文赞同把"☒""☒"两个字当作专用于"网兔""网虎"的"网"字异体；然而"☒""☒"最为屡见的对象是"鹿"，其用于别的兽名却极为稀罕，是故本文并不同意单凭字形而将"☒""☒"专门指涉"网麋""网麋"。此二字形在用为动词而不带宾语时，到底有否某种专门含义，似乎尚难断言。

## 三、罩

卜辞亦有像双手张网罩住猎物的字，以前学者多与上文所述从"网"从某的相关字形等同齐观，陈剑在《楚简"罪"字试解》一文中全面论证卜辞"罪"（双手执网之形）及其所从诸字实系"罩"，其说可信。下文即引陈氏所参考的部分辞例与其所作的解释，并从专字角度加以讨论：

（1）癸酉卜，贞：宰犬辟祝医（?）麓觏豕，翌日戊寅王其☒（求），口（曰）罪，［王弗每（悔），］毕（擒）。

丁丑卜，贞：宰逐（犬）辟祝医（?）麓觏豕，翌日戊寅王其☒（求），口（曰）罪，王弗每（悔），毕（擒）。　　合37468［黄组］

（2）乙酉卜：子又（有）之阹南小丘，其☒，只（获）。

乙酉卜：弗其只（获）。

---

① 裘锡圭认为，（21）中"☒"字紧接以"☒"，"☒"当为"设☒"之"设"的专字，而（22）"☒"字后并无"☒"字，应是"设☒"合文；参看裘锡圭：《释殷墟甲骨文里"远"，「☒」（迩）及相关诸字》注13，第174~175页。方稚松则对比（20）"☒豕，☒，率禽"辞例，提出辞（21）中"☒"字或许也应看成合文，辞例读作"王设罪，罪，禽。"参看方稚松：《〈甲骨文合集〉缀合一例》。

② 葛亮：《甲骨文田猎动词研究》，载《出土文献与古文字研究》第5辑，上海：上海古籍出版社，2013年，第44页。

乙酉卜：子于翌日丙求阞南丘豕，遘。
以人，遘豕。
乙酉卜：既往粤𢦏，遘豕。
弜𢦏。
遘阞鹿。子占曰：其遘。　　花东 14

例(1)大致是卜问能否以"𦊓"捕获"牢犬辟"(即名为辟的牢地犬官)在"医麓"所发现的"豕"(野猪)。(2)则卜问子有在阞南小丘"𤞞"能否"获"，同日又卜问子于是否在南丘遇到"豕"，可知𤞞之目标猎物亦为"豕"。"𦊓""𤞞"都是以"豕"为对象的田猎行为，两者字形相近，当为一字异体；"𦊓"从"召"声，陈剑故将其读作"罩"，并把"𤞞"看成"罩豕"的专字或合文。陈氏以此类推，提出"𩼪""𩽹""𩿢"诸字应当专指"罩鱼""罩兔""罩兕"。这些字用例如下：

　　(3) 壬勿𩼪，其狩。　　合 28430 [无名]
　　(4) 叀(惠)滴𩼪。　　合 28426 [无名]
　　(5) 丙戌卜，王：余𩼪圣。　　合 10478 [𠂤组]
　　(6) 子有求，曰：往𩽹。　　花东 286
　　(7) 丙卜，子其往𩿢。　　花东 401

就"𩼪""𩽹""𩿢"三个字形而言，似乎未见从"𦉫"从某的字用于"罩某"的辞例。然则例(3)当中"𩼪"与"狩"是作为相对选项的两个动词，(4)则提及在"滴"进行"𩼪"，"滴"从"氵"，当为水名或与水有关的地名。"𩼪"字像张网捕鱼的字形昭然，由辞例又能略窥其与捕鱼有涉，对比"𤞞"字，"𩼪"作为"罩鱼"的{罩}之专字，当可肯定。"𩽹""𩿢"从字形上看很可能是"罩兔""罩兕"的专字，可惜其出现次数不多，以目前辞例无法确证。①

---

① 葛亮从陈说。参看葛亮：《甲骨文田猎动词研究》，第 9 页。陈剑根据金文所见从"𦉫"从"虎"的字推测，商代应该另有从"𦉫"从"虎"、专用于"罩虎"之"罩"字异体。参看陈剑：《楚简"𦉫"字试解》，第 93~95 页。

## 四、暴（虣）

卜辞像以戈击虎之"⿰"字，裘锡圭释为"暴虎冯河"之"暴"的本字"虣"，卜辞用为及物动词，为持兵打虎一类意义。卜辞亦有"戲"动词，裘氏推测为"戲"字异体，后来葛亮指出"戲""虣"用法有别，后者一般以地名为宾语，两形所表绝非一词。① 葛说有理。

"戲"字有如下用例：

（1）☐戲淒虎☐　　合10206［𠂤宾］
（2）☐王往戲☐虎，允亡灾。②　　合11450（蔡缀288）［𠂤宾］
（3）壬辰卜，争贞：其戲，只（获）。九月壬辰卜，争贞：其戲，弗其只（获）。　　乙6696（合5516）［𠂤宾］

（1）（2）均以"（某地）虎"为"戲"的宾语，据以可推知（3）所涉及的猎物亦为虎。花东子组卜辞另见⿰字（可隶作"犾"）：

（4）☐卜：在𣥐京：迨犾大兽☐☐。［用］。☐［迨］犾大兽☐。③　　花东363
（5）叙人犾，于若。　　花东113

姚萱、葛亮指出，从形体与辞例上看来，"戲"与"犾"当为同表一词之异体字；两个字形虽不常见，但于辞例显然各有专指，"戲"仅用于"虎"，"犾"只接以"大兽"，其作为"暴"这个词的两个专字，

---

① 单育辰提出，"戲"字所记录的词很可能是"驱"；参看单育辰：《甲骨文动物之一——"虎"、"豹"》，载《出土文献与古文字研究》第4辑，第38页。葛亮赞同单说，参看葛亮：《甲骨文田猎动词研究》，第79~82页。
② 此片"虎"字上部残缺，按辞例当为"虎"。参看蔡哲茂：《甲骨缀合集》（第288组），台北：乐学书局，1999年，第278、357页。
③ 释读参看姚萱：《殷墟花园庄东地甲骨卜辞的初步研究》，北京：线装书局，2006年，第190~198页。

应当可信。①

## 五、逐

"逐"是十分常见的田猎动词,为追赶猎物之义。卜辞最为习用的形体是从"豕"从"止"的"㇒"(逐);王子杨则指出,何组卜辞"逐"作"㚏",亦有作"犬"的例子。②《合集》20715 有"辛巳卜,自贞:甫往㚒鹿,不其(获?)",其中"㚒"字被裘锡圭解读为"逐",可从。③《合集》10654 另见从"鹿"从"止"的"䕡"("麆")字,学者或以为"逐"字异体,但因该片仅存此字,无从确定。《合集》8256 有"䖙"字,亦为残片,然而裘锡圭指出,同片所见"十月在䖙"辞例另见于其他田猎卜辞,因此'䖙'是'逐'字异体的可能性是相当大的"。④

上述"逐"字异体当中,并没有可确认为专字之例。《合集》32832 却有"䍳"字,辞例为:"辛未贞:王其䍳于并。于壬䍳。"张桂光、裘锡圭等学者早已参照见于他片的"逐雥"辞例,而将䍳字视为"逐雥"之合文("雥"当指某种不飞鸟类),可信。⑤

总而言之,"逐"字异体多系类组差异,除上述"䍳"字外,与所带之宾语无关。比起上文所论之田猎动词,"逐"字形体极少受语境的

---

① 参看姚萱:《殷墟花园庄东地甲骨卜辞的初步研究》,第 191 页;葛亮:《甲骨文田猎动词研究》,第 83~84 页。

② 过去学者多以"㚒"字为"逐兔"的专字或合文,葛亮已辨明"㚒"字实际表示田猎结果而非田猎行为,将其释读为从"兔"声的"当"。参看葛亮:《甲骨文田猎动词研究》,第 57~60 页。

③ 裘锡圭:《从文字学角度看殷墟甲骨文的复杂性》,载《裘锡圭学术文集》第 1 卷,上海:复旦大学出版社,2015 年,第 418~419 页。《合集》6528 有"䍍"字,其释读备受学界争议,黄天树认为即"逐"字异体;葛亮却将其视为人名。葛说立足于辞例分析,较有说服力,本文从之。黄、葛两说参看葛亮:《甲骨文田猎动词研究》,第 130~135 页。

④ 裘锡圭:《从文字学角度看殷墟甲骨文的复杂性》,载《裘锡圭学术文集》第 1 卷,上海:复旦大学出版社,2015 年,第 418 页;参看单育辰:《甲骨文所见的动物之"鹿"和"䕡"》,第 42 页。

⑤ 参看裘锡圭,《从文字学角度看殷墟甲骨文的复杂性》,第 417 页;李旼姈:《甲骨文构形研究》,台湾政治大学博士学位论文,2005 年,第 52~53 页;王子杨:《甲骨文字形类组差异现象研究》,第 46 页。

影响而发生专化,在诸如"逐鹿""逐麋""逐兕"一类语境当中,几乎一律保持着稳定的构形,且以"𢒫"为常。单育辰在《说甲骨文中的"豕"》一文中将卜辞所见的"豕"字解释为"豬"之早期形声异体,并考虑到"豕""豕"在类组分布呈现着互补趋势,且"豕"字声韵归属较为渺茫,据以提出甲骨文"豕"实当表示"豬"这个词。① 单说正可解释卜辞"𢒫"专字的缺乏,反之则可从"𢒫"字上为单说补充另一条证据。"𢒫"字形追赶野兽的造字意图显明易见,然而既知甲骨文"豕"所记录的词实为"豬",可以推测,"𢒫"字所从的"豕"除了形符之用,或许兼起表声功能。"豬"为知母鱼部,"逐"为澄母觉部,知母与澄母彼此仅为清浊之别;"豬""逐"又均属三等,古音鱼觉旁对转,通假之例有如《诗·邶风·雄雉》"自诒伊阻",《左传·宣公二年》"阻"引作"戚","阻"是庄母鱼部,"戚"为清纽觉部;包山楚简"戚郢",清华简《楚居》作"𥤔郢","戚""𥤔"亦分别属于觉、鱼两部;② 又如孙合肥指出,清华简(七)《越公其事》所见"诸"字应从"者"得声而读为"筑";"豬"亦从"者"声,而"筑"是知母觉部三等字,与"逐"古音极近,为"豬""逐"二字音近可通提供了更有力的旁证。③

卜辞有"豕"与"逐"混用之例,如《合集》6016 正:"贞:其呼麦豕从北",其中"豕"字王子杨怀疑当读为"逐",④ 又如《合集》28888 "翌日壬王其田𢧌⑤,擒有大𢒫",李旼姈指出"𢒫"为"豕"之误刻。⑥

---

① 关于该字考释历来说法不一,由早期学者多隶作"伏",释为"狼"。参看单育辰:《说甲骨文中的"豕"》,第 28~32 页。
② 参看许可:《略论楚简文字中的常见类化符号"𠂤"》,李学勤主编:《出土文献》第 7 辑,北京:中华书局,2015 年,页 162~165;又参看单育辰在复旦大学出土文献与古文字研究中心研究生读书会《清华简〈楚居〉研读札记》(复旦大学出土文献与古文字研究中心网站,2011 年 1 月 5 日发布)一文下之评论:http://www.gwz.fudan.edu.cn/Web/Show/1353,2011 年 6 月 1 日。
③ 孙合肥:《清华七〈越公其事〉札记二则》,武汉大学简帛研究中心网站,http://www.bsm.org.cn/show_article.php?id=2787,2017 年 4 月 26 日。
④ 王子杨:《甲骨文字形类组差异现象研究》,上海:中西书局,2013 年,第 46 页。
⑤ 本字李文隶作"𢧌",与上文所提《合集》28342、28352 之地名同。然而细查之下,《合集》28888 记录田猎地名之字左下角似乎却从"豕",与同条末字所从的"豕"字形极近,该隶定为"𢧌"。"𢧌""𢧌"是否同指一地,彼此之间关系为何,只能留以待考。
⑥ 李旼姈:《甲骨文字构形研究》,台湾政治大学博士学位论文,2005 年,第 98 页。

假如此二字除了字形以外，尚有读音上的联系，此类混用或误刻现象就更好理解。《合集》33366见一󰀀形，通过林胜祥、蔡哲茂、林宏明陆续缀合而获知其为一字，当隶作"󰀁"林宏明将其当作"󰀂"字误刻，认为即"刻者偶尔造成的上下换位"①。倘若单从表意层次视之，"󰀂"字部件相对位置即是其表意关键所在，"上下换位"等于根本破坏"󰀂"字构形之所以然；但假使"󰀂"字所从之"豕"同具声符作用，或与刻者随手错刻有所关联。

笔者认为，商人之所以执着于"󰀂"字所从的"豕"形，缘故在于表音的考量。"陷""网""罩""暴"的上述诸异体，构形上无不为会意类型，其因语境而代换所从的兽形，不过是表意专化。"󰀂"字构形固然亦会"追逐野兽"之意，然其所从的"豕"（即"豬"）兼能表声，不宜随文换掉。

## 六、田猎专字之表词特点及其与合文的关系

专字与合文两种现象存在著一定程度的重复性，是以学者在相关论述当中经常将其相提并论。就上文所述之字形而言，学者的相关看法可归纳如是：若其后接以宾语，则视之为专字而读作一个词；若后不接宾语，则当作合文而念成两个词。葛亮对田猎辞例的句法进行严谨的分析与综合，指出凡是命辞出现A2类（即直接作用于猎物）动词以及B类（即表示田猎结果）动词的卜辞，原则上都包含猎物为何的信息。据以葛氏对于同见A2类、B类动词，而并非指明猎物种的卜辞，均从表示A2类动词的字形上补充兽名，即将这些字形当合文看待（葛文对此所举之例为"󰀃""󰀄""󰀅""󰀆"四字）。②上文已提及，"󰀃""󰀄""󰀇""󰀆""󰀈""󰀉""󰀊"作为专用于特定动宾词组的相关动词之字形，在某些情况下，可能扮演合文的角色。然则"󰀄""󰀃"二字所从的兽头形与其所接的宾语多不相符，单凭字形而补其宾语是有问题的。葛氏

---

① 参看蔡哲茂：《甲骨新缀二十七则》，《中国文化研究学报》第46期，香港中文大学中国文化研究所，2006年，第10～11页；林宏明：《醉古集——甲骨的缀合与研究》，第153页。
② 葛亮：《甲骨文田猎动词研究》，载《出土文献与古文字研究》第5辑，上海：上海古籍出版社，2013年，第44页。

以语法为据的研究方法可圈可点，然而其所言 A2 类、B 类动词同见，则猎物必明的规律，似乎并不全然绝对，此类卜辞偶有猎物不明之例，如：

（1）丁丑卜，贞：王其射，只（获），孚。　　合 29084［何组］
（2）叀（惠）戎乎（呼）射，毕（擒）。　　　合 27970［何组］
（3）叀（惠）马亡乎（呼）射，毕（擒）。　　合 27942［无名］

亦如陈剑、葛亮两位先生有所参考的以下对贞卜辞：

（4）☒王曰子罤，其只（获）。
　　　☒王曰子罤，不其只（获）。　　乙 2904（合 10848）［典宾］

此外，上文已提到，《合补》3987（乙）有"甫擒麋，丙子𠂤，允擒二百又九"，有学者或认定为"𠂤"读作合文之例，然而卜辞前言"甫擒麋"，已明确指出猎物种，"𠂤"读作单词"陷"，也毫无信息不足之虞。田猎卜辞中不带宾语的专字，当时商人读之何如，吾人恐怕无从确知。若以宏观视之，除少数以记事为目的的以外，甲骨卜辞趋于扼要简短，作为在具体情况下卜问某具体事项的记录，卜辞内容往往省略占卜者理所当然的相关讯息。从这一点上看来，田猎卜辞中不带宾语的专字，口头仍以单词读之，仅以书写形式表达更为详细的内涵，当也不无可能，今只得留待再考。

# 《丙编》392、393卜辞整理分析小考

陈晓慧

（河南大学文学院）

**【提要】**丙编392和393为YH127坑所发掘出土之甲骨，卜辞刻写内容丰富，分别在癸未日、甲午日、辛酉日贞问祭祀、生育、疾病、气象、捕获等内容，涉及的先公先祖有上甲、妣己、妣庚、咸等，主要祭法有告祭、宾祭、祼祭、侑祭等，而且在本版上同时出现了武丁时期3位女性卜辞，涉及生育、疾口和甲骨贡纳管理。虽然关于本版前人已有研究，但是本版卜辞的求祭内容、卜法文例、刻写现象等较为多样繁杂。本文致力于将两版卜辞进行梳理，以期归纳整理出较为合理的内在联系。

丙编392是出土于YH127坑的甲骨，属宾组刻辞，尺寸约为28.6cm×13cm[①]。先后经严一萍、林宏明、蔡哲茂3位先生缀合[②]，形成目前最新的缀合成果，2017年《殷虚文字丙编摹释新编》（本文简称《摹释新编》）收录此项缀合成果。本版在《摹释新编》与蔡哲茂先生2008年发布在先秦史研究室网站上的缀合图版的B（乙3367）、C（乙2934）两部分的缀合位置略有不同，由上下遥缀改为左右缀合，应为蔡先生重新审定后收入该书，而审定的依据本文猜测应是重新考虑该条卜辞左右对贞的刻写形式和齿缝位置。通过右侧甲桥位置的正贞卜辞，我们可以对左侧甲桥的反贞卜辞进行补充，通过卜辞的正反对贞形式将其补充完整后应为如下内容：

贞：乎取󰀀任于󰀁？

---

[①] 张惟捷：《殷墟YH127坑宾组甲骨新研》，台北：万卷楼，2013年，第481页。
[②] 蔡哲茂：《殷墟文字丙编》新缀第七则，先秦网，https://www.xianqin.org/blog/archives/1766.html，2008年4月4日。

［贞：］易［取］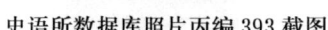［任于］冤？

右侧甲桥正贞卜辞刻写方式为从甲桥位置由外向内，从上至下，那么，与之对应的反贞卜辞，刻写方式应与正贞相同。此外，史语所数据库的照片将"画"的残片倒置，"画"的齿缝应在内侧而不是外侧，鉴于以上分析，蔡先生在收录之时将缀合成果进行修订。

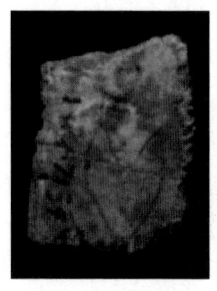  

史语所数据库照片丙编393截图　　先秦网缀合拓版截图　　先秦网缀合摹版截图

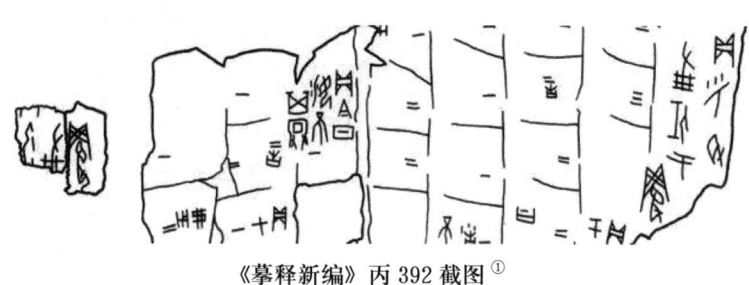

《摹释新编》丙392截图[①]

丙编392、393的卜法文例和刻写形式关联紧密，涉及的内容有卜辞刻写犯兆、大字涂朱、刮削重刻、左右对贞和正反相承等内容。

---

[①] 张惟捷、蔡哲茂编著：《殷虚文字丙编摹释新编》，台北："中央研究院"历史语言研究所，2017年，第326页。

## 一、刻写现象

1. 犯兆

丙编 392 的右首甲和中甲位置癸未日的大字刻写卜辞存在多处犯兆现象，将龟腹甲正面兆纹、甲骨文字与反面的钻凿相结合，发现癸未日大字卜辞中的"未""殻""贞""申""曰""宾""易""上甲"等字均存在犯兆现象。同时，在右首甲与右前甲的结合处又人为刻画了一条界划线，将同为癸未日的不同贞卜内容进行分隔。

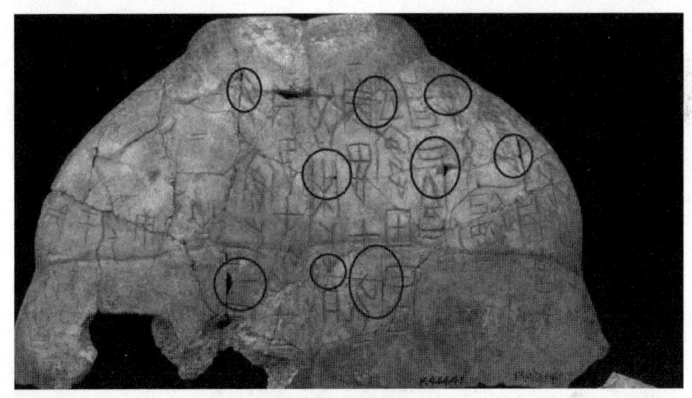

丙编 392 犯兆截图

通过癸未日的 2 处卜辞刻写字体大小、粗细不同，刻写位置不同，加之有界划线的区分，可以发现对于上甲的祭祀贞问卜辞刻写书风较厚重，字体偏大，而对女性先祖的祭祀刻写则较为纤细，字体相对偏小。

2. 刮削重刻

丙编 392 和 393 的刮削重刻有 3 处。第一处在丙编 392 的中甲和前甲的大字刻写部位，该部位与同版其他部位的颜色相比较浅。对比对应背面钻凿分布状态，所对应位置的兆纹依次分布，根据本文前面所述，大字刻写的卜辞又有多处犯兆现象，在甲骨文中故意而为的大字刻写一般会是商王重视的重要事件的贞问，相对来说所承载的甲骨刻写部位刮削几率会更高，如丙编 1（合集 6834）的战争卜辞刮削重刻现象。

丙编 392 中甲、前甲部位截图

第二处在丙编 393 的左甲桥位置,刻写内容为:"乙未,王允宾风日。"该条卜辞所占位置应为前期的钻凿,由于需要刻写与正面甲午日卜辞相对应的相承卜辞内容,故将此处的钻凿刮削为卜辞的刻写整治出空间。

丙编 393 刮削重刻截图

第三处在丙编 393 千里路中部位置,此处刻有卜辞,与龟腹甲反面整体相比表面没有气孔,比较平滑,但是与上处刮削不同的是这里没有破坏钻凿,而是在千里路的左右两边的钻凿之间进行打磨整治、刻写卜辞。卜辞内容中的告祭与对应位置的丙编 392 的"贞:今日汝不其冥?"相关。

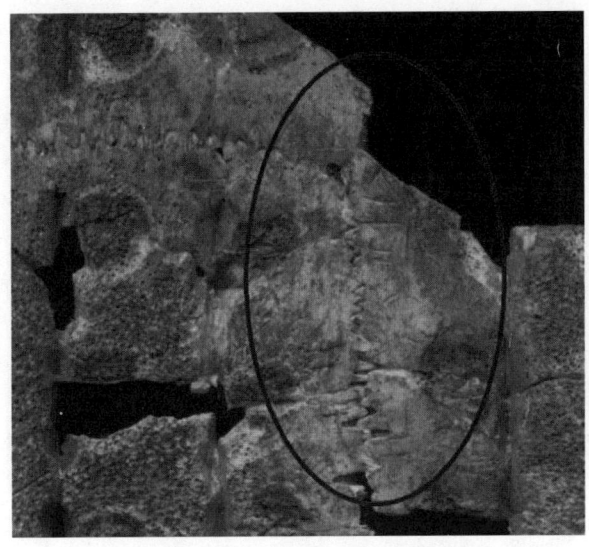

丙编 393 千里路中部刮削截图

### 3. 大字涂朱

丙编 392 在右后甲靠近右甲桥位置刻写的甲午日卜辞存在大字涂朱现象，卜辞内容为："甲午卜，争贞：王宾咸日？"该条卜辞的书风与大字刻写的癸未日卜辞相同，应为同一刻手所刻写。此处的大字涂朱卜辞与丙编 393 对应位置的卜辞相承。

丙编 392 大字涂朱卜辞截图

### 4. 钻凿个性特征

丙编 393 第二排最右侧的一个钻凿没有灼烧痕迹，与之相对应的丙编 392 正面位置亦没有刻写卜辞内容。

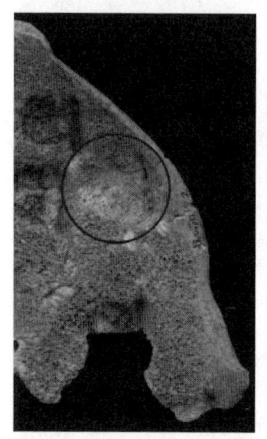 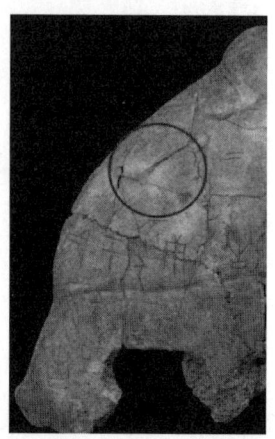

丙编 393 无烧灼钻凿截图　　　丙编 392 无刻辞部位截图

丙编 393 的中甲位置有 3 个钻凿，相对于普通的龟腹甲的中甲仅有 1 个钻凿的形式来说比较密集，在中甲位置的卜辞也不是以兆序为主，而是刻写卜辞。

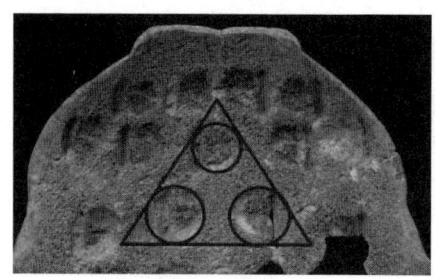 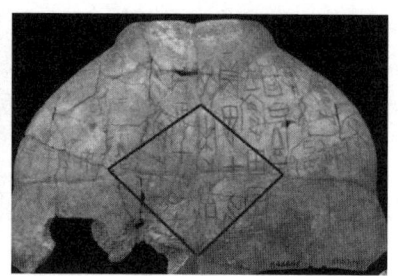

丙编 393 中甲钻凿截图　　　丙编 392 中甲刻写截图

## 二、卜法文例

丙编 392 和 393 中的卜辞明显存在左右对贞、正反相承的刻写现象。

1. 左右对贞

丙编 392 刻辞对贞文例基本遵从宾组卜辞的形式，右为正贞，左为反贞，沿千里路的癸未日和辛酉日以及甲午日刻辞均以千里路为参照由内向外刻写,靠龟甲甲桥位置的刻辞从外向内刻写,刻写形式规范。同时,本版的癸未日、辛酉日刻写反贞刻辞时均省略前辞。那么,本版的4组对贞刻辞释文应为如下:

(1)癸未卜,殻贞:翌甲申王宾上甲日?王占曰:吉。宾,允宾。
(2)贞:翌甲申王㫃宾上甲日?小告
(3)癸未卜,殻贞:告于妣己眔妣庚?
(4)贞:㫃告于妣己眔妣庚?小告
(5)贞:乎取🅇任于🅇?二三
(6)[贞:]㫃[取]🅇[任于]🅇?
(7)辛酉卜,亘贞:[子]🅇[其]疾?
(8)贞:子[🅇][不]其疾?隹害?

丙编393是392的反面刻辞,关于左右对贞问题,丙编393沿千里路从上至下共有3处正反对贞刻辞,但是3组刻辞的刻写顺序并不一致,(1)(2)右正左反,(3)(4)和(5)(6)左正右反。释文如下:

(1)贞:隹🅇?
(2)不隹🅇?
(3)贞:宾上甲日?
(4)㫃宾?
(5)侑于父乙?
(6)㫃侑[于]父乙?

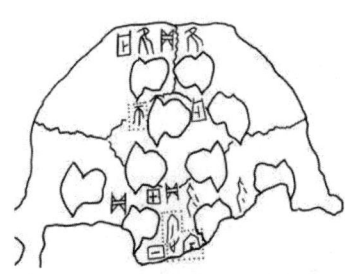
丙编393正反对贞截图1

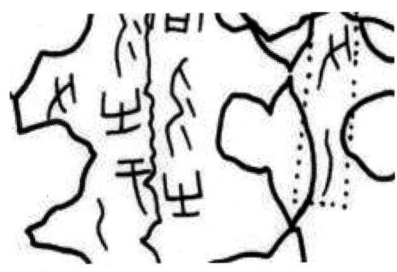
丙编393正反对贞截图2

## 2. 正反相承

关于正反相承，李达良先生指出："正面刻辞与背面相承者，述刻辞之例有部分刻于正面，部分刻于背面，合而读之，乃为一完整之卜辞者也。"① 他并将该类刻辞归纳为：一组对贞分刻于正背；同属卜问一事之辞分刻于正背；占验之辞刻于背；卜日与贞人注于背；卜日贞人与占验之辞刻于背等类。张惟捷在其《殷墟 YH127 坑宾组甲骨新研》中称为"正反互足"②，指出《摹释新编》的丙编 392、393 释文的 D、J 刻辞内容为正反互足③。张惟捷指出释文 D 的正反相承的卜辞，正与本文前面所提到的正面大字涂朱与相对应反面刮削重刻现象相对应。

通过对龟甲正反刻辞的整理发现，除以上 2 处，两版还有 1 处刻辞内容围绕这一事情进行占卜。即，从刻写位置和祭名可以发现，丙编 392 正面癸未日宾上甲日的祭祀刻辞与丙编 393 的对应中甲靠下沿千里路两侧位置的左右对贞宾上甲日的刻辞应属于对同一内容的贞问，何会将这种多次刻写且分别置于甲骨正背两面的卜辞称为"同卜一事之辞正背相承"④。

丙编 392：癸未卜，㱿贞：翌甲申王宾上甲日？王占曰："吉。宾。"允宾。

贞：翌甲申王易宾上甲日？

丙编 393：贞：宾上甲日？

易宾？

从刻写位置看出，关于宾上甲日一辞的贞卜，正面刻辞刻写形式为右正左反，反面刻辞刻写形式为左正右反，龟甲正反刻辞位置对应。

---

① 李达良：《龟版文例研究》，香港中文大学联合书院中国文学系，1972 年，第 69 页；见《甲骨文献集成》第 17 册，成都：四川大学出版社，2001 年。
② 张惟捷：《殷墟 YH127 坑宾组甲骨新研》，台北：万卷楼，2013 年，第 42 页。
③ 张惟捷、蔡哲茂编著：《殷虚文字丙编摹释新编》，台北："中央研究院"历史语言研究所，2017 年，第 551~552 页。D、J 刻辞内容分别为"甲午卜，争贞：王宾咸日（乙未，王允宾风。□日）"和"贞：缔牵（其牵）"。
④ 何会：《殷墟宾组卜辞正反相承例研究》，首都师范大学硕士学位论文，2009 年，第 47~48 页。

宾上甲日——丙编 392 截图　　　　宾上甲日——丙编 393 截图

### 3. 记事刻辞

在丙编 393 的左右甲桥位置分别刻有记事刻辞。右甲桥有一残字⿰，应为"画"字下部笔画,"画"为武丁时期的方国名称,表明该龟版是由"画"贡纳而来。经过整理分析,画的贡纳辞例多为"画入+数字""画入+数字+地名",通过能够辨识刻写位置的卜辞发现"画入""画来"的刻写位置均在龟腹甲背面右甲桥或者肩胛骨骨臼位置。方国画贡纳甲骨多为龟腹甲,肩胛骨相对较少,为合集 273 反、合集 276 反、合集 376 反、合集 463 反、合集 687 臼、合集 1528 反、合集 1747 反、合集 2358 反、合集 2625 反、合集 3041 反、合集 5112 反、合集 5552 反、合集 5775 反、合集 6648 反、合集 9193、合集 9194 反、合集 9195、合集 9196、合集 9197 反、合集 9199 正(合集 9199 的正反标识错误,应为合集 9199 反)、合集 9227 反、合集 9228、合集 9229、合集 9783 反、合集 18905 反(朱书),其中合集 9783 反的"画入二"与合集 18905 反的"画入乞册"为朱书。

左甲桥记事刻辞内容为"妇井示十。㱿",指明该版龟腹甲由妇井管理。在甲骨文中,有"妇井"和"妇妌"两种辞例,通过对相关刻辞的查找与整理,关于"妇井"类刻辞的管理贡纳刻辞较多,该类贡纳记事刻辞大多为典宾类,仅有个别为宾一类,所用的材质为龟骨并存,主要包含甲桥刻辞、骨臼刻辞、骨面刻辞、龟背甲反面刻辞。记录妇井管理贡纳刻辞的史官主要有㱿(8 例)、宁(2 例)、(叔 2 例)、岳(2 例)、韦(2 例)、亘(1 例)。合集 6233 臼、合集 9790 臼、合集 17492 臼、合集 9395 的刻辞是相对比较完整的贡纳刻辞,辞例如下:

　　合集 6233 臼:己丑,帚井示三屯,自古乞□。
　　合集 9790 臼:癸卯,[帚]井示四屯,自𦥑[乞]。

合集 17492 臼：甲午，帚井示三屯。岳

合集 9395：…帚井乞[霝]自耳。十五

关于"妇井"的贡纳刻辞就目前整理出来的甲骨刻辞主要以"示"数量最多，包含甲桥刻辞（"来女"除外）、骨臼刻辞和龟背甲反面刻辞，以"乞"为主的是骨面刻辞，其中可以明确贡纳来源地的有方国古、辂、耳。

## 三、祭法

丙编 392 和 393 的卜辞中可以对应祭祀内容的主要祭法有宾祭、告祭和祼祭。宾祭的祭祀对象为男性祖先或先公上甲、咸，告祭的祭祀对象为女性祖先妣己、妣庚，祼祭的祭祀对象为男性祖先父甲、龙甲。两版刻辞均是对先祖和先妣进行祭祀，与生育、气象、捕获有关。

1. 丙编 392、393 刻辞中行宾祭之礼的内容有 2 处，卜辞如下：

（1）丙编 392：癸未日，㱿贞：翌甲申王宾上甲日？王占曰：吉。宾，允宾。

贞：翌甲申王[易]宾上甲日？

丙编 393：贞：宾上甲日？

[易]宾？

（2）丙编 392：甲午卜，争贞：王宾咸日？

贞：不雨？

丙编 393：乙未，王允宾风日。

今夕其雨。

在甲骨文中王宾卜辞一般可分为两类，一类主要集中于宾组卜辞，其形式多为"王宾＋祭祀对象＋亡尤/亡祸＋（才）在＋月份"；另一类主要集中于出组卜辞，其形式大多为"王宾＋祭祀对象＋祭祀动词（牺牲）＋亡尤/亡祸＋（才）在＋月份"，两种形式的贞问重点均在"亡尤/亡祸"，而至于为何要贞问"亡尤/亡祸"究其原因又往往与同版的其他卜辞内容相关，因事而议。如成套卜辞合集 9520—合集 9524（丙

编 34—丙编 38）中的王宾卜辞，在甲辰日商王主导的祭祀与他的出行有关，释文如下：

甲辰卜，㱿贞：王昜卒［入］？于秾入？
甲辰卜，㱿贞：王入？
甲辰卜，㱿贞：王宾翌日？
贞：王咸酚登？昜宾翌日？

王宾卜辞中的祭日与祭祀祖先日名一致，丙编 392 和 393 的 2 处王宾卜辞亦是一一对应，即"甲申日——上甲""乙未日——咸（大乙）"。那么，该两版的王宾卜辞可以释读如下关系：

辞（1）的大意应该是癸未日，㱿贞问第二天甲申日祭祀上甲这一天王作傧导吗？商王占辞认为可行。此处的"宾"便是商王亲自参与祭祀。辞（2）的正反刻辞位置对应，属于正反相承辞例。正面刻写前辞、命辞，甲午日贞问是否下雨一事，甲午日不会下雨；背面刻写验辞，从左至右刻写至千里路附近，乙未日行宾风之礼（甲骨文"凤"可释为"风"），夜晚下雨。《摹释新编》关于反面"王允宾风"的考释认为此王宾的行为很可能是指耤田礼进行"迎榆风"的仪式。①

本版行宾祭之礼的行祭之人都是商王自己，特别是两处宾祭均是大字刻写、甲午日涂朱的表现，可窥商王对两次宾祭的重视。

2. 丙编 392 和 393 告祭的祭祀对象是女性祖先妣己和妣庚。商王朝在祭祀中认为女性祖先对于生育有特殊的能力，因此关于施行告祭的目的有可能与丙编 392 紧邻千里路左侧有关于"汝"的生育贞问有关。与该刻辞对应的丙编 393 刻辞有"告"字，应与癸未日告祭妣己、妣庚女性祖先相关。因此，丙编 392 癸未日女性祖先祭祀刻辞和丙编 393 相关刻辞整理如下：

丙编 392：癸未卜，㱿贞：告于妣己眔妣庚？
贞：昜告于妣己眔妣庚？

---

① 张惟捷、蔡哲茂编著：《殷虚文字丙编摹释新编》，台北："中央研究院"历史语言研究所，2017 年，第 552 页。

贞：今日汝不其冥？

丙编 393：贞：昜㵿告？

贞：告侑［既］一羊？

3. 丙编 392 中的祼祭在龟甲左右后甲边缘处刻写，祭祀对象为父甲和龙甲，前辞省略。此条刻辞从内容上分析应该与甲桥位置刻写的捕获叛逃之人有关。从本版兆序分析，兆序最大为三，兆序由一至三的刻写位置从龟甲右侧后甲位置自下而上至甲桥位置，根据兆序刻写位置，刻辞应为如下排列：

（1）贞：羍？一二
（2）贞：祼于父甲？二
（3）贞：乎取⿰任于冤？二三

与之对贞的左侧刻辞为：

（1）［贞：］祼于龙甲？
（2）［贞：］昜［取］⿰［任于］冤？

丙编 393 正反相承刻辞：

其羍。

羍，甲骨文释为执，《说文》："捕罪人也。"任，甲骨文或认为是侯、伯等所委派的、率领人专门为王朝服役的一种职官①。取，甲骨文有获取意。因此，关于本部分的刻辞释文应为：采用祼祭的形式祭祀父甲、龙甲，是否派遣绨在冤地捕获叛逃的⿰任。丙编 393 的"其羍"与丙编 392 刻辞"羍"正反相承，表明派遣绨去捕获叛逃者。

4. 侑祭

丙编 393 甲桥中部靠后右甲位置有关于侑祭的对贞卜辞，辞例如下：

---

① 黄德宽：《古文字谱系疏证》，北京：商务印书馆，2016 年，第 3936 页。

(1) 㞢于父乙？
(2) 易㞢[于]父乙？

关于侑祭，在丙编392和393中仅发现这一处，很有可能与龟版缺失的正面卜辞有关，但是具体的祭祀目的、贞问时间、贞人是谁等内容仍无法得知。

## 四、女性刻辞

丙编392和丙编393共涉及3位商王武丁时期女性刻辞，主要关于贞问汝生育情况、子㞢疾口情况和记录妇井贡纳的内容。三人同版且均为武丁时期活动，因此，三人至少为在武丁后期共时存在过一段时间的重要女性。

1. 汝、妇井

甲骨文中关于女性"汝"的刻辞不多见，有"汝"和"妇汝"2种辞例，与丙编392组类相同，均为典宾类刻辞。合集14026与丙编392贞问内容相似，均为贞问其生育。

丙编392：贞：今日汝不其冥？
合集14026：贞：汝冥，不其妦？

合集5551臼一辞"妇汝示"记事刻辞，说明"妇汝"在武丁时期应为贵族女子，且任商王管理甲骨之职。

而在丙编393甲桥刻辞中的记事刻辞"妇井示十。殻"已在前文讨论，此处不再赘述。"妇井"类贡纳记事刻辞大多为典宾类，与"汝"生存年代有共时现象，两人在武丁后期均有生育事件和贡纳管理职能。但是，妇井被学者考证后认为是商王武丁后期的妻子"戊"，而"汝"仍不能确定其身份，有待进一步考证。

2. 子㞢

丙编392分布于千里路两侧尾甲位置，在辛酉日贞问关于"子㞢"疾口之事。由于该版尾甲位置残缺，根据卜辞左右对贞形式将卜辞整理补充，释读如下：

(1)辛酉卜，亘贞：[子]罟[其]疒？
(2)贞：子[罟][不]其疒？隹害？
(3)贞：疒口？不有害。

关于“子罟”的刻辞在甲骨文中还有有关生育和以其为祭祀对象的内容。

商王武丁对其生育事件应较为重视，合集 14033 正还有贞问其生女的刻辞。“子罟”的生育刻辞出现于宾一类延至典宾，组类相近且集中，为武丁中后期出现的一名重要女性。

合集 14032[①] 甲正：

丁巳卜，㱿贞：子罟冥，不其妫？

合集 14032 乙正：

丁巳卜，㱿贞：子罟冥，妫？二告

合集 14033[②] 正：

甲辰卜，[争]贞：子罟冥，妫？隹卒？
甲辰[卜]，争贞：子罟冥，不其妫？隹女？五月

合集 40387：

□午卜，㱿贞：子罟冥，[妫]？

合集 01760 正(乙 7185)+合集 03200(乙 2421)+合集 13975 正(乙

① 林宏明：《甲骨新缀第 453–470 例》第 453 例，先秦网，https://www.xianqin.org/blog/archives/3717.html，2014 年 2 月 25 日。

② 蔡哲茂：《殷墟文字乙编》新缀第三十九则，https://www.xianqin.org/blog/archives/1115.html，2009 年 2 月 10 日。

6803）+ 合集 14109 正（乙 2414+ 乙 8073）+ 合补 04056（乙补 0815）+ 乙 1154+ 乙 2402+ 乙 2627+ 乙 4234+ 乙 7241+ 乙补 1433+ 乙补 2217+ 乙补 2274+ 乙补 3763+ 乙补 6635 倒【《合集》、史语所缀合】①：

  戊午卜，㱿贞：子𡆥娩？
  戊午［卜］，㱿贞：子𡆥冥，不其娩？王占□：隹丁冥。

英藏 1117 正：

  壬戌卜，宾贞：王占卜曰："子𡆥其隹丁冥，不其娩。"

英藏 1117 反：

  王曰：其娩？
  王曰：不其娩？

以上生育卜辞按照干支日进行排谱，在武丁时期某年的五月分别在甲辰、丁巳、囗午（可能为丙午或戊午）、戊午、壬戌进行贞问其生育情况，在壬戌日商王占辞显示在下旬的丁卯日生产，但不吉利。关于英藏 1117 正反刻辞，李学勤先生认为反面刻辞应为正面刻辞的命辞②，故按照李先生的观点，此处刻辞的前辞、占辞位于正面，命辞位于反面，应为正反相承的关系。

  此外，甲骨卜辞中另有"子目"一人，亦是对其生育进行贞问（合集 14034 正、丙编 459），关于"子目"与"子𡆥"是否为一人，学者之间有不同意见，有待考证。

  卜辞中有以"子𡆥"为祭祀对象，说明她此时已经去世，为后人所祭。

---

① 杨熠：《甲骨缀合第 172–180 则》第 178 则，先秦网，https://www.xianqin.org/blog/archives/16683.html，2022 年 5 月 17 日。
② 李学勤：《关于师组卜辞的一些问题》，载《古文字研究》第 3 辑，北京：中华书局，1980 年，第 33 页。

乙 790：贞：于凹

乙 5317：贞：屮于凹十人。

屮于凹卅人。

丙 206：易霝屮于凹。

易于凹。

据上述卜辞，此人或在生育过程中不顺利，其或在生育后不久就去世，等她去世后仍有对其的祭祀。除却生育刻辞，还有对她的口疾进行贞问，可以肯定"子吻"在武丁后期为生人时应是当时的一位重要女性。

综上所述，本文通过对丙编 392 与 393 的刻写现象、卜法文例、卜辞内部关系等相关内容进行整理分析，主要有整版干支日由上至下刻写，卜辞左右对贞、正反相承，对贞卜辞多处省刻前辞，首甲癸未日卜辞多处犯兆，宾祭卜辞大字刻写、大字涂朱，背板刮削重刻等现象。由于此两版的左前甲、左后甲和尾甲部分残缺严重，仍然有些卜辞无法确定相关性，因此，本文依据前文所述，尝试将丙编 392、393 卜辞释文整理如下：

丙编 392：

（1）癸未卜，㱿贞：翌甲申王宾上甲日？王占曰：吉。宾，允宾。
（2）贞：翌甲申王易宾上甲日？小告
（3）癸未卜，㱿贞：告于妣己眔妣庚？
（4）贞：易告于妣己眔妣庚？小告
（5）甲午卜，争贞：王宾咸日？
（6）贞：不雨？
（7）贞：用？
（8）贞：今日汝不其冥？二告
（9）贞：乎取❑任于❑？
（10）[贞：]䎉[取]❑[任于]❑？
（11）贞：祼于父甲？
（12）[贞：]祼于龙甲？
（13）贞：羌牵？
（14）日❑，不鼎。小告

(15) 贞：父甲弗其用王？
(16) 辛酉卜，亘贞：[子]㠱[其]疒？
(17) 贞：子[㠱][不]其疒？隹害？
(18) 贞：疒口？不有害。

丙编 393 卜辞刻写位置基本在各个钻凿之间的空隙进行刻写，仅有乙未日的卜辞将钻凿刮削整治用以刻写，现将卜辞释文整理如下：

(1) 贞：隹囚？
(2) 不隹囚？
(3) 贞：宾上甲日？
(4) 易宾？
(5) 贞
(6) 易
(7) 贞：易䩗告？
(8) 贞：告㞢[既]一羊？
(9) 乙未，王允宾风日。
(10) 今夕其雨。
(11) …高…
(12) 㞢于父乙？
(13) 易㞢[于]父乙？
(14) 王梦其…
(15) 其牵。
(16) 贞：今丙…
(17) 丙
(18) 妇井示十。㱿
(19) 画

以上仅为本人对丙编 392、393 刻辞的一种认识，如有不当之处敬请大家批评指正。

# 浅谈武丁时期一类"受年"甲骨文的书风

李会林

（河南大学黄河文明与可持续发展研究中心）

**【提要】** 殷墟出土的"受年"甲骨有多种不同的写法。其中武丁时期有一类"受年"甲骨的写法继承了被学界称作组小字类的甲骨书写特点，并在日常刻写中形成了自身独特的书写面貌。该类甲骨在字法、刀法、行款布局等方面具备相对稳定的契刻习惯，尤其是在字法方面对后来宾组、何组部分甲骨字迹的书写产生了一定的影响。以本类"受年"体书写特点为线索系联到的早、晚期具有继承关系的甲骨，应与本类甲骨的书写存在师承关系。

在武丁时期的王卜辞中，含"受年"的甲骨有400余版①，大致存在着十数种不同的书法作风（参图1）。其中有一类甲骨中的"受"字写作 ▨ （《甲骨文合集》9737，以下简称《合集》；《甲骨文合集补编》简称《补编》），"年"字写作 ▨ （《合集》9772），尤其是"受"字所从的手形刻写颇为独特，自成一体。目前著录书中所见此类写法的"受年"甲骨有27版②，另见写法相同的"受黍年""受屮年"甲骨15版。从字体上看，此数十版甲骨字迹刻写风格稳定，用字习惯统一，应出自同一书家之手。由此系联到的含有此类"受"字、"年"字以及所从手形写法的其他15版甲骨，也应是此人手笔。从刀法来看，该书家的契刻基本脱去了早期带有墨书意味的圆转用刀方法，已较为熟练地运用以

---

① 此"受年"甲骨不含"受黍年"等在内的"受某年"甲骨。
② 部分见典型"受"字写法的残辞，依上下卜辞内容可判断为"受年"辞例的甲骨亦包含在内。

折笔为主的契刻方法。该类甲骨的契刻材料以骨为主，兼用龟甲。其中多为残版，每版字数较少。学界或将这批甲骨划在自宾间类[①]、自宾间组[②]、自宾间 A 类[③]。经考察，前文提及的"自宾间"甲骨可能有两种以上书法风格，本文以"受年"为线索讨论的这类甲骨只是其中的一种书风。下文将从三个方面谈一下此类"受年"甲骨的书风及书写问题。

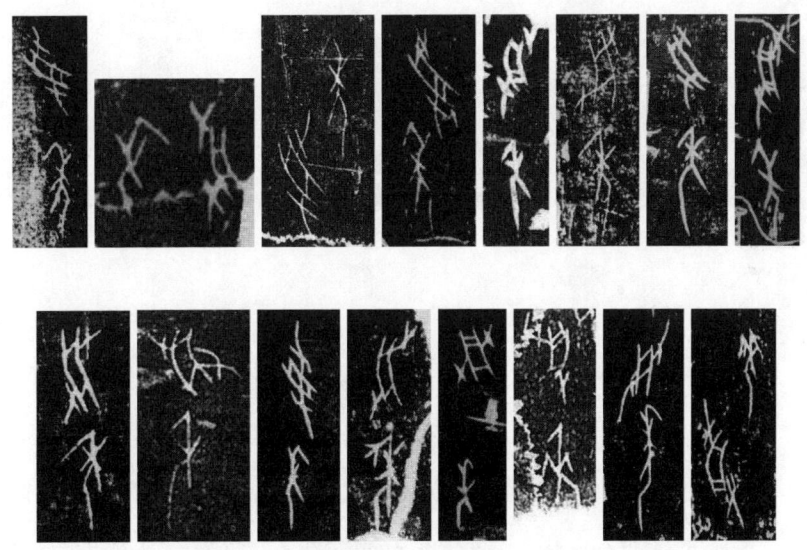

图 1　不同写法的"受年"甲骨字迹

（从左至右字形来源号依次为《合集》2、900 正、5611 正、5764、9564、9673、9687、9693、9710、9735、9737、9753、9802、9811 正、9866、9885）

## 一、用字习惯与结字特点

该类甲骨最具典型的字是"受"和"年"。其中受字字形瘦长，结字中间茂密，上下疏展，内紧外松，取势峻峭。其上方手形有两处转折，

---

① 王蕴智：《殷商甲骨文研究》，北京：科学出版社，2010 年，第 149 页。
② 李学勤、彭裕商：《殷墟甲骨分期研究》，上海：上海古籍出版社，1996 年，第 106 页。
③ 黄天树：《殷墟王卜辞的分类与断代》，北京：科学出版社，2007 年，第 105 页。

如 ，依毛笔书写习惯，大致先向下几近垂直方向行笔，至转折处稍顿，蓄势往右下行笔，行至与上段线条长度相近时，转笔向左下行，与 形

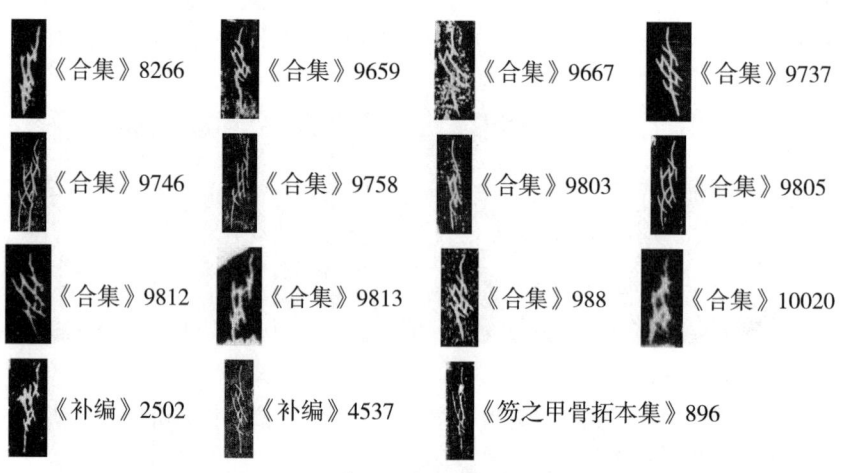

表 1　受字举例

上部粘连。这两处转折区别于早期以及之后受字的 类仅有一处转折的写法。手形另外两个手指一笔完成，如 ，先向右下约五十度方向行笔，至转折处再向右下约七十度方向行笔。下方手形与舟形下部粘连如 ，手形中间的主笔画有无折笔皆可，纵向拉长，略见性情。这种手形又见 （《合集》8426）以及 （《合集》9773）、 （《合集》8426）等字所从之手。中部 （舟）形的船舷略带弧度，内部三短划，后两划间距较近。后来宾组甲骨中的 （《《殷虚文字丙编》243，即《合集》641 正）、 （《合集》5414）、 （《合集》9733 反）等受字应源出于此。另见《合集》33245 中受字写为 ，也应属此类写法。年字从禾从人，写作 （《合集》9868）。此字有两个主要特征。一是禾字杆部笔画略有弧度，无转折，一笔顺势写就，如 。二是禾苗侧枝与根部笔画分四笔完成，如 ，

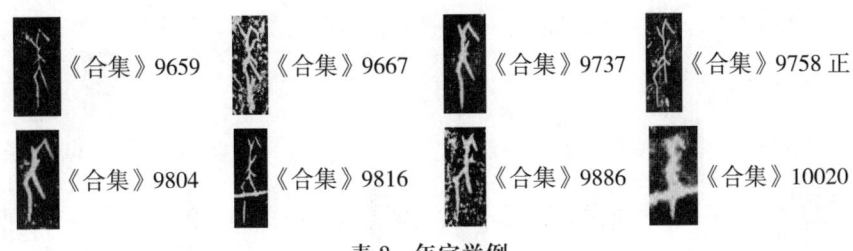

表 2　年字举例

区别于后来的三笔写法。整个年字的写法，可先写禾苗穗部，其斜度在四十五度左右，然后接笔蓄势写出杆部，其次写左侧枝、右侧枝及根部左右笔画，最后写人形的身、腿、臂处笔画，书写顺序为：

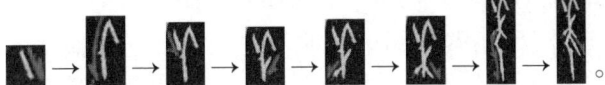

。

本类甲骨的部分用字继承了早期刻手的习惯，尤其保留了一些 组小字类中工整直折一类的字形特点。比如像鸟形的隹字早期有 （《合集》13965）类写法。本类从隹的雀字写作 （《合集》4156）、 （《合集》10035）等，萑字作 （《合集》9758 正），结体长而婉转，圆中寓方。所见隹字喙部斜划略上扬，与脯部斜向笔画形成的开合度较大。鸟身与爪所属的纵向主体笔画呈现两处曲线状起伏。这些特点与早期隹形基本一致。早期才字或写为 （《合集》20245），本类亦写为 （《合集》18805）、 （《合集》9552）等，皆作"空腹"状。这类字形当源出早期 （《合集》19779）形。稍晚的宾组一类、二类甲骨文中亦见有此种写法，如 （《合集》13517）、 （《合集》900 正）等。此应是当时少数书家的习惯写法，后来逐渐被主流写法 （《合集》7）形所取代，武丁之后不见该类写法。沿此类才字的发展脉络，或可系联出一组书家的师承关系。辰字写为 （《合集》10035）、 （《合集》18805），应从早期 （《合集》20587）、 （《合集》19809）、（《合集》20649）、▢（《合集》21021）等形体递变而来。此字形多见左向，左低右高。《甲骨文字编》或见划在典型宾组的此类辰字，如▢（《合集》525）、▢（《合集》5444）①，或可存疑。本类辰字内部两线条▢呈曲线状，一侧的纵向线条▢呈"s"形。典型宾组的辰字多写作▢（《合集》137 反），内部两短划与一侧纵线均为直线写法。经考察，《合集》5444 亦或是本类书家之作。此类甲骨中嬻字所从女形作▢（《合集》4156），第一处胳膊先写大臂再另起笔写小臂，且两小臂笔画均有转笔。早期女字写如▢（《合集》19958），前后结字有明显的继承关系。

  该类"受年"甲骨书家在用字方面也有所创新。比如上文谈到的受字手形就是此位书家的个性化表现，在数十年之后的何组甲骨文受字或是吸收了这类手形的结构，如▢（《合集》27028）、▢（《合集》27536）、▢（《合集》27032）等。鼎（贞）字作▢（《合集》18805），鼎耳呈尖状，一改早期▢（《合集》21220）、▢（《合集》21073）类方耳鼎形写法。另见▢（《合集》8266）、▢（《补编》2488）、▢（《补编》2502）等字形，亦是尖耳状鼎形，足高身矮，上密下疏，形体重心居上。此创开尖耳鼎形写法的先例，对后来书家刻写此字起到了引领示范作用，并成为后来鼎（贞）字的主流写法。

  除以上字例外，本类典型字还有▢（方《合集》8645）、▢（亥《合集》9816 正）、▢（来《合集》9659）、▢（卯《合集》18805）、▢（其《合集》9886）、▢（我《合集》9659）、▢（酉《合集》9803）、▢（月《补编》2488）等。

---

① 李宗焜：《甲骨文字编》，北京：中华书局，2012 年，第 855 页。原书此片号误为 5344。

## 二、刀法与线条特征

商代的日常书写是墨书,第一批书家由墨书向刀刻转换契刻甲骨时多带有墨书痕迹,这也是最早一类甲骨字迹的典型特征。随着书家契刻技艺的熟练和规范,本类"受年"甲骨的契刻者已基本脱离了墨书习惯来刻写甲骨,用刀多以方折代圆转,线条多以直画代曲笔。该书家的契刻以单刀为主,下刀轻重有度,线条匀称中和。下文将从线条的方圆转变、曲直变化以及笔画质感等方面作简要的讨论。

一是以圆转代方折、以直代曲的线条特征。在本类甲骨之前,已出现率先打破用墨书习惯刻写甲骨的书家,改圆转为方折。本类甲骨在此基础上进一步发挥,将这种方折用刀的方法更加熟练地表现在甲骨刻辞之中。早期的不字写作 ▯（《合集》19904）,笔画圆转流畅,不用方笔。或写为 ▯（《合集》20412）,两侧笔画出现折笔痕迹,中间笔画仍用曲笔。本类不字写作 ▯（《合集》9803）、▯（合集 9659）等,两侧笔画折笔明显,中间笔画出现两处折笔。后来成熟期契刻的 ▯（《合集》14002）类不字应与本类一脉相承。如图 2、图 3 所示,不字应是先

图 2　《中国社会科学院历史　　　图 3　《中国社会科学院历史
　　　所藏甲骨》》58 拓片　　　　　　　　所藏甲骨》58 照片

写中间主笔,形成两折三段状。左侧笔画从主笔第一折处起笔向左下四十五度行笔,至折笔处转向下行笔。右侧笔画接于主笔靠上位置。

▨（其）字底部亦用折笔，下笔利落，线条爽直，早期底部作一平划的 ▨（《合集》20070）形刀法则不似本类果断，线条张力略显纤弱。本类从跪跽人形的字如 ▨（夙《合集》9804）、▨（邑《合集》9813）、▨（《合集》8266）、▨（呎《合集》9803）、▨（印《合集》17096）、▨（嬞《合集》4156）等，其中 ▨ 形的腰、膝、脚三部位有四处折笔，与早期 ▨（令《合集》20244）类身形婉转柔畅的刀法已经迥然有别了。另见 ▨（申《合集》10020）、▨（卯《合集》18805）、▨（土《合集》9737）、▨（乙《补编》2488）、▨（酉《合集》6773）等字形转刀处均用方折刀法。当然，这并不是说本类甲骨全用方折刀法，比如 ▨（月《合集》9659）、▨（《合集》9805）、▨（风《合集》10020）等字形中也用曲笔，只是方折用刀成为了主流。

二是行刀节奏匀缓，线条匀停而少锋芒。本类"受年"甲骨书家的契刻还处在从初步熟练期向成熟期发展的过渡阶段，行刀节奏、起收刀细节、线条质感等皆与后来成熟期书家不同。下举本类字形与成熟期部分字例作简单比较，从中可以看出本类甲骨书家行刀沉稳，节奏缓和，线条仍多含蓄内敛，张力中和，"刚劲爽利"的意味尚不凸显。后来的成熟期书家则奏刀利落果断，节奏明快，线条挺拔硬朗，多露锋芒。

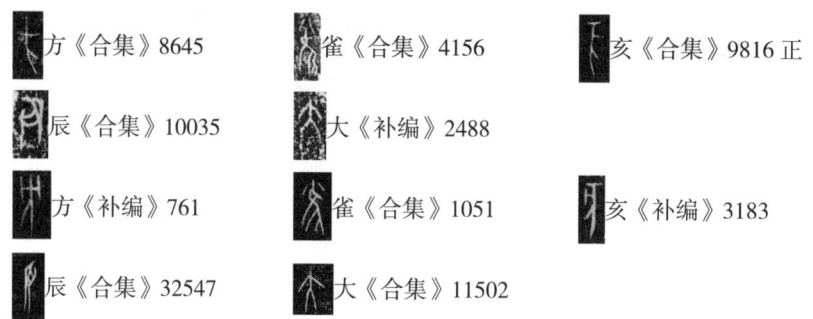

表3　本类字形与成熟期字形对照（第一、二排是本类字形，第三、四排是成熟期字形）

三是单刀直冲为主,起收刀方圆兼施。甲骨契刻一般采用单刀直冲的刻法居多,本类未见双刀契刻的甲骨。单刀刻出的线条因书家所用刻刀、刻写载体、力度轻重等因素的不同,也会表现出刻痕深浅不一、笔画粗细有别等情况。本类字迹线条偏细,契刻力道应较为轻缓。此外,本类甲骨起收刀表现出方圆兼施的特点。在《合集》9737中(图4),(南)字左右两竖画尾部、底横左端分别作 、 、 状,皆用尖笔。 (土)字底横两端起收处如 ,左尖右圆。(受)字舟形两侧笔画尾部 和下方手指处 为尖笔,其他起收处皆用圆笔。 (年)字禾苗右枝 、人形手臂尾部 、脚部 用方笔,其余末端用圆笔。 (五)字上横两端皆方笔,中间交叉斜画起收处方圆参用,底横两端左方右尖,皆方笔。 (六)字两侧斜画尾端分别呈 、 状,左圆右尖。本类甲骨的起收特点基本与此版甲骨表现出的起收习惯一致,此处不再一一举例。

图4 《合集》9737

## 三、行款布局特点

张世超先生在讨论𠂤组甲骨时总结了如下行而左、下行而右、直下行、横右行、横左行、横右行而下、横左行递下、先横后直而左、先横后直而右、下行而右再逆行、斜右下行递下等20余种行款形式。[①] 本类甲骨的行款布局已具备一定的法则,基本规范化。如下行而右、下行而左、直下行都是常见的布局形式。《合集》9816(图5)行款属于下行而右式,第一行"己亥卜示"4字字形大小错落,第二行"受年"2字字形及字间距较大,独占一行。整条卜辞左密右疏,既错落有致,又浑然一体。《合集》9659(图6)2条卜辞行款皆下行而左。第一条卜辞"甲子卜来岁受"为第一行,与第二行"年八月"行间距较小。字势因骨面不平等因素多呈斜势。字形大小则随意所适,皆出于自然,无半点矫揉造作。第二条卜辞"来岁不其"为第一行,第二行"受年"2字之间空出一字位置,留白较大。《合集》9758(图7)两条卜辞被界栏隔开,均为直下行行款,字间亦留白,这种留白方式的行款还见于《合集》9799、9803、9812、10033等片,是该书家常用的布局习惯。本类甲骨的布局基本上存在着

 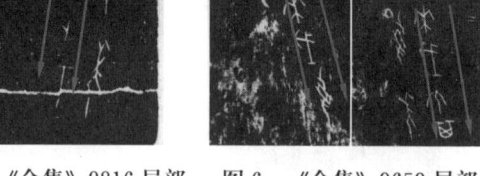 

图5 《合集》9816局部　　图6 《合集》9659局部　　图7 《合集》9758局部

---

[①] 张世超:《殷墟甲骨字迹研究——𠂤组卜辞篇》,长春:东北师范大学出版社,2002年,第150页。

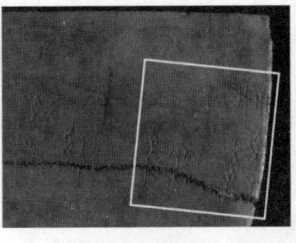

图 8　《合集》10020 拓片、照片局部

上述几种行款形式，其中多是无心安排之作。这种无意识的布局造就了一种萧散率真、疏淡简远的甲骨书写风范。需要指出的是，该类甲骨的布局有时会受甲骨背面的钻凿影响，行款也因此变化。图 8（《合集》10020）中左矩形框标记的是正面卜辞"庚申卜黍受年"6 字和"卜"形兆支，右矩形框位置是正面卜辞对应的钻凿。"庚申卜"3 字避开钻凿，选择在一侧刻写。"庚申"2 字避开兆支，间距较大。"黍受年"则沿钻凿底部因势刻写。图中另两处方形框内甲骨布局亦是如此。书家本能地回避钻凿与兆支，如此一来甲骨的行款则表现出不确定、多样性等特点。此"无意于佳"之行款与其他行款整饬的甲骨是两种书法审美，并无高下之分，均可作为时下甲骨临摹的范本。

值得注意的是，在差不多同期书家的字迹中有个别甲骨与本类书法作风相近。比如《殷虚文字甲编》（以下简称《甲编》）3104（《合集》7049）这版甲骨在字形结体、线条质感、行款习惯方面与本类存在某种程度上的关联。如 （不）、 （年）、 （卯）、 （月）等字在结体上近似本类，且整版字形紧凑内敛，线条含蓄柔韧，在视觉上与本类甲骨有不少相似处。但此版确非本类书家字迹。此版受字写作 ，上端手形仅一处折笔，舟形中间写为两画，本类作 （《合集》9805），上方手形有两处折笔，舟形中间写为三短画。 （雀）字顶部短竖不与下方佳字相连，本类常见的 （《合集》4156）形呈上下粘连状。屮字写作 ，异于本类 （《合集》9552）形。邑字写作 （照片如 ），所从跪跽人形胳膊呈弧状，本类跪跽人形胳膊一般作直笔。㠱字写作 ，结体紧密团聚，本类写作 （《合集》20247），字形舒展，且二者所从趾形写法有别。从以上来看，《甲编》3104与本类"受年"甲骨只是相似度较高，两者应出自两个书家之手。二人或师出同门，日常交流密切，书风也因此相近。学者将此版及本类"受年"书风均划到宾间A类，或可再作细分。

图 9　《甲编》3104（《合集》7049）

本类"受年"甲骨是商王武丁早期一位书家的字迹。该书家在字法、刀法、章法等方面，既对前辈书家有所继承，又在与同期书家的书艺切磋中相互影响，在当时殷商王室占卜集团中的众多书家中形成了独树一帜的书风。其结字瘦长而内敛、内紧外松。行刀匀缓，线条沉稳含蓄、张力中和。行款多变化，或行行独立，秩序井然，或擅于留白，萧散疏简。该书家所呈现的这一书风上可追溯到武丁早期，下可延续到武丁中晚期，在一段时间内保持着较强的生命力。若展开系联，此书家的字迹数量一定还有不少，其前后师承关系也会更加具体明确，限于篇幅，本文暂且不再展开讨论。

出土文献研究

# 楚系出土文献所见 *n-、*l- 不分现象及其源流与成因考*

叶玉英

（厦门大学人文学院中文系）

**【提要】** 以往的研究对 n-、l- 不分的现象只追溯到唐五代。本文梳理了楚系金文、楚简以及一些部分保留楚人用字习惯的汉代简帛文字数据如马王堆帛书、银雀山汉简等出土文献中的泥母与以母交替的例子，发现在战国至汉初的楚方音里 *n- 被读成 *l-。这种现象在汉语史的各个阶段都存在，只是有的是 l- 被读成 n-。汉语史上 n-、l- 一直都是两个独立的音位。n-、l- 不分只是局部现象。这大概是因为各时代、各地域的人们对鼻化度的感知差异以及发音习惯不同造成的。

边田钢（2015:89）指出楚地文献倾向于用流音对应雅言鼻音，如马王堆帛书（以下简称"帛书"）《天下至道谈》"九已而黎（膩）"，《九店楚简·丛辰》"以鼠（纳）田邑"，马王堆汉墓竹简《十问》"翕气以充膫（脑）"，上博二《容成氏》"当是时，强弱不辞詒（让）"，

---

\* 本文为福建省社科基金一般项目"安大简《诗经》与战国语音研究"，项目号 FJ2020B125。

帛书《周易·同人于野》"服容（戎）于莽"等。其实楚系出土文献[①]也有不少鼻音 *n- 对应流音 *l- 的例子。这引发我们的思考：是否上古汉语里也存在 *n-、*l- 不分的现象？这是楚方音的特征吗？这与现代汉语方言中的声母 n、l 不分的现象有关吗？为了解答这些疑问，我们首先梳理了出土文献中的相关资料，发现声母 n、l 交替的现象除了中山王䁎鼎、中山王䁎兆域图有 3 例（"若"与"赦"，"㠯"与"夷"，"汋"与"溺"）外，其余皆出现在楚系出土文献资料中，而这 3 例也出现在楚文字中[②]。由于上古以母为 *l-，而中古来母为 l-，故本文所论 *n-、*l- 不分，就两汉以前的材料来说，就是以母与泥母的交替，而对于中古以后的例证来说，则是来母与泥、娘、日母的交替。郑张尚芳（2013：134-140）、白一平和沙加尔（2014:27）都主张一、四等的 *l-，中古变成定母，郑张先生称之为"流音塞化"。郑张先生构拟为 *l'- 〉d-，白一平和沙加尔构拟为 *lˤ- 〉d-。与一、四等不同的是，三等的 *l- 中古是以母 j-。郑张先生构拟的 *l'- 和白一平、沙加尔构拟的 *lˤ- 只是为了区分一、四等的 *l- 和三等的 *l- 的不同演变途径，它们并非独立的音位。潘悟云（2018）指出上古汉语鼻音存在三分的格局，

---

① 本文所论楚系出土文献主要是指楚系金文、楚简以及一些保留部分楚人用字习惯的汉代简帛文字数据，如马王堆简帛等。不少学者曾撰文指出马王堆简帛文献中保留部分楚文字的遗迹，如李学勤（1981:33-39）在《新出简帛与楚文化》一文中指出，马王堆帛书中能推定作者地望的，大都是楚人的著作，它代表了战国至汉初楚文化的传流；裘锡圭（1988:66）也指出马王堆帛书中很多字明显用了楚国的字形；何琳仪（2003:166-167）也认为马王堆帛书中的许多字与楚系文字一脉相承；范常喜（2007）进一步指出，即使不是楚人著作也均当为汉初或更早一些的楚人抄写，所以其中所保留的楚国古文遗迹自然较多。范先生还找出 113 例与楚文字相合的用字；周波（2012）、李裕民（1981）、陈松长（2002：260-261）、叶玉英《马王堆帛书〈周易〉用字及相关语音问题研究》（《古文字论坛》2018 年第 4 辑）等也指出一些马王堆帛书中与楚文字相合的例子。

② 本文所谓"楚文字"采用何琳仪（2003:148-179）的界定，指自春秋中叶以来，以楚国为中心的文化圈内所用的文字，包括楚、吴、越、徐、蔡、曾国等。中山国用字与楚文字吻合的有不少，如用"皇"表示连词"况"，用"鼠-"表示"一"，用"羕"表示"祥"，用"勿"表示"物"，用"医"表示"委"，用"述"表示"遂"，用"皮"表示"彼"，用"尾"表示"度"，用"牆"表示"将"，用"型"表示"刑"，用"复"表示"籍税"之"籍"，用"悥"表示"忧"，用"臤"表示"贤"，用"曩"表示"早"，用"贞"表示"鼎"，用"𠭖"表示"寡"，"賏"为"任"，用"䎽"表示"亲"，等等。

即清鼻音、送气清鼻音和浊鼻音。清鼻音 *ŋ̊- 〉th-，中古变透母；送气清鼻音 *ŋ̊ʰʲ- 〉ɕ-，中古变书母。叶玉英（2020）进一步指出上古汉语流音也三分，即清流音、送气清流音和浊流音。清流音 *l̥- 〉th-，中古变透母；*l̥ʰʲ- 〉ɕ-，中古变书母。战国楚方言中有清鼻流音和送气清鼻流音 *ŋ̊-、*ŋ̊ʰʲ-、*l̥-、*l̥ʰʲ-。我们认为有一部分中古禅母字来自定母的颚化。因此，本文所论的楚地出土文献中的 *n-、*l- 交替现象还涉及一些中古定澄母字、透彻母字、禅母字和书母字。

## 一、楚系出土文献中 *n-、*l- 不分的例证

（一）能 *nɯɯm[①]——翌 *lɯɡ 能——以 *lɯɯ 能——怠 *l'ɯɯ 态 *n̥ɯɯs——怠 蘺——怠

楚系文字数据中"能"声系字和"以"声系字常可通用，如楚简"翌日"之"翌"作"𪓟"（新蔡葛陵楚简甲三22、59）"𪓟"（清华简·子仪19），从"日""能"声，可隶作"𪓟"，在简文中用作"翌"，当是楚人为"翌日"之"翌"所造的专字。清华简《子仪》"翌"字又假借"熊"字为之，作"𪓟"（简10）。"熊"字还见于新蔡葛陵楚简（甲一7、甲三35）和楚帛书（甲一·四）。包山楚简第156号"熊"字作"𪓟"，字所从之"大"移至下部，简文曰："左尹冠以其不得执之尻，弗𪓟（能）诣。""熊"当读作"能"。由此看来，"熊"的上古音当拟为 *ɦnɯm，"能"为 *nɯm。因战国楚方音中 *n- 被读成 *l-，故"翌日"之"翌"的专字"𪓟"从"能"声，"翌"还可假借"熊"为之。

清华简三《芮良夫毖》："德刑态（怠）惰，民所妖僻（19）"，"态"当读作"怠"；清华简六《子产》："宅大心张，美外蘺（怠）矜，乃自失（08）"，"蘺"亦当读作"怠"；《孙膑兵法·行篡》："□□□□民皆尽力，近者弗贼，远者无能（怠）（275）"[②]，"能"当读作"怠"；《孙膑兵法·威王问》："□□勿动，以待敌能（怠）（263）"，白于蓝（2017:23）指出"能"似当读作"怠"；帛书《老子甲本·道经》：

---

[①] 用本文的拟音除了文中特别说明的以外，均是笔者参考郑张尚芳、潘悟云、白一平和沙加尔诸位先生的拟音后构拟的，若有不妥之处，由笔者承担责任。

[②] 此从张震泽（1984:92 注⑪）说。

"以知古始,是谓道纪(118)。""以知古始"之"以",北大汉简《老子》(简158)和今本中的河上公本、想尔注本与帛书同,但今本中的王弼本、傅奕本则作"能"(北京大学出土文献研究所2012:196-197)。

从白于蓝(2017)所收集的楚系文献来看,"以"声系字还常常与"司""异""夷""辞"通假。高亨(1989:390-395)所收例证中,"以"声系除了与"能""而"通假以外,别无与鼻音相通的例子。"台"声系则没有一例与鼻音相通的。因此我们作出以下推断:

在战国至汉初的楚方音里,"能"的声母被读成 *l-。《史记·天官书》:"魁下六星,两两相比者,名曰三能。"裴骃《史记集解》卷27引苏林曰:"三能,音三台。"苏林为三国时代魏国人。可见"能"在当时仍有 *lɯɯ 这样的读音。《汉书·郊祀志》:"有星孛于三能。"颜师古注:"能,读曰台。"《说文》:"能,熊属,足似鹿。从肉,㠯声。"许慎所据虽是"能"变形音化后的字形,但他指出"能"与"㠯(以)"在语音上有联系则是对的。

(二) 而 *nʲɯ——以 *lɯɯ

帛书《战国纵横家书·苏秦谓燕王章》:"孝如曾参,乃不离亲,不足而(以)益国;信如尾生,乃不诞,不足而(以)益国。"北大汉简三《赵正书》:"燕王喜而(以)轲之谋而背秦之约。"典籍中也有"以"假借"而"为之的例子,如《孟子·梁惠王下》:"春省耕而补不足,秋省敛而助不足。"《盐铁论·授时》引"而"作"以"。这3例中,本字当为"以","而"乃借字。由此可知在汉初的楚方音里"而"的声母也被读成 *l-。

(三) 迩 *ŋʲelʔ 〉 *nʲelʔ——逐 *lɯwg　籀——坠 *luds　籀——锐 *lods

上博二《容成氏》:"夫是以逐(迩)者悦怡,而远者自至(39)"。邬可晶(2013:20-28)认为此"逐"字不是追逐之"逐",而是"迩"的异体,从"辵""豕"声。这种"逐"在楚简中的例子还有一些,如上博五《季庚子问孔子》:"毋钦远,毋⿱豕辵逐(迩)(19)","逐"与"远"对文,故"逐"当读作"迩";清华简三《说命下》:"余柔远(2)能逐(迩),以益视事(3)";清华简六《管仲》:"坚质以抗,吉凶阴阳,远逐(迩)上下,可立于辅。""逐"皆假借为"迩"。

楚简"迩"还假借"埶""㦛"或"趚"为之。如郭店楚简《缁衣》:

"此以㣇（迩）者不惑，而远者不疑（43）"；上博六《用曰》："少疏于谷，亦不埶（迩）于贼（3）……用曰：'埶（迩）君埶（迩）戾（2）'"；清华简一《保训》："厥有施于上下远埶（迩），乃易位设稽（5）。"这是存古的用法。裘锡圭（2012:172–173）曾指出甲骨文、西周金文"迩"字皆假借"㣇""埶"为之。① 因此"迩"在殷周雅言中的声母当为 *ŋʲ–，到战国中晚期"迩"应该已经发生音变，即 *ŋʲ– 〉 *nʲ–。在战国楚方音里"迩"的声母被读成 *l–，故可从"豖"声作"逐"。潘悟云拟"豖"的上古音为 *l̥elʔ②。"逐"中古变成澄母三等字，当是发生 *l– 〉 d– 音变的结果。

清华简《周公之琴舞》有字作"㪍"（简01），从"貝""尔"声，可隶作"𡧙"。刘钊（2011：121–122）指出"尔"是从"爾"字简省分化出来的。"尔"在战国文字中习见，多作为第二人称代词。晋玺中"尔"用作"玺"。"𡧙"在《周公之琴舞》篇中凡四见，皆用作"坠"（白于蓝 2017:526）。"𡧙"亦见于帛书。今本《老子》"挫其锐，解其纷"之"锐"，郭店楚简《老子》甲本作"𡧙"（简27）。"𡧙"字仅见于楚简，为楚人独用字，在战国中晚期的楚方音里"𡧙"的声母被读成 *l–，因"坠""锐"的声母也是 *l–，故"𡧙"可假借为"锐"，"坠"。高亨（1989:553、555–557）所收传世典籍中的通假、异文资料中，"兑"声系没有与泥、娘、日母交替的例子，"队"声系除了一例与"汭"相通外，别无与鼻音通假的例子，而"兑"声系与"队"声系可通假。这可作为是"𡧙"被读成 *l–，而不是"坠""锐"被读成 *n– 的旁证。

（四）内 *nuubs 汭 *nʲobs ——坠 *lʼuds③

战国早期楚系金文者汈钟有字作"㪍"，何琳仪（1989:149）指出此乃"汭涇"合文。其铭曰："唯越十有九年，王曰：'者汈！汝亦虔

---

① 甲骨文的例子可参看裘锡圭《释殷墟甲骨文里的"远""㣇"（迩）及有关诸字》。金文的例子见西周中期番生簋盖（殷周金文集成04326）、西周晚期大克鼎（殷周金文集成02836）、逨盘（《文物》2003年6期32页图40）、春秋早期晋姜鼎（殷周金文集成02826）、文公之母弟钟（《新收殷周青铜器铭文暨器影汇编》1479）。

② 潘悟云的拟音引自潘先生《汉语古音手册》未刊稿。

③ "队"和"坠"，郑张尚芳（2013:476、477）都构拟为 *lʼuds。

秉不汭泾德，以克续光朕昭考之训教。'"清人强运开《说文古籀三补》指出"汭"假借为"队"，"虔秉不汭"即"恭敬秉持不敢失坠"[①]。楚简亦有"内"假借为"坠"的例子，如上博二《容成氏》："能遂者遂，不能遂者内（坠）而死（44）。"楚简"队""坠"又可假借"述"为之，这是承袭西周金文的用法，[②]记录的当为战国雅言。用"内"或"汭"来记录"坠"这个词，则是楚人独有的用字习惯。《左传》闵公元年："虢公败犬戎于渭汭"，《水经注》卷 19 引"渭汭"作"渭队"，下又引服虔曰："'队'谓'汭'也。"可知服虔曾经看到《左传》的一个版本里"渭汭"的"汭"被写成"队"。虽然我们无从确定服虔所见《左传》的来历，但从出土战国楚系文献来看，这很可能是楚人传抄的版本。从高亨（1989:553、555-557）所收典籍中"内"声系和"队"声系的通假之例来看，"内"声系可与非鼻音的"燮""掇""鰡"通假，而"队"声系除了一例与"汭"相通外，别无与鼻音通假的例子。因此我们认为在战国楚方音里"内""汭"的声母被读成 *l-，而"坠"的上古声母也是 *lʼ-，所以"内""汭"在楚系文献里可假借为"坠"，"队"也可假借为"汭"。中古"坠"的澄母三等读音当来自流音 *l- 的塞化。

九店楚简第 25 号简文曰："以鼷田邑"，李家浩认为此与第 41 号简"利以纳田邑"之"以纳田邑"相当。"鼷"当读为"纳"。[③]"鼷"为来母字。在战国楚方音里，*r- 也可能被读成 *l-，"纳"的声母也被读成 *l-，故可通假。此例边田钢（2015）已指出。边先生还举了帛书《天下至道谈》"黎"假借为"膩"、马王堆汉墓竹简《十问》"脑"作"腦"两个来母对泥母的例子。"腦"当为"脑"的异体，从"留"声。因为在汉初的楚方音里，*n-、*r- 都被读成 *l-，故造了新字"腦"来记录"脑"这个词。

（五）弋 *luɡ——任 *nʲɯm——胜 *l̥ɯŋs

郭店楚简《穷达以时》："穷达以时，德行一也；誉毁在旁，听之弋母之白（14）"，陈剑（2004:6-9）认为"母之"当为"之母"误倒，当断句为"听之弋之，母白"，"母白"指"梅伯"。白于蓝（2006）

---

[①] 强运开说"汭"见《说文古籀补三种》第 234 页上。
[②] 西周金文、战国楚简"述"假借为"队"或"坠"的例子可参看王辉（2008:580）。
[③] 李家浩说见湖北省文物考古研究、北京大学中文系（2000:79-80 页）注 [七三]。

指出"听之弋之"当读为"听之任之"。郭店楚简"任"假借"弋"为之，是因为楚方音把"任"的声母 *nʲ– 读成了 *l–。《礼记·月令》："戴胜降于桑。"《吕氏春秋·季春纪》"胜"作"任"。《淮南子·时则》："胜"作"鵀"。《孝经援神契》："戴纴下，蚕始生。""戴鵀""戴纴""戴任"是同一种鸟名的不同写法，被写成"戴胜"是因为某一方音里"任""纴""鵀"的声母 *n– 被读成 *l–，与"胜"*ɭɯŋs 音近。《诗经·小雅·大田》："去其螟螣。""螣"，《说文》引《诗》作"蟘"。《经典释文》："螣字亦作蚉。""蚉"从"弋"声。这说明郭店楚简《穷达以时》"听之弋之"之"弋"读作"任"，无论在文义上还是语音上都是顺适的。

（六）勺 *b·lew g ⟩ *lewg——弱 *nʲewg   汋 *b·lewg ⟩ *lewg——溺 *newg

郭店楚简《语丛四》："君有（22）谋臣，则壤地不削。士有谋友，则言谈不（23）勺（弱）（24）。""勺"字作"𠃌"。裘锡圭在《郭店楚墓竹简·释文·语丛四》注二二下加按语："疑末一字当释为'勺'，读为'弱'。"我们认为此处"勺"读为"弱"没有问题。战国中期中山王䜌鼎铭："寡人闻之：'与其汋（溺）于人也，宁汋（溺）于渊（殷周金文集成 2840）。'""汋"皆假借为"溺"。《左传》昭公元年经："叔孙豹会晋赵武。楚公子围。齐国弱。"《春秋公羊传》"弱"作"酌"。《春秋谷梁传》僖公八年："乞者，处其所而请与也。盖汋之。"陆德明《经典释文》："汋，由若反。一音酌"；《尔雅·释天》："夏祭曰礿"晋郭璞注："新菜可汋。"《经典释文》："汋，余弱反。煠菜也。"《说文》："瀹，内肉及菜汤薄出之也。从䰜、翟声。"段注："瀹，今字作瀹，亦作汋。"可见"汋"确有以母的读音。《玉篇》收"禴"为"礿"字异体。中古音"勺"声系的"礿""礿"为以母字，"妁"为来母字。因此我们认为"勺"声系字的声干为 *l–。"勺""汋"的上古音当拟为 *b·lewg，后发生 *b·l– ⟩ *l– ⟩ d– 音变。在战国楚方音里前缀 b– 脱落，变成 *l–，后又塞化为定母，中古再进一步颚化为禅母字。《尚书·盘庚上》："无弱孤有幼。"汉石经"弱"作"㲻"。楚简"㲻"可假借为"攸"，如清华简三《周公之琴舞》："流（攸）自求悦，诸尔多子，笃思忧之（9）。"由此可知，在战国楚方音里，*l– 和 *r– 也是不分的。因为在战国楚方音和中山国的语音里 *n– 被读成 *l–，故郭店楚简《语丛四》"勺"可假借为"弱",中山王䁀鼎"汋"可假借为"溺"。

(七)尸 *li —— 仁 *nʲin —— 夷 *li　信 *snin —— 身 *l̥in——伸 *l̥in

《说文》:"仁,亲也。从人、从二。𡰥(尸),古文仁或从尸。""尸"见于魏石经古文,用作"夷"。中山王䁀鼎铭文:"天降休命于朕邦,有厥忠臣賙,克顺克比,亡不率尸(夷),敬顺天德,以左右寡人。"朱德熙(1995:102-103)认为"尸"当读为"夷","率夷"即"循常"。楚系出土文献中"尸"也常常用作"夷",如上博五《鬼神之明》:"及伍子胥者,天下圣人也,鸥尸而死(3)。""鸥尸"即"鸥夷",在古越语里指革囊。上博三《周易》:"九四:丰其蔀,日中见斗,遇其尸(夷)主,吉(51)。"上博《周易·涣卦》:"六四:涣其群,元吉。涣(54)其丘,非夷(夷)所思(55)。""夷"又假借"夷"为之;楚简"睇"字作"󰀀"(清华简五·殷高宗问于三寿21),从"目""尸"声。或作"󰀀"(上博五·君子为礼6),从"见""尸"声;楚简"尸"还可假借为"鸤"和"迟",如上博一《孔子诗论》中《诗经》篇名"鸤鸠"之"鸤"皆作"尸"(简21、22)。上博二《民之父母》第8和11号简"威仪尸尸"即"威仪迟迟"。凡此皆可证"尸"在战国楚方音里被读为 *li,而非 *ni。"仁"也被读成 *lin。

上博二《容成氏》第39号简文曰:"汤闻之,于是乎慎戒征贤,德惠而不贾①,𥿆三十尸(仁)而能之。"陈剑(2004:331)认为"尸"读作"仁"。白于蓝(2005)疑"𥿆"当读为"訾"。"訾,量也""能,任也","𥿆三十尸(仁)而能之"盖谓量度三十位仁者而任之。徐在国(2013:2003)的解释与白先生近似,也读"尸"为"仁",指仁者。并指出"𥿆"表"考度"义,即"考度三十位仁者而任之",在文义上更顺适。曾宪通、陈伟武(2018:3866)在《出土战国文献字词集释》卷八"仁"字下加按语云:"'仁'为'人'的分化字,或加 二、 丶 等分化符号作 亻=、亻丶、亻丶 等形,'人'旁或作'尸'形而形成'尸'这种异体,《清华大学藏战国竹简(壹)》中《耆夜》简3作󰀀,与睡虎地简《为吏》36号相近。"清华简一《耆夜》:"恁尸(仁)兄弟(3),庶民和同(4)。"整理者在注[12]中说:"这两句话是说,兄弟(指

---

① "贾"字从徐在国(2009)释。

毕公和周公）诚信仁爱，能使百姓和同。"

《说文》收"㠯"为古文，很可能是因为楚方音中"仁"被读成 *lin，与"㠯"音近。楚系文献中"信"和"身""伸"的关系也可证"仁"在战国楚方音里读作 *lin。"仁"从"身"声，作"𠁑"（郭店楚简·缁衣 11）。"身"或从"身"声之字可假借为"人""信"。如清华简五《命训》："正人无极则不嗚（信），不嗚（信）则不行。夫明王昭天訐（信）人以度功，功地以利之，使身 =（信人）畏天，则度至于极（6）。""信"字作"訐"，可视为在"人"上加饰笔，不一定是从"千"声。同简"信"又假借"身""填"为之。重文"身 ="记录"信"和"人"两个词。清华简六《子产》："勉以利民，民韻（信）之（1）。""韻"假借为"信"。白于蓝（2017:1310–1311）收集了一些张家山汉简《引书》、帛书《天下至道谈》《合阴阳》《五十二病方》、银雀山汉简①《孙子兵法》《唐勒》中"信"假借为"伸"的例子。"伸"的上古音为 *l̥in，可见在汉初的楚方音里"信"的声母为 *sl-，而不是 *sn-。从楚简中"信"与"身"、"身"与"人""仁"的关系来看，在战国楚方音里"信"的声母亦为 *sl-。白一平和沙加尔（2014）据楚简"仁"与"身"的关系，拟"身"的上古音为 *n̥i[ŋ]。我们认为这样不好解释"信"与"身""伸"的关系。王力（1982:538）认为"身"与读"失人切"的"娠"同源。因此我们认为"身"的上古音当拟为 *l̥in。

（八）若 *nʲag——赦 *l̥ags 若——襗 *lag 遻 *n̥ɯɯg——忒 *l̥ɯɯg

西周晚期铜器儝匜有"赦"字，作"𢼮""𢽎"，从"攴""亦"声。

---

① 银雀山汉简出土于山东临沂。据《临沂县志》（1968:39）记载，临沂曾"入楚为兰陵"。后晓荣（2013:173）进一步指出，兰陵为战国时楚县。兰陵辖地甚广。其故地在今山东省兰陵县西南兰陵镇。兰陵县兰陵镇今属临沂市。因此，银雀山汉简虽是齐系文献，但也保留了一些楚人的用字习惯。周波（2012）指出一些《银雀山汉简》用字与楚文字相合的例子，如"陈"字作"敶"，用"戎"为"农"，用"帐"为"长"，用"浴"为"谷"，用"啻"为"敌"，用"乔"为"骄"等。何家兴也认为银雀山汉简中的很多用字现象源于战国楚简，如"与"作"𦦲"、"勇"作"恿"。"嗌"假借为"衔"、"毄"假借为"击"等。黄文杰指出银雀山汉简"楚"作"𣏟"（孙膑兵法 451）与楚金文禽肯鼎、马王堆帛书《战国纵横家书》70、137、225 行同。史大丰指出银雀山汉简（二）"需"作"𩂣"，与包山楚简"𩂣"结构相同。其他如用"器"表示"敖"，用"禝（禝）"表"稷"，用"是"为"氏"，用"受"为"纣"，用"回"为"围"，用"常"为"裳"，等等。

从古文字资料来看，一直到汉初，"赦"仍从"亦"声，如战国晚期三晋兵器十七年春平侯铍"赦"字作"𢼜"，睡虎地秦简作"𢼜"（法律答问153）"𢼜"（为吏之道1），帛书作"𢼜"（战国纵横家书40）"𢼜"（五行298），汉初的银雀山汉简作"𢼜"（173）。《说文》小篆作"𢼜"乃"𢼜""𢼜"等形的进一步讹变。因此"赦"当纳入"亦"声系，不应归为"赤"声系。"亦"为以纽铎部字，因此我们拟"赦"的上古音为 *lags。

楚文字没有"赦"字。"赦"借用"㥚"或"若"来表示，如郭店《成之闻之》："刑兹无㥚（赦）（39）"；上博三《仲弓》："老老慈幼，先有司，举贤才，宥过㥚（赦）罪（7）"。清华五《厚父》："弗用先哲王孔甲之典刑，颠覆厥德，沉湎于非彝，天乃弗若(赦)，乃坠厥命，亡厥邦(6)。""若"假借为"赦"的例子还见于战国中山国文字数据。中山王𰯳鼎："虽有死皋，及三世无不若（赦）。""辞死皋之有若，知为人臣之义也。"中山王𰯳兆域图："进退□乏者，死无若（赦）。"我们认为用"㥚"为"赦"，记录的是"赦"的雅言读音，借"若"为"赦"，则是战国楚方音和三晋方音的记录。"若"在楚方音和三晋方音里被读成 *lʰag，故被借来记录"赦"。

信阳二号墓楚简："裯若（襗）皆缏襧（19）。""若"假借为"襗"。《广雅·释器》："裯，复裗谓之裯""襗，长襦也。"王念孙《广雅疏证》："此《说文》所谓重衣也。裗与衫同……《方言》注以衫为襗襦，其有里者，则谓之裯。裯，犹重也。""《说文》：'襦，短衣也。'其似襦而长者，则特别之曰长襦。"简文意谓裯襗都是赤青色的长襦。此"襗"字非《说文》训为"绔也"之"襗"，而是《广韵》注为"羊益切，衣襦"之"襗"。此"襗"的上古音潘悟云拟为 *Glag，我们认为战国中晚期"襗"已经变成以母字，而"若"在楚方音里被读成 *lʰag，所以"若"可假借为"襗"。

上博二《从政》乙本："兴邦家，治政教，从命则正不劳。雍戒先（忒），则自己始（1）。""不武则志不遻（忒）（6）。"陈伟武（2014：143-144）读"遻"为"忒"，认为简1"先忒"犹言"前愆"，即先前的过失。简6"不忒"指没有过错。"遻"不见于后世字书，其音大概与"𢥧"同。"𢥧"的上古音为 *ŋɯɯg。由于战国楚方音 *n-、*ŋ- 被读成 *l-、*lʰ-，故而"遻"可假借为"忒"。

（九）梯 *l̥iil——柅 *nil

今本《周易·姤》"初六：系于金柅"之"柅"字，上博三《周易》亦作"柅"（简40），帛书《周易》作"梯"（9上）；今本《周易·大过》"九二：枯杨生稊"之"稊"，帛书《周易》作"荑"（68上），阜阳汉简《周易》作"苐"（简141）。"荑"来自楚文字。这表明在楚方音中"梯"的声母是 *l̥-，"稊"的声母是 *l-。"柅"字在帛书作"梯"，可知在汉初的楚方音里把 *n- 读成 *l-。

《周礼·考工记·弓人》："既建而迆。"郑玄《注》引郑众云："'迆'读为'倚移从风'之'移'。""倚移"，《史记·司马相如列传》《汉书·司马相如传》所载司马相如赋文分别作"旖旎""椅柅"。可见"旖旎"原本是个双声连绵词，在汉代的某一方音里"旎""柅"的声母被读成 *l-。

（十）泥 *niil—— 惕 *l̥eg　宁 *neeŋ——惕

今本《周易·乾》"九三：君子终日乾乾，夕惕若厉，无咎"之"惕"字，帛书《周易》作"泥"（1上），字虽有点残缺，但还能看出是"泥"字；今本《周易·讼》"讼：有孚，窒惕"之"惕"，帛书《周易》作"宁"（5上），上博《周易》作"䗪"（简4）。"䗪"从"心""音"声，可隶作"意"。"惕"见于楚文字和三晋文字，作"䗪"（上博二·从政甲18）"䗪"（赵孟庎壶）"䗪"（侯马盟书16:3）。秦文字"惕"字作"䗪"（睡虎地秦简·为吏之道37）。《玉篇·心部》："惄，《说文》与'惕'同。"这表明"惕"在战国时期的雅言中已经塞化为透母字，但在楚方音里仍为不送气清流音 *l̥-。帛书《周易》的用例表明在汉初的楚方音里仍存在 *n-、*l- 不分的现象。

（十一）贰 *nʲis 掾 *l'on——贰掾 *lon（帛书63上）

今本《周易·困》"九五：劓刖……上六：困于葛藟，于臲卼"，帛书《周易》与"劓刖"对应的是"贰掾"（63上），与"臲卼"对应的则是"贰掾"（63上）。郭锡良（2010:105、72、68）认为上古音"劓""刖""臲"都是疑母月部字。《宋本玉篇·危部》："臲，午结切。臲卼，不安也""卼，午忽切。臲卼也。"汉王符《潜夫论·梦列》："倾倚征邪，劓刖不安。"可知"劓刖"是双声迭韵的连绵词，而"臲卼"则是双声连绵词。"劓刖""臲卼"皆指"危殆不安貌""动摇不安貌"。因此帛书《周易》"贰掾""贰掾"也是双声连绵词。上文我们已经论证过，在汉初的楚方音中，

*n- 被读成 *l-，"椽"的声母还是 *l-，故"贰椽""贰掾"可以构成双声连绵词。

（十二）然、燃 *nʲan——挺、埏 *lʰʲan

帛书《老子》甲本《道经》："然（埏）埴为器，当其无，有埴器之用也（110）。""然"乙本作"燃"（52/226），北大汉简作"挺"（简148），今本作"埏"。上古音"然"为 *nʲan，"挺""埏"为 *lʰʲan。"埏"在帛书《老子》中作"然""燃"当为楚方音用字，即在汉初的楚方音里，"然"的声母被读成 *l-，故可假借为"埏"。

（十三）辱 *nʲog——欲 *Glog[①] 〉*log　羕 *Glaŋ——攘 *nʲaŋ 愓 *laŋ——让 nʲaŋ

上博二《容成氏》："当是时，强弱不辞愓（让）（36）。"边田钢（2015）已指出此处是流音对鼻音的例子。我们认为这是因为"让"在战国楚方音里的声母是被读成 *l-，故可假借"愓"为之。

今本《老子》："无名之朴，夫亦将无欲。"马王堆帛书《老子》甲本、乙本《道经》和北大汉简《老子·下经》"欲"作"辱"。这表明"欲"的声母在汉初的楚方音里已经发生 *Gl-〉l- 的音变，变成 *l-，"辱"的声母也被读作 *l-。

马王堆帛书《春秋事语·宋荆战泓水之上章》："小邦□（80）大邦邪以羕（攘）之，兵之所□也（81）。"马王堆帛书《老子》甲本卷后佚书《明君》："明君（44/447）……有积也，有待也，有羕（攘）也。（45/448）……所积者，兵也。所待者，时也。所羕（攘）者，暴也。（46/449）……【积】兵则必胜，待时则功大，羕（攘）暴则害除，而天下利。（48/451）"裘锡圭（2014）认为以上诸"羕"皆当读为"攘"[②]。"羕"从"羊"声，上古音当拟为 *Glaŋ，从马王堆帛书来看，

---

[①] 此从潘悟云《汉语古音手册》（未刊稿）。潘先生告诉笔者，*Gl-〉*fil-〉l-〉j-，要经过l的阶段，这可以解释"遗"在古汉越语中的读音 lui，藏文的同源词 lus（遗留），如果把"遗"构拟成 Guls，就不好解释这些语言中的l从哪里来了。这种构拟可以更好地解释许多谐声现象："举"是 kʰaʔ〉kaʔ，"昇"是 Glaʔ〉laʔ，它们与"扬"Glaŋ 构成一个词族，藏文的同源词正作 laŋ（起，起来）。

[②] 马王堆帛书《春秋事语·宋荆战泓水之上章》收录于《长沙马王堆汉墓简帛集成》（叁），裘说见该书 193 页注［八］；马王堆帛书《老子》甲本卷后佚书《明君》收录于《长沙马王堆汉墓简帛集成》（肆），裘说见该书第 116-117 页注［二一］。

"羒"的声母在汉初的楚方音里已经发生了 *Gl- )l- 的音变,变成 *l-,"攘"的声母也被读作 *l-。

## 二、n-、l- 不分的源与流

从以上所举之例来看,战国至汉初楚方音 *n- 被读成 *l- 的现象不是个例,而是普遍现象。战国中山国的语言里也有少数例证。随着古文字资料的不断丰富以及古文字研究、上古音研究的不断推进,我们相信这个问题会得到进一步证实。这也引起我们的进一步思考:这种现象始于战国楚方音吗?在商周语言里是不是也有此类现象?

(一)周代方音里 *n-、*l- 交替的例证:馘——答 *lɯɯ

西周中期金文史墙盘有字作"馘"(殷周金文集成10175),从"攴""能"声,可隶作"馘"。裘锡圭《史墙盘铭解释》释此字为"答"。上文我们已经指出战国楚方音中"能"被读为 *lɯɯ。从史墙盘这个例子来看,*n-、*l- 不分的现象在西周的语言里也可能存在。许慎在《说文》里 6 次提到周人的语言:"饟,周人谓饷曰饟""羃,周人谓兄曰羃""饘,糜也。从食、亶声。周谓之饘,宋谓之餬""榱,秦名为屋椽,周谓之榱,齐鲁谓之桷""黔,黎也。从黑、今声。秦谓民为黔首,谓黑色也;周谓之黎民""泔,周谓潘曰泔。"可见周代也有方音。"羃"又作"羃""羃"。《尔雅·释亲》:"羃,兄也。"晋郭璞注:"今江东人通言羃。"

(二)汉代方音里的 *n-、*l- 不分现象

1. 惄"与"㥷"

《说文》:"惄,饥饿也。一曰:'忧也'。从心、叔声。《诗》曰:惄如朝饥。"今本《诗经·周南·汝坟》"惄如朝饥"作"惄如调饥",郑玄笺:"惄,思也。未见君子之时,如朝饥之思食。"段玉裁《说文解字注》载"一曰:'忧也'"下注曰:"《释诂》及《小弁》传曰:'惄,思也。'舍人云:'志而不得之思也。'《方言》:'惄、湿,忧也。自关而西秦晋之间,凡志而不得,欲而不获,高而有坠,得而中亡,谓之湿,或谓之惄。'按:思与忧义略同。"可见"惄"有"思""忧"两个义项。

甲骨文"惄"字作"㥷"(甲骨文合集18385),从"心""弋"声。《甲骨文合集》18385号卜辞曰:"不唯惄。""惄"盖谓"忧"。春

秋金文"愁"字作" "（王孙诰钟，殷周金文集成 1.261）" "（郾侯载器，殷周金文集成 16.10583），从"心""吊"声。春秋金文中"愁"多假借为"淑"，如王孙诰钟铭曰："惠于政德，愁（淑）于威仪"；邾公华钟铭："愁（淑）穆不坠于厥身"（殷周金文集成 1.245）。也有用作本义"思"的例子，如郾侯簋铭："郾侯载思夜愁人。"从甲骨文、金文来看，"愁"在商周时的语音当为 *l̥ɯwg。

《说文》："惄，忧皃。从心、弱声。读与愁同。"段注："毛诗'惄如輖饥'，韩诗作'愵如'。《方言》：'惄，忧也。自关而西秦晋之间或曰惄。'盖古愁、惄通用。"值得注意的是：（1）段注在"愁"和"惄"二字下都引了扬雄《方言》，但却有异。"愁"字下引作"愁、湿，忧也"。段玉裁还指出毛诗与韩诗中"愁"与"惄"构成异文。因此段氏谓"盖古愁、惄通用"；（2）扬雄《方言》第一："愁、湿，忧也。自关而西秦晋之间或曰愁，或曰湿。""愁、慎，思也。凡思之貌亦曰慎，或曰愁。"第十二："愁，怅也。"《篆隶万象名义》（1995:76 上）："惄，奴的反。思、忧、怅。"《方言》和《篆隶万象名义》的记载是对应的。可见"愁"和"惄"皆表"思""忧""怅"，这应该与方言的因素有关，即在汉代的某个方言里，由于 *l- 被读成 *n-，故"愁"被读成 *nɯwg，与"惄"*neewg 音近，故可通用。"愁"的"奴历切"其实来自"惄"的读音。《正字通》"惄同愁。"《新撰音镜》就记录了"愁"的两个反切"愁，女狄反。思也、饥心也"又"愁，丁活反。饥也。"中古"愁"的端母读音当来自 *l̥-〉th-〉t-。

2. 蚰蜒——蚭蚭

扬雄《方言》第十一："蚰䗒，北燕谓之蚭蚭。"《集韵·仙韵》："蜒，蚰蜒，虫名。亦书作䗒，通作蜒。"《经典释文·尔雅音义下》："蜒，音延。《方言》云：'宋魏之间蚰蜒谓之入耳。'《字林》云：'北燕人谓蚰蜒为蚭蚭。'上音奴六反，下引女其反。"《广雅·释虫》："蚭蚭，蚰蜒也。""蚰蜒""蚭蚭"都是双声连绵词，"蚰蜒"皆为以母字，"蚭蚭"则为泥母字。北燕人把"蚰蜒"说成"蚭蚭"，是将 *l- 读成 *n-。

3. 嬣

《说文》："嬣，下志贪顽也。从女、覃声。"徐铉注音"嬣，乃忝切"。《玉篇》："嬣，贪顽也。式衽切。"可见"贪顽"义之"嬣1"有两读。古书中还有"嬣2"。《广韵·忝韵》："嬣，弱也。乃玷切。"《集韵·忝韵》

"嬕，妇人细长皃。他点切。""弱"与"细长"有引申关系，可见"嬕2"也有两读。《说文》："嬕，读若深""婪，读若潭"。"深""潭"的声母在汉代还都是*l̥-，因此"嬕"在汉代的雅言里声母为*l̥-，但在某个方言里则被读成*n-。

4. 牏 *lo——纽 *nuʔ

《说文》："牏，筑墙短版也。从片，俞声。读若俞。一曰若纽。""一曰若纽"记录了"牏"的一种异读，即许慎时代的某地方音里 *l- 被读成 *n-。

5. 澳 *noonʔ——缘 *lon

《仪礼·士丧礼》："澳濯弃于坎。"郑玄笺云："古文澳作缘，荆沔之间语。"孔颖达疏："《禹贡》云：'荆河惟豫州。'则郑见豫州人语澳为缘，是以古文误作缘也。"孔颖达将"荆沔"等同于"荆河"，故以为指豫州。我们认为"荆"指楚，"沔"指沔水。《尚书·禹贡》："西倾因桓是来，浮于潜，逾于沔。"孔安国传："汉上曰沔。"孔颖达疏："泉始出山为漾水。东南流为沔水。至汉中东行为汉水。是'汉上曰沔'。"《汉书·地理志》："汉中郡，秦置……成固、沔阳，有铁官。"应劭注："沔水出武都，东南入江。"如淳注："此方人谓汉水为沔水。"杨雄《方言》有"江沔之间"或"南楚江沔之间"。故我们认为"荆沔之间"当指楚地。这条语料记录的是东汉的楚方音。当时的楚人"语澳为缘"，即将"澳"读成 *lon。华学诚（2007:366-367）亦将这条语料归为楚越方音。

6. 糅 *nus——韬 *l̥uu

《仪礼·乡射礼》："无物，则以白羽与朱羽糅杠。"郑玄注："今文糅为韬。"潘悟云拟"糅"的上古音为 *mlus，"韬"为 *l̥uu。但在东汉时期"糅"已经音变为 *nus。因在汉代的某个方音里里 *n- 被读成 *l-，故而"糅"被记作"韬"。

（三）唐宋至今方音里的 *n-、*l- 不分现象

罗常培（1961：19、22、79）在敦煌汉藏对应写本中发现在唐五代西北方音中，有一系列泥母字如"纳内泥恼暖涅乃难脑那能耨"都读' d-，"耨"还有 nog、log 两个读异读。罗先生在《开蒙要训》的注音里还看到泥、来两个声母互注的例子，如以"历"为"溺"注音，以"农"为"䮕"注音。罗先生将五代时期的泥、来两个声母都拟为 l-。他解释道："我所以把'泥来'两母都拟读作 l，因为在藏文对音里来母的音值 l 与

《切韵》无异，而泥母则转变为'd，证以厦门方音明母变[b]，疑母变[g]，而泥母变[l]的例，我们可以推断唐代西北方音的'd在五代的敦煌方音已经变成l了。"

李军（2015：244-245）认为周德清《中原音韵·正语作词起例》"鱼模"下"橹有弩"可证周德清的方音（元代高安方音）n-、l-不分。李军（2015:214）还指出在20世纪初江西高安方音中，泥母无论洪细均读边音l-。

高永安（2007：218、367、280、352）指出明末徽州话黟县型已有泥、来母相混的现象。到了清代，黟县型泥、来已经全面混淆，没有条件了。婺源型虽有泥、来母相混的情况，但却是有条件的，即只有泥母和细音韵母相拼时，泥母和来母混，都读边音。泥、来母相混是从西向东发展的。胡松柏、钱文俊（2004：575）认为19世纪中叶徽语婺源古泥母字韵母为洪音及为-i时与来母字相混。高永安（2007：175、170）引乾隆十八年郑相如编纂的《泾县志》："冷曰能（上声）"，又引民国《芜湖县志·地理·方言》："谓人为臣，又读若邻"，认为清代宣城地区北部的一些地方有泥、来母不分的情况。章炳麟（2003：47）《国故论衡·正言论·正音表》"泥纽变来纽界"为直隶、山东、河南、江苏北部、安徽北部。

陈泽平（2010:53-54）在1870年由福州美华书局出版的《福州方言拼音字典》发现若干n-、l-混乱的迹象。个别写不出字的单音词既有n声母形式，又有l声母形式，对词义的翻译解释却十分相似。例如"løl倒"解释为"躺倒"（to recline）："nøl落"解释为"滑倒"（to fall over）；"neik[7]"解释为"少量、极少量"（a little, a very small quantity）："leik[7]"解释为"不太够"（scant, falling short , barely sufficing）；"郎罢"（父亲）的"郎"注音"nouŋ[2]"；"头发乱"的"乱"表音为nauŋ[5]。陶燠民（1956）指出福州有部分人n-、l-这两个声母混同。陈泽平（2010:53）进一步指出今福州话的单字音，n-、l-两个声母已经混同，一般只有n-，没有l-。

在现代汉语方言里，和福州话的一样把l-读成n-的方言还有武汉话和成都话。

相反，有的方言是把普通话里声母为n的字读成l，如厦门、南昌、长沙、双峰、合肥、扬州等地方言。在厦门话的白读音中，也把普通话声母为l的字读成n，如"连""莲""荔""赖""篮""蓝""镰"

"帘""卵""郎""浪""良""粮""梁""量""两""领""岭"等（参看《汉语方音字汇》第二版重排本）。钱奠香（2018）指出"卵""篮""领""岭""梁""两""量"等中古来母字在19世纪早期潮州话里读 n-。钱先生认为这是因为它们的声母都是鼻化韵。

从以上学者的研究来看，学者们对 n-、l- 不分的现象的追溯只到唐代，而唐代以前是否存在 n-、l- 不分的现象则无人论及。从出土文献和《说文解字》来看，上古汉语方音无疑也存在这种现象。

## 三、n-、l- 不分现象的成因考

钱奠香用逆同化来解释"卵""领""两"等来母字在闽南话读泥母字的现象，的确可以解释这一类问题，但不能解释所有 n-、l- 不分的情况。我们认为造成 n-、l- 不分的原因可以从语音学的角度来探讨。

朱晓农（2006）指出："我们之所以能在历史音系学中引进这些普遍的方法（实验语音学、社会语言学、类型学、接触语言学和数学）是基于一个对语言演变最基本的假设：时空的'齐一性'原则。这条科学中的基本假设说的是：人的发音、听感的生理基础是一样的，语音传播的物理性质更是毫无二致，所以，此时此地能出现的语言变化，彼时彼地也能出现；此时此地难以出现的情况，彼时彼地也难。换句话说，对于语言自然演变的有利条件和限制条件，古今中外都是一样的。人同此口，音同此理。只有承认了这条齐一性原则，历史语言学才有建立的可能。我们才能'以今律古'，用已知推未知，以今人之口度古人之音，从今天的语言知识倒推回去，重建古音。"我们认同齐一性原则，因此我们认为今天的实验语音学研究可以帮我们解释我们在文献中看到的语音现象。

从语音学来看，n 和 l 无论从发音生理还是声学表现都有较好的区分。据孔江平（2015:104-105），普通话辅音 n 发音时舌尖和齿龈接触形成阻塞，同时软腭下垂，声道形成两个共鸣腔体：一个是咽腔加口腔，另一个是鼻腔。气流通过声带产生振动，然后经鼻腔流出，形成鼻音；l 发音时舌尖和齿龈接触形成阻塞，气流从舌的两边流出，同时声带振动，产生边音。这是从人类发音生理的角度观察到的，而从声学表现上看，鼻音主要体现为第一共振峰较低（约 200Hz），并且鼻音的共振峰与后接元音的共振峰之间存在一个断层，这是由软腭的突然打开导致的。边音也有共振峰，但是不存在这种断层现象（鲍怀翘、林茂灿 2014:163-168）。既然 n、l 在语音学上区分得很清楚，那么为何在实际语言中又常常不分呢？

时秀娟（2017：319-336）就普通话声母 n-、l- 做了感知实验，其结论是：北方方言区的被试者可以很好地区分声母 n- 和 l-。但在韵母为合口呼的条件下或声调为阳平的条件下，北方方言区的被试者最容易混淆声母 n-、l-，且更容易将 n- 声母听为 l- 声母；西南官话区的被试者会对 n-、l- 出现一定程度的混淆，且更倾向于 n-，对 l- 的辨认、区分程度较差，较习惯于将 l- 听成 n-。因此我们认为造成 n-、l- 不分的原因应该是由于人们对鼻化度的感知和发音习惯造成的。由于鼻音和边音在声道中都有旁路存在，因此只要人们发音时软腭不下垂，没有形成鼻腔通道，就容易发成边音。这也可以用来解释出土战国楚系文献中 *n- 常常被读成 *l- 的现象。赵彤（2006:76）构拟的战国楚方音的声母系统中 *n-、*l- 是分立的。也就是说，战国楚方音里只是一部分 *n- 被读成 *l- 而不是 *n- 与 *l- 合流为 *l-。这大概是因为当时的楚人对鼻化度的感知比较不敏感，因此容易将 *n- 听成 *l-，从而造成一部分 *n- 被读成 *l-。

从本文第一部分所举的例子来看，楚系出土文献中还有 *ŋ̊- 与 *l- 或 *n- 与 *l̥- 交替的现象，这其实是 *l- 与 *l̥- 的相混问题。这有两种可能：一种可能是，这类材料反映的不是战国楚方音，而是战国雅言的语音。楚简中的用字并非都代表楚方音，其中有很大一部分是传抄文献，而不是楚人原创的。这些传抄文献记录的本是雅言，只是带有一些楚人的用字习惯。因此当楚简中的一些语音现象无法用一种演变规则来解释的时候，我们认为应该考虑雅言语音与方音的不同。如上举清华简三《芮良夫毖》："德刑态（怠）惰，民所妖僻（19）"，"态"当读作"怠"。清华简六《子产》："宅大心张，美外颓（怠）矜，乃自失（08）"。《芮良夫毖》是传抄文献，"态"也不是楚国独用字，因此这条语料记录的当为战国雅言的语音现象。战国的雅言里也存在 *n-、*l- 不分的现象，而战国雅言里已经没有清鼻流音，因此当 *ŋ̊- 被读成 *l̥-，*l- 与 *l̥- 也不分了①。《子产》虽然也不是楚人的作品，但用"遰"来记录"怠"则是楚人的用字习惯，因此这条语料记录的是楚方音中 *n– 被读成 *l– 的现象；另一种可能是：清边音 *l̥– 会受后面的元音的影响而浊化，因而造成 *l– 与 *l̥– 也不分。朱晓农（2013:163）发现缅语里的清边音 *l̥– 因为预期到后面的元音的影响而开始浊化。这可为我们解释出土楚系文献中的 *ŋ– 与 *l– 或 *n– 与 *l̥– 交替的现象提供语音学上的解释。

## 四、结语

综上所论可见，汉语 n–、l– 不分的现象有着悠久的历史。从我们找到的例证来看，战国至汉初的楚方音里只是部分 *n– 被读成 *l–（以母），它们不是受韵母或声调的影响，而是因为楚人对鼻化度的感知不敏感造成的。由于西周时期的例子太少，我们还无法判断楚方音 *n– 被读成 *l–（以母）与西周雅言有无关系。不过，从战国雅言很可能也存在 *n– 被读成 *l– 来看，西周雅言里也可能存在 *n– 被读成 *l– 的现象。汉代的资料既有 *n– 被读成 *l–（以母）的，也有 *l–（以母）被读成 *n– 的，这与唐、元、明、清汉语方音中有的 n– 被读成 l–（来母）的，有的 l–（来母）被读成 n– 当有源与流的关系。我们还需要特别强调的是：汉语史上 n–、l– 一直是两个独立的音位，目前没有证据表明清代以前有哪个方音是所有的 n– 与 l– 合流，或反过来所有的 l– 与 n– 合流。因此所谓 n–、l– 不分只是部分现象。

认识到上古音中也存在 *n–、*l– 不分的现象，我们就没有必要构拟 *nl– 这样的复辅音来解释上古泥母与以母在谐声、通假上的交替现象。郑张尚芳（2013：146、226、564）就为此构拟了 *nl– 复辅音，其中 *n– 是个冠音。我们认为不妥。

**参考文献**

［1］白于蓝：《读上博简（二）札记》，《江汉考古》2005年第4期。

［2］白于蓝：《读郭店简琐记（三篇）》，载《古文字研究》第26辑，

---

① 朱晓农先生告诉笔者："首先要看当时当地的 n~l 分不分，n~ŋ 分不分，如果像现在的湖北话一样 n~l 不分，也没有 n~ŋ 的对立，那么作为音位变体的 ŋ– 与 l– 也不应该分。"

北京：中华书局，2006年。

［3］白于蓝：《简帛古书通假字大系》，福州：福建人民出版社，2017年。

［4］鲍怀翘、林文灿：《实验语音学概要》，北京：北京大学出版社，2014年。

［5］北京大学出土文献研究所：《北京大学藏西汉竹简·贰》，上海：上海古籍出版社，2012年。

［6］北京大学中国语言文学系语言学教研室编：《汉语方音字汇》（第二版重排本），王福堂修订，北京：语文出版社，2013年。

［7］边田钢：《上古方音声韵比较研究》，浙江大学博士学位论文，2015年。

［8］陈剑：《上博〈容成氏〉的竹简拼合与编连问题小议》，《上海馆藏战国楚竹书研究续编》，上海：上海书店出版社，2004年。

［9］陈剑：《郭店简〈穷达以时〉、〈语丛四〉的几处简序调整》，《战国竹书论集》，上海：上海古籍出版社，2013年。

［10］陈松长：《帛书〈阴阳五行〉甲篇的文字识读与相关问题》，《简帛语言文字研究》第1辑，成都：巴蜀书社，2002年。

［11］陈伟武：《战国竹简与传世子书字词合证》，《愈愚斋磨牙集》，上海：中西书局，2014年。

［12］陈泽平：《19世纪以来的福州方言》，福州：福建人民出版社，2010年。

［13］范常喜：《马王堆简帛古文遗迹述议》（一）（二）（三），武汉大学简帛网，http://www.bsm.org.cn/show_article.php?id=720，2007年9月22日首发。

［14］高亨：《古字通假会典》，济南：齐鲁书社，1989年。

［15］高永安：《明清皖南方言研究》，北京：商务印书馆，2007年。

［16］郭锡良：《汉字古音手册（增订本）》，北京：商务印书馆，2010年。

［17］何家兴、王冰清：《银雀山汉简用字探源》，《孙子研究》2018第3期。

［18］何琳仪：《者刀钟校注》，载《古文字研究》第17辑，北京：中华书局，1989年。

［19］何琳仪：《战国文字通论（订补本）》，南京：江苏教育出版社，2003年。

［20］后晓荣：《战国政区地理》，北京：文物出版社，2013年。

［21］湖北省文物考古研究所北京大学中文系：《九店楚简》，北京：中华书局，2000年。

［22］胡松柏、钱文俊：《反映19世纪中叶徽语婺源方音的韵书〈乡音字义〉〈乡音字汇〉》，《音韵论丛》，济南：齐鲁书社，2004年。

［23］华学诚：《周秦汉晋方言研究史》，上海：复旦大学出版社，2007年。

［24］黄成助：《临沂县志》，台北：成文出版社，1968年。

［25］黄文杰：《银雀山汉简异构字探析》，《中山大学学报》2010第3期。

［26］孔江平：《实验语音学基础教程》，北京：北京大学出版社，2015年。

［27］李军：《江西赣方言历史文献与历史方言研究》，北京：商务印书馆，2015年。

［28］李裕民：《马王堆汉墓帛书抄写年代考》，《考古与文物》1981年第4期。

［29］李学勤：《新出简帛与楚文化》，武汉：湖北人民出版社，1981年。

［30］刘钊：《古文字构形学（修订本）》，福州：福建人民出版社，2011年。

［31］罗常培：《唐五代西北方音（影印本）》，北京：科学出版社，1961年。

［32］马宗霍：《说文解字引群书、方言、通人说考》（中），北京：中华书局，2014年。

［33］潘悟云：《上古汉语鼻音考》，《民族语文》2018年第4期。

［34］钱奠香：《十九世纪早期潮州话声母 m/b、n/l、ng/g 的分合》，《方言》2018年第4期。

［35］裘锡圭：《文字学概要》，北京：商务印书馆，1988年。

［36］裘锡圭：《史墙盘铭解释》，《裘锡圭学术文集·金文及其他古文字卷》，上海：复旦大学出版社，2012年。

［37］裘锡圭：《释殷墟甲骨文里的"远""𪌉"（迩）及有关诸字》，《裘锡圭学术文集·甲骨文卷》，上海：复旦大学出版社，2012年。

［38］裘锡圭：《长沙马王堆汉墓简帛集成》，北京：中华书局，2014年。

［39］史大丰：《论银雀山汉墓竹简（贰）文字与战国秦汉文字的关系》，《中国海洋大学学报》2017年第2期。

［40］时秀娟：《鼻音研究》，北京：中国社会科学出版社，2017年。

［41］陶燠民：《闽音研究》，北京：科学出版社，1956年。

［42］王辉：《古文字通假字典》，北京：中华书局，2008年。

［43］王力：《同源字典》，北京：商务印书馆，1982年。

［44］WILLIAM H. Baxter 白一平 and Laurent Sagart 沙加尔 2014 Old Chinese: A New Reconstruction. Oxford University Press.

［45］吴大澂、丁佛言、强运开：《说文古籀补三种》，北京：中华书局，2011年。

［46］邬可晶：《释上博楚简中的所谓"逐"字》，《简帛研究二〇一二》，南宁：广西教育出版社，2013年。

［47］徐在国：《说楚简"叚"兼及相关字》，武汉大学简帛网，http://www.bsm.org.cn/show_article.php?id=1113，2009年7月15日首发。

［48］徐在国：《上博楚简文字声系（一～八）》，合肥：安徽大学出版社，2013年。

［49］叶玉英：《马王堆帛书〈周易〉用字及相关语音问题研究》，《古文字论坛》2018年第4辑。

［50］叶玉英：《基于古文字材料的上古汉语清鼻流音之历史考察》，Journal of Chinese Linguistics 2020.vol.48, no.1。

［51］曾宪通、陈伟武：《出土战国文献字词集释》，北京：中华书局，2018年。

［52］章太炎：《国故论衡》，上海：上海古籍出版社，2003年。

［53］张震泽：《孙膑兵法校理》，北京：中华书局，1984年。

［54］郑张尚芳：《上古音系（第二版）》，上海：上海教育出版社，2013年。

［55］赵彤：《战国楚方言音系》，北京：中国戏剧出版社，2006年。

［56］周波：《战国时代各系文字间的用字差异现象研究》，北京：

线装书局，2012 年。

［57］周祖谟：《方言校笺》，北京：中华书局，1993 年。

［58］朱德熙：《朱德熙古文字论集》，北京：中华书局，1995 年。

［59］朱晓农：《历史音系学的新视野》，《语言研究》2006 年第 4 期。

［60］朱晓农：《语音学》，北京：商务印书馆，2013 年。

# 全球大数据时代的汉字生态学

陈光宇

（新泽西州罗格斯大学东亚文化语言系）

**【提要】**人类21世纪进入前所未有的巨变时代：人工智能、大数据、超大计算机、资讯井喷、信息爆炸，科技一日千里，气候变迁莫测，物种加速凋亡。值此巨变之时，回顾120年甲骨沧桑史，展望未来汉字面临的挑战，汉字深入研究须要以汉字生态学为框架，开展全方位宏观视野，将构建国家级历时共时的超大数据库与架设云端大平台提升到国家战略高度。超大数据库分为三个面向：文字（甲骨文、金文、简帛、篆、隶、历代字、词语、少数民族与汉字圈文字、双向翻译库等）、文献（出土文献、古籍、学术期刊、学术著作等）、文物（出土文物、博物馆、文化遗址、考古资料等）。作为汉字生态系统硬体设备的超大数据库负载承先启后的重任，将对于古文字研究、汉字构型理论、汉字输入检索、汉字信息量研究、汉字传播教育等方方面面产生量变到质变的巨大作用。

人类历史产生过苏美尔、埃及、汉字及玛雅等4种自源文字。其中只有汉字存活至今。汉字是目前世界上仅存的非拼音文字，也是唯一的复脑认知文字。汉字研究有两大谜团：其一，汉字最早的考古证据是晚于苏美尔、埃及文字近两千年的商代甲骨文。但甲骨文已是成熟文字系统，所以汉字源头一定早于商代，然而汉字起源时空背景仍有待未来研究。其二，汉字是人类史上连续使用最久，使用人数最多，而且深刻影响其周边国家的文字。然而汉字具有强大的生命力的原因何在仍有待探索厘清。本文论证建立各种历时与共时的汉字数据库及网络链接系统，不但有助于解决这两个谜团，也为汉字生态学奠定坚实的基础，为汉字在全球化4.0大数据时代的壮大发展创造必要条件。

# 一、汉字面临前所未有的巨变时代

## （一）抚今追昔

清光绪二十五年（公元 1899 年）岁届己亥，国子监祭酒王懿荣发现甲骨文。翌年庚子八国联军攻掠京津，王懿荣临危授任为京师团练大臣，书就绝命词："主忧臣辱，主辱臣死。于止之其所止，此为近之。"北京城破，见事不可为，投井自尽。商代甲骨的发现见证 120 年沧桑史：中国由列强宰割的俎上肉，崛起成为八纵八横，"一带一路"引领世界的强国。在此举行"古文字与出土文献语言研究"国际学术研讨会纪念甲骨文发现 120 周年，抚今追昔，不胜感奋。

放眼今日世界，我们面临的是人类史上前所未有的巨变时代，信息爆炸，资讯泛滥。人类知识的倍增周期从 19 世纪的 50 年，缩短到 70 年代的 5 年，80 年代的 3 年，直到如今不到 1 年就翻一番的程度。近 30 年来人类生产的信息已远超过过去 5000 年信息生产的总和。际此大数据时代，科技飞跃进步，人类视角长达 15 亿光年，太空星际无远弗届；短至 0.1 纳米，原子粒子无微不至。环顾四周：超导，超算，无人机，无人车，机器人，人工智慧，人造生命，无机生命，生命延长，疾病治疗，器官生成，器官移植，气候变化，物种凋亡，环境污染。于是 Yuval Noah Harari 在其回顾人类史与展望人类未来的两本书中指出人类今天虽然已经可以完全掌控 5000 年的 3 个心头大患：饥荒、瘟疫、战争。但是因为掌握了前所未有威力巨大的科技（超导、超级计算机、大数据、云端、人工智能、深海探测、太空航天，等等），人类面临更大的新挑战，包括如何面对可能让人长生不老之医疗科技？如何面对神经科学对人脑的全面探测与掌控？如何面对日益发达的人工智能？如何面对无机生命及人造生命？如何面对人类对自然界生态环境的极度摧毁？如何面对可怕的信息爆炸与资讯泛滥（参看 Harari，2014，2017）。

文字是人类社会走进文明至为关键的重要发明，文明的诞生成长借由文字的承载流传。汉字生存发展茁壮拜秦朝同文共轨之功，汉字负载中华文明四千载，有似民族之脊骨，故称"秦骨"。汉初尊儒崇道，上接商周下开唐宋，铸造民族之魂，可曰"汉魂"（陈光宇，2016）。"秦骨汉魂"造就世界上唯一使用非拼音文字的非宗教文明。际此巨变时代，我们讨论如何利用科技特别是数据库、云平台等工具来开展研究古文字古文献，在某种意义上是在讨论秦骨汉魂如何立足 21 世纪，如何面对信息爆炸资讯泛滥的巨变时代所带来的种种问题与挑战。秦骨汉魂的未来，攸关未来汉字的存亡及汉文明的生存与发展。

### （二）汉字未来的挑战

回顾汉字历史，其特点极为明显：它是唯一由远古进入现代仍然存活的自源文字；它是唯一不需解谜的自源文字；它是目前世界上唯一的非拼音文字；它是目前世界上唯一具形、音、意三要素的文字；它是人类史上使用时间最长的文字；它是世界上从古至今使用人口最多的文字；它是世界上从古至今印刷书籍最多的文字；它是世界上电子计算机输入方法最多的文字；它也是世界上唯一的复脑认知文字。晚清鸦片战争之后，国势日颓，民国成立，五四前后中国知识分子多视汉字是封建遗产：难认、难读、难记、难写，所以多半主张废除汉字改用拉丁化拼音汉字。傅斯年说："中国人知识普及最大障碍祸害是死人话给活人用，初民笨重的文字保存在现代生活的社会里。"鲁迅说："汉字也是中国劳苦大众身上的一个结核，病菌都潜伏在里面，倘不首先除去它，结果只有自己死。汉字不灭，中国必亡。"（傅斯年，1923；鲁迅，1981）汉字濒临覆亡危机，20 世纪 80 年代的中文打字机仍像庞大的纺织机。汉字作为世界仅存非拼音文字，如果不能作键盘输入无法适应现代化，那么汉字拼音化将是唯一选项。不想电脑科技竟使汉字败部复活，起死回生。计算机的出现完全解决了汉字输入、复制、存储问题，汉字可以完全适应现代信息化、数字化世界已是不争事实（参看 Zhang, 2016）。方形汉字的二维结构对比线性一维的拼音文字，在储存、传递、输入、信息量等许多方面的优势逐渐显现。往往一个词语，汉字所需键入的音节次数要比同样意思的拼音文字少很多。由于汉字是形音义俱全的文字，汉字电脑输入可以任意使用这三种元素的不同组合，汉字输入速度还有继续增加的很大空间。汉字相较拼音文字可能其内含信息量也比较高。一篇英文文章若译成中文，往往只占原文篇幅的 2/3。有人曾经对联合国使用的 6 种官方语言的文件文本进行了统计比较，结果中文文本总是最薄。如今汉字已无生死存亡之虑，我们需要对汉字的源起发展作深入的历时共时研究，发掘汉字高信息量的潜能及开发高效的输入检索方法。值此巨变之际，回顾汉字历史，展望汉字未来，我们必须要清楚认知未来可能面临的挑战与问题。在此抛砖引玉举出一些例子借资讨论。

第一，如何利用数字处理的科技理论方法将今古汉字研究提升到更高更新的水平？下列可考虑一些问题：

（1）汉字起源：商代甲骨文字相当成熟，汉字起源应远早于商代，但是究竟早到何时？

（2）汉字连续使用最久，使用人数最多，而且深刻影响周边其他国家的文字。造成汉字强大生命力及稳定性的因素是什么？

（3）汉字承载汉文明三千年，产生出无比庞大的传世文献。考古工作日益蓬勃发展，科技发达，地不爱宝，出土文献会越来越多。如何结合数据网络新科技，构建超大数据库云平台，作为发挥民族软实力基地？

第二，如何利用计算机科技借汉字构型规律发掘二维汉字的潜力来因应信息知识爆炸？

（1）繁简并存的现象，一时不会改变，但是繁简规范关系到华人世界信息传递以及所有古今汉语书籍文献的数据检索，某种程度的融汇规范，对汉字的普及与古籍的传承是必要的。

（2）汉字构型研究与输入方法的开发。

（3）汉字检索系统开发与规范。

（4）因应知识信息爆炸现象并且顾及各个专业领域新术语与科普传播，如何就汉字构形理论研究及时迅速精准地创造与规范新字、新词等问题。

第三，如何利用网络云台科技创新普及汉字汉语教学及开展与其他语言文字的互动交流？

（1）怎样对汉字圈周边国家以及与汉文明历时共存少数民族的文字文物资料信息数字化处理？

（2）如何系统开发汉语教学的理论研究与工具方法，推广承载汉文明及汉语的汉字教学？

（3）越南、朝鲜、韩国、琉球、日本深受汉文化浸润，曾经完全用汉字记述其历史文化，就其本身历史文化而言以及与全球化视野，如何激活重建汉字文化圈？

第四，如何规范字词创新及系统进行外文翻译？

（1）汉字不是拼音文字，用汉字翻译非汉语圈的外国人名、地名有一定的困难。汉字走向世界，中外交流日趋频繁，人名、地名翻译规范，极为需要。

（2）在此知识爆炸的今日，新词语在世界各地如井喷似地产生，及时翻译与规范日趋重要。

（3）外文字母与科技符号的吸收问题。科学研究著述如化学方程式、分子式、计算机语言、语言学语音符号等等使用非汉字符号。汉字系统需要吸收这些符号，并加以更新规范。

## 二、汉字生态学

汉字在此巨变时代所面临的挑战，简言之，就是如何承先启后的问题：其一，如何系统高效地整理古代及历时的汉字；其二，如何在古文字研究基础上展开历时、共时的系统汉字研究。不但要检视汉字特点、历史，探索发扬其内涵的优势，改善现有缺点，更要系统研究汉字词语特别是与文化环境互动的发展途径，以及如何提升发挥汉字信息含量。汉字研究面对的不仅是汉文明四千年累积庞大数量的字词语、古籍、出土文献、文物，还有日新月异、泛滥爆炸的信息资讯。传统微观的文字学局限于封闭的汉字系统，已经不足以应对这些挑战。

生态学是研究在特定空间及时间范围内单一或众多生物系统与其周围生物与非生物自然环境互相影响依赖的一门学科。生态学方法首在定义生物系统及其环境，建立系统及环境的各种数据库作为研究的工具与实体。生态学的精髓就在厘清处理多系统之间错综复杂的互动关系。这种研究多系统互动关系的理念已经扩及人文及社会学科领域，产生文化生态学、政治生态学、语言生态学、社会生态学、城市生态学等交叉性新学科。文字的诞生、成长、凋亡有似生物体的有生有死，汉字起源发展的二阶模式（陈光宇，2017）可以比拟生物进化衍生过程。所有生物的基本构件都是含碳、氢、氧、氮的氨基酸、核糖酸、脂肪酸等。生物系统的发展靠物种与各种特定的自然环境与其他生物环境的互动产生的突变、分化、进化及繁殖。同样汉字构成组件不外点、横、竖、撇、捺、钩、挑等笔画，由笔画组件构成部件、部首，进而组成文字。靠文字组合及新字创造发展成汉字系统，发展的动力来自文字系统与自然、人文环境的互动影响。在信息爆炸大数据时代，汉字研究发展应该在传统文字学基础上建立起生态学架构，用宏观视角解决汉字研究所面临的各种问题与挑战。汉字生态学可以视为以生态学理论方法来研究共时历时汉字与人文自然环境互动平衡发展的新领域。汉字生态学研究的对象包括汉字系统、汉字生态环境，以及两者之间的关联与互动关系（余延，1998；季丽莉，2009；陈光宇，2018）。

就三维空间而言，汉字系统包括所有的古今汉字词语以及汉字文化圈的衍生汉字。而汉字生态环境则包括所有可能影响汉字系统的自然及人文环境，例如政治、经济、战争、医疗、学术、专业、职场、社会、文艺、建筑等，以及与汉文化有密切历时文化关联的少数民族文化。汉字生态学的"硬体"就是字库、词库、语库、文献、考古资料库等等的数据库。历时古今汉字与包括汉字圈的共时汉字构建的字库，与历时共时的词料和语料库，再链接其他相关数据库，就构成云端的汉字生态系统。汉字三千年历史使我们可以收集跨越时空的巨大数据资料进行历时与共时汉字库的构建及汉字分类研究。而字、词、语的更新创造更壮大丰富了汉字系统，满足每个时代汉语交流及文化信息负载的需求。汉字生态学还有历时与共时的第四维时间层面，即汉字历时的生态变化及共时的生态状况。在全球化大数据时代，我们有条件采取微观及宏观的双重视角，对汉字做四维时空全方位的考量研究。例如，对于汉字系统的整理研究，除传统的文字学、语法学之外，我们可以由生态学角度扩大视野，以时间为轴，从历时与共时来检视分析厘清汉字系统的内涵；将汉字的字词语视为汉字生命树，从汉字生命树的成长来看汉字系统与汉字生态环境的互动影响，寻找组合机制与变化规律。生态学的基础是分类统计。大数据大计算时代，建立功能完备可以不断更新扩大的数据库为生态学带来了无比生机。以国家级的字词语库为基石建立汉字生态学这一新领域来思考研究汉字系统的源起成长与发展，探索汉字系统在大数据时代的未来前景与汉字面临21世纪挑战必须采取的应对方式。商周甲骨文、金文、战国秦汉简帛文字等出土文献是进行汉字文化基因解读极为重要的材料。唯有将这些古文字材料放在汉字生态学范畴之中，才能对未来汉字的研究发展包括汉字起源、汉字解析、文献释读等发挥最大作用，做出最大贡献。

## 三、汉字生态学的核心

汉字生态学的核心就是建立国家级的超大汉字数据库来深化全方位汉字研究，承先启后以因应全球化巨变时代的挑战。这个超大数据库的构建需要集思广益，进行创新以及规范整合各种相关数据库。

### （一）数据库现状[①]

中国及欧美学界有关古文字、汉字、汉语及文献的数据库很多。目前汉字汉语古籍等各种数据库各自为政，水准参差不齐，缺乏规范，也缺乏长期规划。例如台湾成功大学建立的甲骨文全文影像资料库本来可以利用分类、关键字及拓片影像等进行检索十分便利，却忽然关闭停运，十分可惜。下举一些与古文字古籍有关可以上网检索的一些数据库：

（1）殷契文渊：由安阳师范学院甲骨文信息处理教育部重点实验室和中国社会科学院甲骨学殷商史研究中心合作建立网站，于2019年10月开通，包括三库平台：字形库、著录库、文献库。著录已达152种，文献收集达34000种，图像拓片达24万幅，是目前最完备的甲骨文资料网站。

（2）殷周金文暨青铜器资料库（台北中研院）：内有先秦甲骨金文简牍词汇资料库、金文关系文献资料库、殷周青铜器地理资讯系统以及先秦铜器纹饰资料库等。

（3）汉达文库（香港）：收录《甲骨文合集释文》及《英国所藏甲骨集》等海外所藏甲骨卜辞资料。竹简帛书收录多种出土简帛文献，金文收录12021铜器资料，约18000张拓本，包括摹本，约近100万字器物资料说明，另140000字隶定释文。

（4）甲骨文数位典藏（台北中研院）：拓片资料以史语所藏甲骨文拓片为主，总计超过45000张。

（5）CCL语料库（北京大学中国语言学研究中心）：有现代汉语、古代汉语、汉英双语3个语料库。古代汉语语料库字数达一亿。

---

[①] 关于古文字、词料、语料的数据库可以参考如下网络资讯：国内可用语料库 https://blog.csdn.net/u010041824/article/details/77848523，古文字资料网站 https://www.douban.com/group/topic/34162038/，也可参看（单志鹏，2017）。

（6）中国哲学书电子化计划（线上开放古籍电子图书馆）：为中外学者提供中国历代传世文献，力图超越印刷媒体限制，通过电子科技探索新方式与古代文献进行沟通。收藏的文本已超过 3 万部著作，并有 50 亿字之多，故为历代中文文献资料库最大者。

（7）国学大师网站（民间）：古籍辞书收集完备，如《甲骨文合集》《殷周金文集成》等均可检索。

## （二）中华字库[①]

中华字库工程是《国家"十一五"时期文化发展规划纲要》所提出的重大建设项目，定位为引领中华文化步入信息化、数字化时代的先导性、奠基性工程。项目任务包括：（1）建成全部汉字及少数民族文字的编码和主要字体字符集；（2）重点研发汉字编码体系；（3）重点研发汉字输入、输出、存储传播以及相互兼容等关键技术。中华字库不但要对各种出土、传世文献和当代文字作品进行数字化处理，更要将从甲骨文以降所有汉字形体和少数民族文字形体汇聚建立字际联系，按照出版印刷及网络数字化需求，制作出符合各种应用需求的汉字及少数民族文字的编码及主要字体字符库。中华字库工程共有 28 个包，分包给各知名的研究中心或机构。例如甲骨文字的搜集与整理（首都师范大学），金文的搜集与整理（复旦大学），秦简文字的搜集与整理（武汉大学），两汉、吴、魏、晋简牍文字的搜集与整理（吉林大学），宋元印本文献用字搜集与整理（清华大学、中华书局），少数民族现行文字的搜集整理与字库制作（中国社科院民族学与人类学研究所）等。中华字库工程旨在对现有资料进行全面整理，为古文字输入输出制定统一可行技术标准。

## （三）构建国家超大汉字研究数据库

国家级的超大汉字研究数据库将是汉字生态学发展的硬体设施，是汉字面临 21 世纪全球化及信息爆炸挑战的因应工具。2011 年启动的中华字库工程如果能全面解决古今汉字及少数民族文字的编码与输出入问题，将会为构建国家级超大汉字研究数据库打下坚实基础。超大数据库应该涵盖文字、文献、文物 3 个面向。大致的构建蓝图简述如下：

（1）超大文字库的构建可以以中华字库工程项目为基础，其中包

---

① 参看《国家"十一五"时期文化发展规划纲要》http://www.gov.cn/gongbao/content/2006/content_431834.htm。

括甲骨文、金文、简帛、篆隶、近代、现代等共时的各种古今汉字库、鲜卑、党项、西夏、辽金、女真、蒙古、维吾尔、藏、满、朝鲜等少数民族文字库，韩、越、日本、琉球等曾经大量使用汉字的汉字圈文字库。超大文字库也包含单音词、双音词、三音词、多音词、成语、俗语、歇后语等词料库，以及按学术专业（例如政治、经济、哲学、军事、物理、化学、数学、运输、生物、科技、电脑、工程、医学、法律、音乐等）建立的术语库。另外超大文字库也应该包括各种主要外文（如英、法、德、西班牙、阿拉伯、俄、日、韩、意大利等文字）及境内少数民族文字的双向翻译字词数据库。

（2）超大文献库的构建以中华字库为基础，搜集涵盖历代古籍、出土文献、学术期刊、会议论文、学位论文、工具书、文史、国学、考古等相关图书。规范统一检索方法，建立交流平台，并与文库其他数据库链接。可以整合高水平、已经运行有年的各地图书古籍网站，链接中国知网（CNKI）以及中国哲学书电子化计划，以及域外汉籍资源网站。

（3）超大文物库的构建可以参考殷周金文暨青铜器资料库、甲骨拓片资料库、考古资料数位典藏资料库以及国际敦煌项目（IDP）等网站。大文物库涵盖甲骨、青铜器、简帛、砖石、书画等出土及传世文字载体的图片、拓片等影像数据资料，并且链接国内外博物馆网站以及国内主要考古资料网站及包括新石器时代文化遗址如马家窑、陶寺、大汶口、良渚等的相关网站。可以在全世界征集成员机构及合作者。特别是新石器文化遗址出土的陶文遍及中国大地，为了研究汉字起源，应该搜集境内外所有陶文资料建成陶文数据库。

这个包含文字、文献、文物的超大国家数据库可以暂定名为中华文字文献文物大数据库，简称为大中华文库。大中华文库汇集古今汉字、少数民族文字、汉字圈相关文字、古今典籍、相关各学术领域期刊、相关文物历史考古数据资料。大中华文库为汉字永续发展创造条件，承先启后，将是汉字生态学最大的数字化研究基地。开放式大中华文库结合网络云端技术也将成为为海内外学者交流、汉字字词语规范以及学术普及等最大的网络平台。

汉字研究直接关联未来汉文明及民族软实力。应该成立直属国务院的常设机构来从事建构国家级文字文献超大数据库，并进行规范整合链接各种现存数据库，建立云端平台，负责管理、维护、交流、更新及不断研发改进等工作。这个机构可以暂时定名为国家文字文献文物数据库委员会，简称为"国家文库委"。

## 四、汉字生态与大数据库的运用

可以预见国家级超大文字、文献、文物数据库的建立将对汉字生态学的研究开发产生由量变到质变的跃升。在此笔者就未来大数据库的运用聊举数例以为说明。

### （一）汉字起源研究

汉字研究有两大谜团：其一，汉字最早考古的证据是商代甲骨文。但甲骨文是已经成熟的文字系统，所以汉字起源一定远早于商，但其时空仍属未知。其二，汉字是人类史上连续使用最久、使用人数最多，而且深刻影响其周边国家的文字。汉字明显具有强大的生命力，但其原因何在仍有待探索。对于第一点，有鉴于汉字构型的稳定性及连续性，笔者曾提出可以用数学模式来推测汉字由"文"发展到"字"的时间不晚于公元前2100年（陈光宇，2008）。利用历时汉字大数据库取得更多的数据点可以更精准测定汉字起源第二阶的时间。目前出土陶文数量虽多，但散见于考古报告的资料不全。虽然就形而言，某些陶文应该是带有意涵的符号，但缺乏音、义的联系，不足以作为汉字起源的考古证据。陶文库的建立将陶文与出土遗址及相关资讯联系（例如陶文可能联系到陶器内的贮藏物）或者可以为文字考古打开新的视窗。对于第二点，在公元前3000–公元前2000年广袤的黄河、长江、珠江及淮河流域应该有许多种族语言可能不尽相同的文化圈，因为文化交流，很可能当时先后有数种或多种不同的远古初文同时存在，也许丁公村陶文、虬龙庄陶文或甲骨文前身就是这些初文的遗留。这些共存的、不同的初文经过长期交流、激荡、影响、磨合、淘汰，在公元前21世纪左右这些甲骨文的前身亦即汉字的祖先，进入由文至字的孳乳时期，发展形成成熟的甲骨文字系统。学界以"漏斗型模式"来形容初生蛋白质的折叠过程，笔者认为汉字经过互相影响、竞争乃至淘汰的发展过程而存活下来的汉字系统也可以用漏斗型模式来说明汉字强大的生命力及稳定性（陈光宇，2009）。大文物库链接的考古资料库中包含人种DNA及语言族系的资讯可以用来检视文化遗址出土文物与特定语系的关系，从而间接验证漏斗型模式的可能性（黄铭崇，2015）。

（二）汉字构形研究与输入检索

分类学是生态学的基础。生物分类已由形态结构分类进步到基因测序分类。汉字分类可以视为汉字生态学的基础。发展更为精准的汉字分类法是汉字生态学的首要挑战。汉字系统分类始于许慎《说文解字》的部首分类法。除部首分类外，还有拼音、部件、笔画等方式，在大数据时代的今日显然还有极大的改进空间。超大规模汉字数据库的建立将极大促进汉字构建理论的研究以及汉字构建新规律的探索（参看刘靖年，2011），从而发展更高效精准的汉字分类方法。汉字键盘输入法虽然多达十数种，但是缺乏规范比较。精准的汉字分类可以在现有各种输入法的基础上开发出高速高效的键盘输入法。精准的汉字分类也关联到如何建立精准高效的汉字索引系统及开发强大精准的网络搜寻检索工具。

（三）甲骨文研究

15万甲骨片散存海内外，百年来甲骨片的著录拓本多达数十家，形制水平参差不齐，学者研究往往费时，搜寻资料极不方便。集拓本、摹本、高清照片、影像数据、释文等所有相关文献于一库，学者可以在最短时间取得最大相关资讯，将大大促进甲骨释读研究工作。例如儿氏家谱刻辞甲骨，虽然该片拓本曾被发表，也著录于《英国所藏甲骨集》，但是纸本印刷，难定真伪，以至两派学者争论不休达百年之久（陈光宇，2016）。原件现藏大英图书馆，重洋远隔，难以亲自目击。笔者曾在该图书馆实验室调出原片花一天时间进行全部正反逐字显微照相。这些影像资料就可以放入甲骨文数据库，以供海内外学者参考。又如占卜甲骨，经过钻凿、灼烧及契刻，再加上岁月风化，科学发掘出土之后即使装箱运输也容易断裂，更遑论民间盗掘、商家买卖。断骨残甲散落各地，对于甲骨释读研究工作造成莫大障碍。利用各种甲骨片特征及刻辞如文例、字形、碴口、甲骨形态、行款、兆序、反面文字等进行残片缀合工作已成为甲骨研究的显学。近20年，缀合成果达4000余组。甲骨大数据库将搜集目前学界全部的缀合成果，并且可以利用数据库已知资讯或研发新参数来系统进行电脑缀合。同时可以开发网络平台的系统缀合程式将甲骨缀合变成众包（crowdsourcing）项目。结合甲骨缀合、分期、分类等工作成果，可以将海内外十数万片甲骨片重新进行编号工作，以利检索研究。大甲骨文数据库除集中所有相关研究资源外，也能提供开放式平台促进网上合作,集中攻关,解决难题。

(四)汉字词语创新

汉字生态学就是将历时古今汉字与包括汉字圈的共时汉字构建的字库与历时共时的词料与语料库再链接其他相关数据库构成云端的汉字生态系统。国家文字数据库在整合现有涵盖字料、词料、语料各种数据库基础上开发出来的国家级超大数据库,是汉字生态学中属于汉字系统的硬体。这个硬体一方面可以支持对汉字系统字、词、语全方位地进行历时与共时统计,分类,记述。另一方面也可以支持研究每一个字、词、语与其生态环境的互动影响,学者可以用生态学理论方法及规范原则开展课题研究历时共时的文化景观,如食、衣、住、行、农、林、畜、牧、盐、商、政、军等等如何推动影响字、词、语的产生演变,更精准地阐述环境与字、词、语的互动,特别是其产生的时空背景以及它们与文化生态的互动的机制。在全球化 4.0 的大环境之下,面对日新月异的科技发展(人工智能、外层空间、深海、生命科学、干细胞技术、新物质,等等)及信息大爆炸的今日,每一种世界文字都面临信息负载量的挑战。作为唯一形音俱存的汉字,作为唯一的复脑认知文字,汉字与其他拼音文字比较以及其因应时代挑战的潜能与优势有待发掘。大中华数据库内各种数据库的整合链接与使用,以及深入研究汉字构型分类及汉字词语产生分类及字词语与环境的互动机制,有助于我们系统合理地创造新字、新词、新语,从而增加汉字的信息负载容量。例如为化学领域新发现的元素所创造的新字:氜、氭、氮、氮、锡等,因为一望即知其物理属性及大致音读所以非常合理。又如科学测量十进位的名称英文用 million, billion, trillion, quadrillion, quintillion, sextillion 等等,那么用什么汉字处理这些巨大数字呢?从大中华数据库可查知古代文献《孙子算经》相应的汉字有个、十、百、千、万、亿、兆、京、垓、秭、穰、沟、涧、正、载等。那么信息量 zetta bytes(1021 bytes)是否写成"十垓字节"还是音译为"哲塔字节"?这些都是汉字需要面对研究的新问题。

(五)汉字生命树利用字料库与词语库的链接可以建立字群词组语系的联结分类

例如以"人"字为例,可以列举所有含"人"字部首的字,视之为"人"字群,进行研究其相互的内在关系。也可以列举历时与共时含"人"字的双音词、三音词、四音词及成语等进行分类,研究其成词的背景及功能。

字、词、语的关系可以形象用汉字生命树来形容：汉字是树根，词是树干，语是枝叶。每一个汉字都有其相应的字群与词语。每个汉字都可能由字、词、语组成汉字生命树。汉字生态系统就是一片成千上万汉字生命树组成的森林之海。利用数据库来构建汉字生命树，利用汉字生命树的概念来检视汉字系统，不但有助于汉字汉语教学，更方便从宏观角度来厘清汉字系统中像森林一般的字、词、句群与汉字生态环境之间的关系。

## 五、结语

以国家级的字词语库为基石建立汉字生态学这一新领域来思考研究汉字系统的源起成长与发展，以及探索汉字系统在大数据时代的未来前景是汉字面临21世纪挑战必须采取的应对方式。生态学的基础是分类统计。大数据大计算时代，建立功能完备可以不断更新扩大的数据库，为生态学带来无比生机。诚如大会主旨所言在对汉字文化基因进行解读的过程中，甲骨文、金文、简帛文字等先秦出土文献是非常重要的材料。只有将古文字研究放在汉字生态学范畴之中，放在代表汉字生态系统的大数据库里，这些出土文献及文字材料才能发挥最大功能，为汉字起源、汉字解析，包括文献释读与未来汉字发展发挥最大作用作出最大贡献。就全球化视野来看，汉字与其他文字的双向翻译库不但有利于汉语汉字教学与传播，更能极大促进汉文明与其他文明的文化思想双向交流。

### 参考文献

[1] 陈光宇：《试论汉字起源定点与世界古文字溯源比较》，《文博杂志》2008年第4期，第26~34页。

[2] 陈光宇：《从甲骨文推测汉字起源与发展模式》，首届中国文字发展论坛暨纪念甲骨文发现110周年学术研讨会论文集》，《中国文字博物馆》2009年第2期，9~18页。

[3] 陈光宇：《秦骨汉魂：全球视野下考察中国文化的连续与断裂》，《华夏文化论坛》2016年第16辑，221~230页。

[4] 陈光宇：《儿氏家谱刻辞综述及其确为真品的证据》，《甲骨文与殷商史》2016年第6辑，267~297页。

[5] 陈光宇：《由甲骨文推演汉字起源及世界远古文字溯源比较》，

《甲骨文与殷商史》2017 年第 7 辑，46～61 页。

［6］陈光宇：《汉字起源与汉字生态》，《民俗典籍文字研究》2018 年第 22 辑，52～60 页。

［7］单志鹏：《汉字字料库浅议》，《辽宁工业大学学报》2017 年第 19 卷第 2 期，63～66 页。

［8］傅斯年：《汉语改用拼音文字的初步谈》，《国语月刊》1923 年第 1 卷 7 期。

［9］季丽莉：《汉字研究的新视野汉字的生态学阐释》，《前沿》2009 年第 4 期，183～185 页。

［10］Harari, Yuval Noah 2014 Sapiens: A Brief History of Humankind, Signal Books, McClelland & Stewart.

［11］Harari, Yuval Noah 2017 Homo Deus The Brief History of Tomorrow, HarperCollins Publishers.

［12］Hwang, Ming-chorng 黄铭崇 2017 Genes, Language Families, and Writing Systems: Rethinking the Origin of Chinese Writing. In Chen, Kuang Yu et. al. (eds.), Dialogue of Four Pristine Writing Systems. 105–124. The Confucius Institute of Rutgers University.

［13］刘靖年：《汉字结构研究》，吉林大学 2011 年博士学位论文。

［14］鲁迅：《关于新文字》，选自《且介亭杂文》，载《鲁迅全集第 6 卷》，北京：人民文学出版社，1981 年。

［15］余延：《汉字学与生态学理论思考》，《汉字文化》1998 第 2 期，43～46 页。

［16］Zhang, Sarah 2016 Chinese characters are futuristic and the alphabet is old news, The Atlantic.

［17］https://www.theatlantic.com/technology/archive/2016/11/chinese-computers/504851/

# "亞醜大子器"铭文的整理与研究*

谢明文
（复旦大学出土文献与古文字研究中心）

【提要】"亚醜大子器"中的"㠯"形既作为"䚷/姒（姒）"的声符，也作为单独的"㠯（以）"字来用，表示致送义。"亚醜，者䚷/姒（姒）㠯（以）大子尊彝"应理解为"亚醜族君长的配偶中来自'者'族的那一位致送大子尊彝"。

在商末金文中，有一批与"亞醜①大子"相关的铜器，各器铭文基本相同。有许多研究者对这批器物的铭文进行了讨论，然各家解说纷纭，有些字的释读至今仍未取得一致意见。我们在搜集好相关铜器铭文，经仔细研读后有一些不成熟的意见，下面拟对这批亚醜大子器的铭文作一些补释。为了讨论的方便，我们先把相关诸器的铭文拓本按器类揭示如下：

簋：  《集成》03098a  《集成》03098b

---

\* 本文为国家社科基金冷门绝学研究专项学术团队项目"中国出土典籍的分类整理与综合研究"（批准编号：20VJXT018）、国家社科基金一般项目"商周甲骨文、金文字词关系研究"（批准编号：21BYY133）的阶段性研究成果。

① 董珊：《释苏埠屯墓地的族氏铭文"亚丑"》，载李宗焜主编《古文字与古代史》第4辑，台北："中央研究院"历史语言研究所，2015年，第337～368页。董珊先生近年对此字有新释，他认为此字的表意重点在于"酉"中置"勺"，该字应改释为"酌"。

"亞大子器"銘文的整理與研究　239

尊：《集成》05935　　《集成》05936

爵：《集成》09090

觥：《集成》09294 蓋銘（《集成》00917 誤為甗，重出）

《集成》09294 器銘　　《集成》09295 蓋銘

《集成》09295 器銘　　《銘圖續》[①]0890 蓋銘

《銘圖續》0890 器銘

罍：《集成》09818 蓋銘　《集成》09818 器銘

《集成》09819

---

① 吳鎮烽：《商周青銅器銘文暨圖像集成續編》，上海：上海古籍出版社，2016 年。

上述诸器铭文除去"亚醜者大子尊彝"后剩下的部分，各家释读意见颇有分歧，在介绍各家及我们的看法之前，有必要先把上述个别铭文的有关情况简单介绍一下。《集成》00917 著录的铭文与《集成》09294 盖铭重出，学者们在讨论相关诸器时一般没有剔除《集成》00917 之重铭，不妥。本文不收录《集成》00917 之重铭。

《集成》03098 之簋铭，旧一般释作"亚醜"。但是此铭的实际情形比较复杂，该铭经过 X 光片显示的铭文如上 03098b 所录。台北故宫博物院编辑委员会根据 X 光片指出："全器铭文系由三种不同铭文接补，第一种为大亚字形中间有字，其是否为'丑'已不得而知，目前仅见大亚字形的上半部，下半部部分则由另一残片所接补，为第二种铭文，残片部分为二行，一行为二字'婤以'，一行为'彝'，可能系'亚丑诸婤以太子𠫑彝'铭的残片……器底围绕铭文周围有明显的五块垫片分布。"①

03098b 与 03098a 比较，前者除了显示后者的"亚醜"外，在"亚醜"右边，还显示"亚"形的大半，而"亚"形中的（逆时针转 90 度作）明显是"醜"形左上角部分的残画。在"亚醜"的左边，"婤以""彝""尊"所从的"阜"形及其中一"又"形、"者"所从的"口"形都还能辨识，无疑系"亚丑诸婤以太子𠫑彝"铭的残片。但从铭文布局来看，它与"亚醜"右边残去大半的那个"亚醜"显然不属于同一组。可见该器铭文确系有 3 种不同铭文接补，《商礼》的说法可信。根据 X 光片显示后的铭文，可知在对"亚醜大子器"进行研究时，《集成》03098 的铭文实应该一并讨论。

为方便指称，我们用"亚醜大子器"来统称上述诸器②。《善斋吉金录》

9.37 著录了一件诸女匜，器形作" "，铭文作" "。

---

① 台北故宫博物院编辑委员会：《故宫商代青铜礼器图录》，台北：台北故宫博物院，1998 年，第 577 页。

② 高田忠周：《永寿灵壶斋吉金文字》，台北：艺文印书馆，1975 年。1.7.4 著录一件尊，铭文作"亚醜者子尊"，当是据"亚醜大子器"所作之伪铭。

从考古发现来看，匜这种器物出现得比较晚，诸女匜铭文应属于伪铭。《奇觚》17.5.4 著录一件尊铭作"[图]"，《积古》5.4.2 摹本作"[图]"。

从铭文内容看，它与上述其他诸器铭文显然有密切关系，也应一并讨论。

《积古》5.4.2 尊铭，《积古》的释文作"者女举尊彝"，云："案诸作者，古省。"①《攈古》卷1之3.24.2把此尊铭释作"诸女以尊彝"②。《奇觚》17.5.4 释作"者女氏尊彝"，云："右尊铭五字，积古五、攈古一之三皆同范。者，诸省，地名，见《春秋·庄》二十九年，氏上夺作字。"③《从古》2.12 在考释"亚醜大子器"中的爵铭（即《集成》09090）时说："者，诸省，诸女犹妇女九嫔之属。[图]，旧释作举。今按明是㠯字。㠯，与也。大子，旧释作太子。今按大如字，子当读为祀。"④

20世纪以来，许多研究者继续对"亚醜大子器"铭文展开了研究。王海文（1958：49）在一篇文章中说道："据唐兰先生的意见，'者姤就是诸后'，也就是历代先王，'以'字可解释作'与'，这一组铜器既然用以祭历代先王和太子，可见这个醜亚氏族应当是帝王的后裔。"⑤ 王献唐认为者（诸）为古国名，其君姒姓，字以，这一组器均是媵器，作"诸㠯"者是父为女作器，"者女"即"诸妇"，其夫人以夫字为字，故称之"诸

---

① 阮元：《积古斋钟鼎彝器款识》，载刘庆柱、段志洪、冯时编：《金文文献集成》第10册，北京：线装书局，2005年，第129页。
② 吴式芬：《攈古录金文》，载刘庆柱、段志洪、冯时编：《金文文献集成》第11册，北京：线装书局，2005年，第155页。
③ 刘心源：《奇觚室吉金文述》，载刘庆柱、段志洪、冯时编：《金文文献集成》第13册，北京：线装书局，2005年，第426页。
④ 徐同柏：《从古堂款识学》，载刘庆柱、段志洪、冯时编：《金文文献集成》第10册，北京：线装书局，2005年，第281页。
⑤ 徐同柏：《从古堂款识学》，载刘庆柱、段志洪、冯时编：《金文文献集成》第10册，北京：线装书局，2005年，第281页。

妇以"，是母为女作器。① 沈长云从之。② 朱凤瀚把 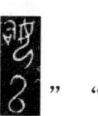 释作"姤（后）"，认为"后"在卜辞和商金文中指商王或诸侯君长之配偶，者为此后出身之氏名，"者后"之称犹卜辞与金文中的"鼙后"。以读为祀，铭文是讲者后作尊彝以祭祀大子；作"者后"是示其身份，"者女"仅表示其为出身于者氏之女。③ 周法高认为姤或女与以乃，是"姒"字的上下分写，"诸姒可能是姒姓国家之女嫁给诸国的君主者"，"这一组器可能是诸国君主的夫人为她的长男或长女所作的一套器皿"。④ 冯时把者姤爵（《集成》09090）铭文释作"者（诸）姤（姒）以（贻）大子陥彝。亚醶"，认为"亚"是宗法中的小宗，诸本国名，亚醶是其支庶，"大子"可以理解为诸国之嫡长，如此则为诸姒为大宗作器赠之，故依夫国之氏而名亚醶，以示其属小宗。⑤ 陈英杰认为这个"以"表示致送义。⑥ 罗端认为这个"以"是表达一个跟祭祀有关而意义目前尚不能确定的祭祀动词。⑦ 张再兴认为"以"是与"制造"意义相当的动词。⑧

在释字方面，诸家最主要的分歧在于""""的释读，一般把前者释作"姤𠂤（以）"，把后者释作"女𠂤（以）"。按照这种释法，

---

① 王献唐：《山东古国考》，济南：齐鲁书社，1983年，第233～239页。
② 沈长云：《夏代是杜撰的吗——与陈淳先生商榷》，《河北师范大学学报》2005年第3期，第92页。台北故宫博物院编辑委员会：《故宫商代青铜礼器图录》，台北：台北故宫博物院，1998年，第577页。
③ 朱凤瀚：《论卜辞与商金文中的"后"》，载中国古文字研究会、中华书局编辑部编：《古文字研究》第19辑，北京：中华书局，1992年，第434页。
④ 周法高：《诸女彝考释》，载《金文零释》，台北：台湾商务印书馆等，1993年，第95页。提及多家看法，读者可以参看。
⑤ 冯时：《殷代史氏考》，载《黄盛璋先生八秩华诞纪念文集》，北京：中国教育文化出版社，2005年，第21页。
⑥ 陈英杰：《西周金文作器用途铭辞研究》，北京：线装书局，2008年，第794～796页。
⑦ 罗端：《从甲骨、金文看"以"字语法化的过程》，《中国语文》2009年第1期，第3～9页。
⑧ 张再兴：《殷商金文考释两则》，载《中国文字研究》14辑，郑州：大象出版社，2011年，第18～23页。

"亚醜大子器"诸器铭文则要分为"亚醜、者姤巳（以）大子障彝"与"亚醜。者女巳（以）大子障彝"两类，故旧一般把铭文是前者的诸器统称为"者姤器"，把铭文是后者的统称为"者女器"或"者母器"。但从铭文本身的有关情况来看，我们认为周法高先生"姤或女与以乃是'妸'字的上下分写"的说法基本正确，可惜此说并没有得到足够的重视。

比较上述诸铭，我们认为"[字]""[字]"应当统一看待。《集成》09295 觥铭中，盖铭之"[字]"，器铭作"[字]"；《铭图续》0890觥铭中，盖铭之"[字]"，器铭作"[字]"。这些是它们应该统一看待的强证。"[字]"应看作"妸"字析书。司母巳康方鼎（《集成》01906）铭文作"[字]"，《集成》"说明"的"备注"指出，铭文"或可释勾母康及钊康"。裘锡圭赞成后一说，认为如果更精确些，此铭应当释为"娶嫌"，"女"旁两用。这是"娶（妸）"字所从的"巳"旁和"司""女"析书之例，"[字]"的"巳"旁析书与之同例。① 司和巳（以）古音相近，余永梁（1927）释"勻"为"辝"（台从"口""巳"声）。裘锡圭指出"勻"字有从"以"声的异体，即出组卜辞中之"鼙勻"亦作"鼙

---

① 《说"姤"》（提纲），载《裘锡圭学术文集》第1卷"甲骨文卷"，上海：复旦大学出版社，2012年，第523~26页。

"㚸"(《殷墟卜辞后编》2087）。① 晚殷铜器㚸𠭯鼎（《集成》2425）、

㚸𠭯爵（《集成》9098），"㚸"分别作"  "，兼从"𠮠（司）""㠯（以）"二声。作为两声字的"𠭯"在战国文字中作为偏旁亦多次出现。

这些皆是"㠯""司"音近之证。正是因为" "所从之"𠮠（司）"

"㠯（以）"都是声符，所以它在《集成》09295 觥铭中，器铭作" "，

而盖铭则可省去其中的一个声符"司"，而仅保留另一个声符"㠯（以）"

写作" "。《铭图续》0890 盖铭之" "，器铭作" "，与

之同例。此外，在《奇觚》17.5.4 尊铭中以及《集成》09294 觥铭中，也都仅保留声符"㠯（以）"。由以上所论，可知诸器中的"者㚸"与旧所谓的"者女／母"确实应统一看待。

河南安阳大司空村墓葬（M646.12）出土 2 件秉以父庚觚（《集成》07281、07282）、2 件秉以父庚爵（《集成》09056、09057）以及 1 件以父庚尊②，铭文皆作"秉㠯（以）父庚宗尊"。陈英杰先生之所以坚持把我们讨论的"㚸"字释作"㚸以"二字，主张铭文释作"者㚸以大子𠭯彝"，并认为"以"表示致送义，即是以秉以父庚诸器铭文作为证据的。我们赞同秉以父庚诸器中的"㠯（以）"表示致送义，类似的文

---

① 《说"㚸"》（提纲），载《裘锡圭学术文集》第 1 卷"甲骨文卷"，上海：复旦大学出版社，2012 年，第 523～526 页。
② 中国社会科学院考古研究所编：《殷墟青铜器全角拓精粹》，上海：上海书画出版社，2018 年，第 327～329 页。

例亦见于妇妍尊（《铭图》①11620）"妇姦㠯（以）且（祖）丁尊彝"。

结合上文所论《集成》09295、《铭图续》0890两件觥铭中"㛮""㛮"通用以及秉以父庚诸器、妇妍尊的文例，比较合理的解释应该是"亚醜大子器"中的"㠯"形是两用的，属于那种不加重文号的情况。在商代甲骨文中，有一种比较原始的省略重文的方法，那就是不加任何记号直接将重文省去，直接让一个字顶同样的两个字用。②也就是说"亚醜大子器"中的"㠯"形既作为"㛮/妭（姒）"的声符，也作为单独的"㠯（以）"字来用，表示致送义。③因此"亚醜大子器"诸器铭文实应该释为"亚醜，者㛮/妭（姒）㠯（以）大子尊彝"，而《奇觚》17.5.4尊铭则是省去了致送对象。从文例来看，"亚醜大子器"诸器铭文中"者姒"是"㠯（以）"的施事，"大子"是"㠯（以）"的受事。联系秉以父庚诸器、妇妍尊铭文来看，"亚醜大子器"诸器中的"大子"当时很可能已经亡故，相关诸器应该是作为祭器致送给大子的。

"者"字，我们认为朱凤瀚先生认为"者为此后出身之氏"的意见是可信的。"者"作族名，见于者◇鼎（《集成》01757）、祖戊爵（《集成》08841）、◇者方鼎（《近出》252，《新收》652）、◇者方鼎（《铭图》01074）等。

"姒"字，裘锡圭（2012：523-526）曾指出："商代王之配偶中，其尊者当可称'姒'，卜辞中之'娴'可能多为此种人。但其他贵族配偶之尊者应亦可称'姒'。甚至不能完全排斥卜辞中的某些'娴'系称呼王或其他贵族之姊的可能。"根据这一看法，我们认为"者娴"应该是亚醜族某一首领之配偶，大子则应是亚醜族首领之长子。

综上所述，"亚醜大子器"中的"㠯"形是两用的，即它既作为"㛮/妭（姒）"的声符，也作为单独的"㠯（以）"字来用，表示致送义。

---

① 吴镇烽：《商周青铜器铭文暨图像集成》，上海：上海古籍出版社，2012年。
② 裘锡圭：《甲骨文中重文和合文重复偏旁的省略》，载《裘锡圭学术文集》第1卷"甲骨文卷"，上海：复旦大学出版社，2012年，第85～91页。《再谈甲骨文中重文的省略》，载《裘锡圭学术文集》第1卷"甲骨文卷"，上海：复旦大学出版社，2012年，第189～193页。
③ "以"作动词，表示"致送"义，甲骨文中多见。

"亚醜，者晉/妃（姒）弖（以）大子尊彝"应理解为"亚醜族君长的配偶中来自'者'族的那一位致送大子尊彝"。

**参考文献：**

[1]陈英杰：《西周金文作器用途铭辞研究》，北京：线装书局，2008年。

[2]董珊：《释苏埠屯墓地的族氏铭文"亚丑"》，载李宗焜主编《古文字与古代史》第4辑，台北："中央研究院"历史语言研究所，2015年。

[3]冯时：《殷代史氏考》，载《黄盛璋先生八秩华诞纪念文集》，北京：中国教育文化出版社，2005年。

[4]高田忠周：《永寿灵壶斋吉金文字》，台北：艺文印书馆，1975年。

[5]刘心源：《奇觚室吉金文述》，载刘庆柱、段志洪、冯时编：《金文文献集成》第13册，北京：线装书局，2005年。

[6]罗端：《从甲骨、金文看"以"字语法化的过程》，《中国语文》2009年第1期。

[7]裘锡圭：《裘锡圭学术文集》第1卷"甲骨文卷"，上海：复旦大学出版社，2012年。

[8]阮元：《积古斋钟鼎彝器款识》，载刘庆柱、段志洪、冯时编：《金文文献集成》第10册，北京：线装书局，2005年。

[9]沈长云：《夏代是杜撰的吗——与陈淳先生商榷》，《河北师范大学学报》2005年第3期。

[10]台北故宫博物院编辑委员会:《故宫商代青铜礼器图录》,台北:台北故宫博物院，1998年。

[11]王海文：《亚方罍和方尊》，《故宫博物院院刊》1958年第1期。

[12]王献唐：《山东古国考》，济南：齐鲁书社，1983年。

[13]吴镇烽：《商周青铜器铭文暨图像集成》，上海：上海古籍出版社，2012年。

[14]吴镇烽：《商周青铜器铭文暨图像集成续编》，上海：上海古籍出版社，2016年。

[15]吴式芬：《攈古录金文》，载刘庆柱、段志洪、冯时编：《金文文献集成》第11册，北京：线装书局，2005年。

［16］徐同柏：《从古堂款识学》，载刘庆柱、段志洪、冯时编：《金文文献集成》第 10 册，北京：线装书局，2005 年。

［17］余永梁：《殷虚文字考》，《国学论丛》1927 年第 1 卷第 1 期。

［18］张再兴：《殷商金文考释两则》，载《中国文字研究》14 辑，郑州：大象出版社，2011 年。

［19］中国社会科学院考古研究所编：《殷墟青铜器全形拓精粹》，上海：上海书画出版社，2018 年。

［20］周法高：《诸女彝考释》，载《金文零释》，台北：台湾商务印书馆等，1993 年。

［21］朱凤瀚：《论卜辞与商金文中的"后"》，载中国古文字研究会、中华书局编辑部编：《古文字研究》第 19 辑，北京：中华书局，1992 年。

# 两周金文中的"勉"义词
## ——兼论先秦汉语中的"勉"义词*

### 武振玉
### （吉林大学文学院）

【提要】表达"勉"义的词，两周金文中有"懋、薄、农、圂、敏、肇、享、勤"8个词，传世先秦文献中有"懋、农、敏、肇、劝、勉、明、勖、励、勤、劼、覆、黾勉"13个词。将两者加以比较，可以看出"勉"义场成员的历时替代变化，也可以一定程度上厘清各词词义引申和消亡的情况。

## 一、两周金文中的"勉"义词

两周金文中表"勉"义的词计有"懋、薄、农、圂、敏、肇、享、勤"8个，其例如下：

1. 癲不敢弗帅且（祖）考秉明德，□夙（夙）夕左（佐）尹氏。皇王对癲身楙（懋），易（赐）佩。（1·247-250钟，西中）①
2. 孛（小子）夙（夙）夕尃（薄）由先且（祖）剌（烈）德，

---

\* 本文为国家社会科学基金"上古汉语动词词义系统演变研究"（16BYY112）阶段性成果。
① 相关引例参见张亚初《殷周金文集成引得》（中华书局2001年）；华东师范大学中国文字研究与应用中心《金文引得》（殷商西周卷，广西教育出版社2001年；春秋战国卷，广西教育出版社2002年）；刘雨、卢岩编著《近出殷周金文集录》（中华书局2002年）；刘雨、严志斌编著《近出殷周金文集录二编》（中华书局2010年）。例句后括号中依次为中国社会科学院考古研究所《殷周金文集成》（中华书局1984~1994年）编号、器名、分期（"西早"指西周早期，其他同此）。□表示残泐不清或难以隶定的字。

用臣皇辟。　　（5·2830 师□鼎，西中）

3. 不（丕）显皇且（祖）考穆穆异异，克�（慎）氒（厥）德，农臣先王，得屯（纯）亡敃。　　（1·192 梁其钟，西晚）

4. 女（汝）母（毋）敢象（荒）才（在）乃服，□□（凤）夕敬念王愄（威）不赐（易）。　　（5·2841 毛公鼎，西晚）

5. 王曰：盂，乃盉（召）夹死（尸）𤔲（司）戎，敏諌罚讼，□（凤）夕盉（召）我一人□（烝）亖（四）方。　　（5·2837 大盂鼎，西早）

6. 卒献，公饮在馆，赐□马，曰：用肇事。□拜稽首，对扬公休，用作父己宝□（尊）彝。　　（□卣，西中，《近出殷周金文集录》第三册66页605）

7. □（遣）孙孙子子其永亡冬（终），用受値（德），妥（绥）多友，亯（享）旋（奔）走。　　（11·6015 麦方尊，西早）①

8. 王肇適眚（省）文武董（勤）强（疆）土，南或（国）𠬝口（子）敢舀（陷）虐我土，王㪤（敦）伐𠂤（其）至，戬（扑）伐氒（厥）都。　　（1·260 㪤钟，西晚）

例1，高明谓"槑通懋"，并引《说文》"懋，勉也"为证②。

例2，于豪亮谓："'尃'读为薄，《方言》一：'钊、薄，勉也。秦晋曰钊，或曰薄，故其鄙语曰薄努，犹勉努也。南楚之外曰薄努'"。王辉谓："尃读为薄，《方言》卷一：'薄，勉也。……'由，《广雅·释诂》：'行也。'……此句意谓□早晚勉力遵行先祖美德。"《商周古文字读本》（343页）谓："尃，通'薄'，勉力，努力"。《金文常用字典》（356

---

① 本人在《两周金文"享"字释义》（《古汉语研究的新探索——第十一届全国古代汉语学术研讨会论文集》，北京：语文出版社，2014年，第271~280页）一文中曾将"享奔走"中的"享"释为"敬"义，现在看来释为"勉"义更恰当。陈英杰《谈敔簋铭中"肇享"的意义——兼说册命铭文中的"用事"》（《古文字研究》第27辑，第212页）谓："金文中有'享奔走'……'享'多训'敬'，但没有训诂学上的依据，不可信。"

② 高明：《古文字学通论》，北京：北京大学出版社，1996年，第391页注四。

页)、《金文形义通解》(707页)亦均释为"勉"。①

例3,郭沫若谓:"农者,勉也。《洪范》'农用八政'。"陈梦家谓:"'农臣先王'即勉臣先王。《广雅·释诂》三'农,勉也'。"《商周青铜器铭文选(三)》谓:"《说文通训定声》:'农,假借为劳,农、努一声之转。'《广雅·释诂三》:'农,勉也。'"②

例4,孟蓬生谓:"金文又恒见'圝夙夕'一语,'圝'当读为'劼'。《说文》:'劼,勉也'。"陈秉新同。③

例5,多释为敏疾义④,或释为"慎重"义⑤。今按:从前文的"召夹""尸司",后文的"召""烝"看,"敏"释为"勉"义更切合上下文意。于省吾《双剑誃吉金文选》(117页)翻译为"对于罚惩讼狱须明敏整饬","明"有"勉"义,"敏"亦可释为"勉"义。

例6,陈英杰谓:"'肇享'的意义相当于其他册命铭文中常见的'用事'……'用肇事'仅见纍卣,'肇'当与敬或勉义近。……覞簋'汝肇享'之'肇'亦是此义。"⑥日月谓:"覞簋'汝肇享'、纍卣'用肇事'之'肇'

---

① 于豪亮《陕西扶风县强家村出土虢季家族铜器铭文考释》(《古文字研究》第9辑,第260页)、王辉《商周金文》(文物出版社2006年)、刘翔、陈抗、陈初生、董琨《商周古文字读本》(北京:语文出版社,2004年)、陈初生编撰、曾宪通审校《金文常用字典》(西安:陕西人民出版社,2004年)、张世超、孙凌安、金国泰、马如森《金文形义通解》(日本京都·中文出版社,1996年)。

② 郭沫若《陕西新出土铜器铭考释》(《郭沫若全集·考古编6》,北京:科学出版社,2002年,第40页)、陈梦家《西周铜器断代》(北京:中华书局,2004年,第279页)、马承源主编《商周青铜器铭文选(三)》(北京:文物出版社,1988年,第274页)。

③ 孟蓬生:《金文考释二则》,《古汉语研究》2000年4期,第17页;陈秉新:《释"圝"及相关字词》,《古文字研究》第22辑,第96页。

④ 参见唐兰《西周青铜器铭文分代史征》(北京:中华书局,1986年,第169页)、《金文常用字典》(362页)、王文耀《简明金文词典》(上海:上海辞书出版社,1998年,第318页)、许伟建《上古汉语词典》(长春:吉林文史出版社,1998年,第180页)、《金文形义通解》(第719页)、黄德宽主编《古文字谱系疏证》(北京:商务印书馆,2007年,第321页)。

⑤ 如马承源主编《商周青铜器铭文选(三册)》(第40页注20)谓:"'敏谏罚讼'即所谓慎罚。敏,审。"

⑥ 陈英杰:《谈覞簋铭中"肇享"的意义——兼说册命铭文中的"用事"》,载《古文字研究》第27辑,北京:中华书局,2008年,第212页。

亦可训作敏勉义。"①

例8的"勤"与其他各词略有不同，词义上更侧重表示"勤勉、勤劳"。

金文中表"勉"义的"懋、薄、农、圛、敏、肇、享、勤"8个词共出现36次（懋4见、薄3见、农1见、圛2见、敏5见、肇15见、享2见、勤4见），其句法功能主要是充当状语（29例）；形式上相同的有"圛夙夕、肇夙夕、敏夙夕"组合。总体而言，金文中的勉义词并不多且出现频次也都很低，但表现出了一些与传世文献的差异：一是个别词的同类用法不见于传世文献；二是个别词的同类用法虽也见于传世文献，但被误释了；三是传世先秦文献中多见的"劝、勉"等词尚未见于金文（这或可表明金文中的此类词代表了早期用法）。

## 二、传世先秦文献中的"勉"义词

传世先秦文献中计有"懋、农、邵（劭）、敏、享、薄、劝、勉、黾勉、励（砺、厉）、勖、钊、奖、明、孟"15个"勉"义词。分述如下：

懋：《说文·心部》《尔雅·释训》皆训为"勉"，传世先秦文献凡13见（《尚书》9例、《国语》4例）②，句法形式以单独作谓语和充当状语为主（各6例），其例如：

1. 禹，汝平水土，惟时懋哉！　（《尚书·尧典》）
2. 无戏怠，懋建大命。　（《尚书·盘庚下》）
3. 轻关易道，通商宽农。懋穑劝分，省用足财，利器明德，以厚民性。　（《国语·晋语四》）

例1，孙星衍《尚书今古文注疏》谓："史迁懋作勉。"例2，刘逢禄《尚书今古文集解》："汉石经作勖建大命。"（参见《故训汇纂》第829页）

---

① 日月：《金文"肇"字补说》，复旦大学出土文献与古文字中心网站2010年6月14日首发。另，关于金文"肇"可参看本人的《周金文中的"肇"》（《中山大学学报》2016年第1期）。
② 传世先秦文献的语料调查范围为：《尚书》《诗经》《仪礼》《周礼》《周易》《论语》《老子》《孟子》《墨子》《庄子》《荀子》《韩非子》《左传》《国语》《战国策》《晏子春秋》《吕氏春秋》。

又，《尚书》有"冒"（此类 3 例），《说文·冃部》朱骏声《说文通训定声》谓："冒，假借为勖。"如：

  4. 乃惟时昭文王，迪见冒闻于上帝，惟时受有殷命哉。　　（《尚书·君奭》）

陆德明《经典释文》："冒，马作勖，勉也。"孙星衍《尚书今古文注疏》谓："冒与懋音相近，义得为勉。"（参见《故训汇纂》第 202 页）

农：《说文·农部》，朱骏声《说文通训定声》："勉也；又假借为努。"传世先秦文献 6 见（《尚书》3 例、《墨子》2 例、《左传》1 例），基本充当状语（5 例）。其例如：

  1. 稷降播种，农殖嘉谷。　　（《尚书·吕刑》）
  2. 焉率天下之百姓，以农臣事上帝、山川、鬼神。　　（《墨子·非攻下》）
  3. 世之治也，君子尚能而让其下，小人农力以事其上。　　（《左传·襄公十三年》）

例 3，王引之按引王念孙曰："农力，犹努力，语之转也。"

敏：传世先秦文献凡 19 见（《尚书》1 例、《诗经》3 例、《论语》6 例、《周礼》2 例、《左传》3 例、《国语》1 例、《荀子》2 例、《晏子春秋》1 例），句法功能以不带宾语为主（14 例），带宾语的为少数（5 例）。其例如：

  1. 蔽时忱，丕则敏德，用康乃心。　　（《尚书·康诰》）
  2. 无曰予小子，召公是似。肇敏戎公，用锡尔祉。　　（《诗经·大雅·江汉》）
  3. 君子食无求饱，居无求安，敏于事而慎于言，就有道而正焉。（《论语·学而》）

例1，《尚书词典》（143页）：敏德，勉行德政（1次）①；臧克和谓："敏、勉、懋音近义通；敏德，勉力于德。"②例2见下"肈"。例3旧或释为"敏疾"，如皇侃疏、邢昺疏；或释为"审慎"义，如黄怀信引戴氏注："敏，审也。"焦循《论语补疏》："敏，审也。谓审当于事也。"③或释为"勉"义，如杨伯峻释为"敏捷，勤敏"④；《十三经辞典·论语卷》释为"勤勉"⑤；黄怀信引《朱子集注》："敏于事者，勉其所不足也。"引刘氏正义："敏于事，谓疾勤于事，不懈怠也。"（同上第83～84页）

肈：《尔雅·释言》："肈，敏也。"传世先秦文献仅见于《尚书》《诗经》：

    1. <u>肈</u>牵车牛，远服贾，用孝养厥父母。（《尚书·酒诰》）
    2. 汝克绍乃显祖，汝<u>肈</u>刑文武，用会绍乃辟，追孝于前文人。（尚书·文侯之命）
    3. 无曰予小子，召公是似。<u>肈</u>敏戎公，用锡尔祉。（《诗经·大雅·江汉》）

例3旧有释为"谋"⑥、释为"长"⑦、释为"开"⑧等意见。后来的学者则多释为"敏"，如向熹《诗经词典》一说释为"勤勉努力（于）"，引马瑞辰《通释》："《尔雅·释言》：肈，敏也。《说文》：敏，疾也。肈敏连言，即训肈为敏。"闻一多《尔雅新义》："肈敏与劭勉声近义同……

---

① 李民：《尚书词典》，成都：四川人民出版社，1993年。
② 臧克和：《尚书文字校诂》，上海：上海教育出版社，1999年，第328页。
③ 黄怀信主编：《论语汇校集释》，上海：上海教育出版社，2008年，第84页。
④ 杨伯峻：《论语译注·论语词典》，北京：中华书局，1980年，第276页。
⑤ 《十三经辞典·论语卷》，西安：陕西人民出版社，2002年，第92页。
⑥ 毛传：肈，谋；敏，疾；戎，大；公，事也。向熹《诗经词典》（成都：四川人民出版社，1997年，第885页）释为"谋划"义。其他则有《尔雅·释诂上》《集韵·小韵》《皓韵》：肈，谋也。《群经平议·孟子二》"肈，基，谋也。"俞樾按：肈，亦谋始之意。
⑦ 陆德明《经典释文》引《韩诗》云："肈，长也。"另，《玉篇·戈部》《广韵·小韵》：肈，长也。
⑧ 《诗·大雅·江汉》"肈敏戎公"，《商颂·玄鸟》"肈域彼四海"，朱熹《集传》：肈，开也。

义犹黾勉也。"① 裘锡圭谓:"高亨《诗经今注》据《尔雅·释言》释《江汉》'肇'字之义为'敏',或可信。"② 释为勉义的"肇",或认为是"劭"之借字,如朱骏声《说文通训定声》谓:"肇,假借又为劭";闻一多《尔雅新义》谓:"肇敏与劭勉声近义同。"

劝:《说文·力部》:"劝,勉也。"传世先秦文献凡158见(《尚书》9例、《论语》2例、《周易》3例、《墨子》25例、《庄子》7例、《荀子》11例、《韩非子》45例、《左传》18例、《国语》9例、《战国策》7例、《晏子春秋》7例、《吕氏春秋》15例),其例如:

1. 小人不耻不仁,不畏不义,不见利不劝,不威不惩。 (《周易·系辞下》)
2. 世之爵禄不足以为劝,戮耻不足以为辱。 (《庄子·外篇·秋水》)
3. 故赏不用而民劝,罚不用而民服,有司不劳而事治,政令不烦而俗美。百姓莫敢不顺上之法,象上之志,而劝上之事,而安乐之矣。 (《荀子·君道》)
4. 先王之立爱,以劝善也,其立恶,以禁暴也。 (《晏子春秋·内篇谏上》)
5. 仲吕之月,无聚大众,巡劝农事,草木方长,无携民心。 (《吕氏春秋·季夏纪第六·音律》)

句法功能以不带宾语为主(81例),但是带宾语的比例也不低(77例)。形式上,一是多与"沮""禁"等类词对文,二是"劝"的多为"赏、誉、爱、善"等内容,表达的"勉"义很清晰。词义方面,诸子文献中几乎都是"勉"义,但《左传》(8例,"勉"义18例)、《国语》(5例,

---

① 向熹:《诗经词典》,第885页。
② 裘锡圭:《从殷墟卜辞的"王占曰"说到上古汉语的宵谈对转》(《中国语文》2002年第1期注47)。释"肇"为"敏"见于:《尔雅·释言》《广韵·小韵》:肇,敏也。《尔雅·释言》"肇,敏也"邢昺疏:肇,谓敏疾也。《尔雅·释诂上》"肇,谋也"郝懿行义疏:肇者,谋之敏也。《书·酒诰》"肇牵车牛"蔡沈集传:肇,敏也。《文侯之命》"汝肇刑文武"孙星衍今古文注疏引《释诂》云:肇,敏也。《读书杂志·逸周书第三·谥法篇》"肇敏行成曰直"王念孙按:肇,敏也。(以上据《故训汇纂》第1846页"肇"、1847页"肇"整理)

"勉"义9例)、《战国策》(17例,"勉"义7例)中"劝说"义用例增多,其中《战国策》中"劝说"义用例超过了"勉"义用例,这一方面应该是与历史文献的内容有关,另一方面也显示了"劝"的词义发展。

勉:《说文·力部》:"勉,强也。"传世先秦文献共80见(《尚书》1例、《论语》1例、《仪礼》1例、《孟子》1例、《墨子》2例、《庄子》6例、《荀子》6例、《韩非子》4例、《左传》17例、《国语》18例、《战国策》7例、《晏子春秋》7例、《吕氏春秋》9例)。其例如:

1. 王巡三军,拊而勉之。三军之士,皆如挟纩。 (《左传·宣公十二年》)
2. 子勉行矣,寡人与子有誓言矣。 (《战国策·赵策四》)
3. 君命其臣,据其肩以尽其力,臣敢不勉乎? (《晏子春秋·内篇谏上》)
4. 母施衿结帨,曰:勉之敬之,夙夜无违宫事。 (《仪礼·士昏礼》)

句法功能方面,"勉"不带宾语的(71例)明显多于带宾语的(9例)。先秦文献中亦见"劝""勉"同现的(对文7例、连文3例),如:

5. 有力者疾以助人,有财者勉以分人,有道者劝以教人。(《墨子·尚贤下》)
6. 命野虞出行田原,劳农劝民,无或失时;命司徒循行县鄙,命农勉作,无伏于都。 (《吕氏春秋·孟夏纪第四·孟夏》)
7. 群臣所终岁日夜不敢偷怠之事也,王以一夕听之,则群臣有为劝勉矣。 (《韩非子·外储说右下》)

据此可知二词同义,但在句法功能方面也存在着明显的差异:一是"劝"不带宾语和带宾语相差不明显,而"勉"则明显以不带宾语为主;二是不带宾语时,"劝"主要出现于谓语部分,而"勉"或者充当状语(22例),或者以"勉之"形式作谓语("劝"没有同样用法)。出现频次方面,"劝"几乎是"勉"的2倍,可见先秦时期,表达"勉"义主要是用"劝";此后,"劝"发展出"劝说"义并随着此义成为核心义,"勉"方逐渐代替了"劝"。佐以《尔雅》"亹亹、蠠没、孟、敦、勖、钊、茂、劭、勔,勉也",或可推测汉代"勉"才成为此义场的核心词。

明:仅见于《尚书》(27例)、《诗经》(8例:《大雅》1例、《小雅》2例、《颂》5例),如:

1. 祝祭于祊,祀事孔<u>明</u>。先祖是皇,神保是飨,孝孙有庆。(《诗经·小雅·楚茨》)
2. 绍庭上下,陟降厥家。休矣皇考,以保<u>明</u>其身。(《诗经·周颂·访落》)
3. <u>明明</u>天子,令闻不已。矢其文德,洽此四国。(《诗经·大雅·江汉》)
4. 往新邑,伻向即有僚,<u>明</u>作有功,惇大成裕。(《尚书·洛诰》)
5. 王人罔不秉德明恤,小臣屏侯甸。……汝<u>明</u>勖偶王。(《尚书·君奭》)
6. 惟乃丕显考文王,克<u>明</u>德慎罚,不敢侮鳏寡。(《尚书·康诰》)

例1,向熹《诗经词典》(第429页)"明"下引王引之《述闻》说:通"孟",勤勉。庄穆主编《诗经综合辞典》(592页"明")引"一说,通'勉',勤勉"。例2,庄穆主编《诗经综合辞典》(第593页)引"一说:勉力。马瑞辰:'明亦勉也。'……此诗保明宜训保勉。王先谦:'明者,勉也,皇考以此道保其身而勉其身,予亦维绍之而已。'"例3,庄穆主编《诗经综合辞典》(第593页):明明借为"勉勉",勤恳勉力。引王念孙:"明、勉一声之转,故古多谓勉为明,重言之则曰明明。"陈子展:"明明天子,勉勉不倦的天子。"① 例4、例5,孙星衍《今古文注疏》皆引《释诂》云"勉也"。例6,孙星衍《尚书今古文注疏》:"亦谓自勉也。"(参见《故训汇纂》第1013页)又,《逨盘》(西周晚期,《近出殷周金文集录二编》第三册第262页939号)有"雩朕皇考恭叔,穆穆趩趩,和询于政,明齍于德,享辟厉王"句。其中的"明"或可释

---

① 庄穆主编《诗经综合辞典》,呼和浩特:远方出版社,1999年。

为"勉"义。然周金文中未见其他用例，金文中的"明"多出现于"秉明德、恭明德、受明德、敬明乃心、克明乃心、明其心、作明刑、明哲、粦明"等组合中，是明显的形容词。

勖：用例不多（《尚书》7例、《诗经》1例、《仪礼》1例），如：

    1. 夫子勖哉！不愆于四伐、五伐、六伐、七伐，乃止，齐焉。勖哉夫子！尚桓桓，如虎如貔，如熊如罴，于商郊。弗迓克奔，以役西土，勖哉夫子！尔所弗勖，其于尔躬有戮！　（《尚书·牧誓》）
    2. 终温且惠，淑慎其身。先君之思，以勖寡人。　（《尚书·邶风·燕燕》）
    3. 往迎尔相，承我宗事。勖帅以敬先妣之嗣，若则有常。　（《仪礼·士昏礼》）

励：先秦文献很少见（《尚书》2例、《国语》2例），如：

    1. 其惟吉士，用励相我国家。　（《尚书·立政》）
    2. 请王励士，以奋其朋势。劝之以高位重畜，备刑戮以辱其不励者，令各轻其死。　（《国语·吴语》）

《说文·力部》："劢，勉力也。"桂馥义证："劢，字或作励。"朱骏声《说文通训定声》："字亦作励"。

或借"厉"为之（《左传》1例、《战国策》2例、《荀子》1例），如：

    3. 陈僖子谓其弟书："尔死，我必得志。"宗子阳与闾丘明相厉也。　（《左传·哀公十一年》）
    4. 取世监门子、梁之大盗、赵之逐臣，与同知社稷之计，非所以厉群臣也。　（《战国策·秦策五》）

《说文·厂部》朱骏声《说文通训定声》："厉，假借为励。"例3，杜预注："相劝厉。"

勤：表"勤勉、勤劳"义，较常见（《尚书》17例、《诗经》2例、《孟子》1例、《老子》1例、《庄子》1例、《荀子》2例、《韩非子》

2例、《左传》11例、《国语》15例、《晏子春秋》2例、《吕氏春秋》5例）。如：

1. 穆穆在上，明明在下，灼于四方，罔不惟德之<u>勤</u>。……今尔罔不由慰曰<u>勤</u>，尔罔或戒不<u>勤</u>。（《尚书·吕刑》）
2. 上士闻道，<u>勤</u>而行之；中士闻道，若存若亡。（《老子·四十一章》）
3. 是故君子<u>勤</u>礼，小人尽力，<u>勤</u>礼莫如致敬，尽力莫如敦笃。（《左传·成公十三年》）

按："勤"与上述各词在词义上有所不同，即除了表示"勤勉"义外，还偏重表示"勤劳"义（本文未详细区分二者，但是不包括"勤苦、辛劳"义）。

另，《尔雅·释诂》有"孟，勉也"。郝懿行义疏谓："孟者，黾之假借也。"又谓："孟，声转为覭。"王引之《经义述闻·书·明听朕言》谓："家大人曰：《尔雅》：孟，勉也。孟与明古同声而通用。故勉谓之孟，孟亦谓之明。"按：《尚书·洛诰》有"汝乃是不覭，乃时惟不永哉"，（参见《故训汇纂》500页）各家皆训为"勉"，但仅此一例。徐朝华《尔雅今注》（天津：南开大学出版社，1987年，第25页）谓："'孟'通'黾'。勉力。《昭明文选·幽通赋》：'盍孟晋以迨群兮'。李善注：曹大家曰：孟，勉也。"但据我们初步调查，传世先秦文献中未见用为"勉"义的"孟"。又，《尔雅·释诂上》："亹亹、蠠没、孟、敦、勖、钊、茂、劭，勉也。"《方言》一："钊、薄，勉也。秦晋曰钊，或曰薄，故其鄙语曰薄努，犹勉努也。"皆提及"钊"有"勉"义，但传世先秦文献未见用为"勉"义的"钊"（《说文·刀部》：钊，刓也，从刀，从金。周康王名），但有借"昭"为"勉"义的用例（很少），如："亦惟先正，克左右昭事厥辟，越小大谋猷，罔不率从"（《尚书·文侯之命》），孙星衍《尚书今古文注疏》谓："与钊声相近。"按：先秦文献中的"昭"主要用为"光明"和"辅佐"义，此例因为前面已有"左右"（辅佐义），所以"昭"释为"勉"义较恰当。又，表"勉"义的还有复音词"黾勉"，仅见于《诗经》（4例），如："黾勉从事，不敢告劳。无罪无辜，谗口嚣嚣。"（《小雅·十月之交》）

综上，两周金文中有"懋、薄、农、圂、敏、肇、享、勤"8个"勉"义词，传世先秦文献中有"懋、农、敏、肇、劝、勉、明、勖、励、勤、劢、覆、黾勉"13个"勉"义词。两相比较可见，只有"懋、农、敏、肇、明、劢、勤"共同见于周金文和先秦文献，其中前6个词的出现频次都很有限。从历时发展的角度看，金文中的各词除了"勤"（后代词义还有所不同）外，其余各词都未能沿用下来，即后代基本都从"勉"义场中退出了，故金文中的诸词代表了该类词的早期应用情况。从传世先秦文献看，同见于金文的各词一是出现频次较低，二是恰好分布于早期（如《尚书》《诗经》），也可以佐证其确为早期"勉"义场成员。传世先秦文献中出现频次最高的"劝（158例）、勉（80例）"二词不见于周金文，"勤"（59例）虽见于周金文但用例很少（4例），从一个侧面反映出诸词是"勉"义场的后起词；其中"劝"和"勉"存在着明显的历时替代关系，而"勤"最初就在词义上不侧重"勉"义而侧重"劳"义，所以后来的分化也是顺理成章的。

# 《温县盟书》所公布的春秋文字材料对古汉语研究的意义

李艳红
(中国社会科学院大学)

【提要】《温县盟书》最早只有1983年发表于《文物》的考古发掘报告，当时仅公布了很少的几则盟书材料，2008年4月王蕴智先生主编的《中原文化大典·古文字卷》（上下册），又公布并选释了《温县盟书》39则盟书材料、《沁阳盟书》6则盟书材料。这些春秋文字材料珍贵、丰富、集中，对于考古、历史、文化、民俗、语言等研究有重要的意义。专就语言来说，这批材料对于古代汉语的文字、词汇、语法等研究以及古代应用文中公文的程式化语言研究，都有非常重要的意义。本文主要从两个方面来分析、梳理和归纳：一、《温县盟书》对古文字研究的意义，如异体字、假借字等的整理与研究。二、《温县盟书》对于语言研究的意义，如《温县盟书》出土材料对《左传》传世文献的佐证意义。论文旨在通过这些研究，强调河南出土的盟书等玉石文字资料在学术研究中的宝贵性以及学术研究中出土与传世文献互证方法的重要性。

《温县盟书》最早只有1983年发表于《文物》的考古发掘报告，当时仅公布了很少的几则盟书材料，直到2008年4月王蕴智先生主编的《中原文化大典·古文字卷》（上下册）出版，又公布选释了39则《温县盟书》材料、6则《沁阳盟书》材料。这些春秋文字材料珍贵、丰富、集中，对于考古、历史、文化、民俗、语言等研究有重要的意义。单就古文字研究的意义来说，正如王蕴智先生所言：《温县盟书》增添了河南乃至全国春秋文字研究的资料。春秋时期是我国文字发展过程中的一个重要阶段,许慎《说文解字叙》说六国言语异声、文字异形。《温县盟书》等春秋文字遗物的发现,使我们认识到战国时期的这种变化其实早在春秋时期即已形成。春秋时期文字研究在我国整个古文字研究中是相当薄弱的,其主要原因就是春秋时期的文字资料发现数量有限。河南出土的盟书等玉石文字,为我国春秋文字的研究提供了宝贵的资料。①

# 一、《温县盟书》对古文字研究的意义

通过对39则《温县盟书》选释材料的分析,我们发现,在《温县盟书》中存在大量的异体字和假借字现象。

## (一)异体字

1. "往"与"㞷"

　　　　自今以往(T1K1-1852)(依照《中原大典》对每一个图片的编号,下同)
　　　　自今以㞷(T1K14-636)

据《殷周金文集成》,"往"的金文字形是"㣛",而"㞷"是"㣛"的初文。

2. "敢"与"忑"

　　　　敗而敢不敢敢焉中心事其主(T1K1-1852)
　　　　敢不忑忑焉闢其复心(T1K17-129)

3. "主"与"宔"(T1K1-3724)

　　　　□而敢不敢敢焉中心事其主(T1K1-1852)
　　　　臾事其宔而敢不敢敢焉中心(T1K14-636)

4. "意""䛳""㚔"

---

① 中国社会科学院考古研究所编:《殷周金文集成》,北京:中华书局,2015年。

不显晋公大冢意噩覛女（T1K1-3724）
丕显晋公大冢遹巫覛女（T1K14-636）
不显晋公大冢奌巫覛女（T1K1-3723）

5."巫""噩""噩""遹"

丕显晋公大冢遹巫覛女（T1K14-636）
不显晋公大冢意噩覛女（T1K1-3690）
不显晋公大冢意噩覛女（T1K1-3724）
不显晋公大塚遹遹（T1K1-3627）

这些异体字都是在"巫"字的字形基础上增加"心""正"和"辵"等部件。

6."冢"与"塚"

不显晋公大冢意巫覛女（T1K1-1852）
不显晋公大塚遹遹（T1K1-3627）

两个字形主要差别就在于有无"土"字。

7."复"与"愯"

敢不悲悲焉闈其复心（T1K17-129）
敢不悲悲焉闈愯心（T1K17-131）

（二）假借字

1. 麻夷非（彼）是（氏）

麻夷非是（T1K1-1852）

2. 则（贼）

而敢与则为徒者（T1K14-636）

3. "复"与"悤"（腹）

  敢不悊悊焉闌其复心（T1K17-129）
  敢不悊悊焉闌悤心（T1K17-131）

4. 佼（徼）

  以佼主偪者（T1K17-131）

5. 偪（福）

  以佼主偪者（T1K17-131）

6. 不（丕）

  不显晋公大冢意壐覨女（T1K1-3724）

7. 中（衷）

  敗而敢不歆歆焉中心事其主（T1K1-1852）

8. 女（汝）

  不显晋公大冢意壐覨女（T1K1-3724）

这些材料对文字研究非常重要，这里我们分析一条，如：

  □而敢不歆歆焉中心事其主（T1K1-1852）
  臾事其宔而敢不歆歆焉中心（T1K14-636）

  "主"与"宔"通用，事实上，"宔、主、宗"三字也常通用。为什么呢，我们先了解一下"主"和"示"。

主　zhǔ　章纽、侯部；章纽、麌韵、之庾切。
　　zhù　章纽、侯部；章纽、遇韵、之戍切。

1《甲文编》5页。2《陕西金文汇编》424页。3、4《类编》384页"宗（宔）"字偏旁。5《类编》47页。6《说文》105页。7《睡甲》74页。8《马王堆》203页。9《银雀山》179页。10《甲金篆》324页。

示　shì　船纽、脂部；船纽、至韵、神至切。

1、2《新编甲骨文字形总表》63页。3-6《甲文编》5页。7《金文编》8页"福"字所从。8《类编》174"祀"字所从。9《梦系简帛》20页。10《说文》7页。11《篆隶表》6页。

象形字。始见于甲骨文。示、主二字本是一字之分化，甲骨文"𐤇"本像神主之形，"𐤇"是省略写法，"丁"则是进一步省略的结果。"丁"则在上面加一短横的饰笔"示""示"两旁小点可能是表现祭祀时涂抹在神主上的血液。西周金文及后代文字承袭甲骨文的写法，没有太大变化。甲骨文中的这些字大都是当"主"字来用的。如《合集》22159："酌自上甲一牛至丁癸一牛，自大乙九丁一宰……""上甲""大乙"和"丁癸"都是祖先名。其中"丁癸"于《史记·殷本纪》中作"主癸"。"九丁"即九主,指9位神主。后代引申之则以"示"字表示天所显现出来的某种征象,向人垂示休咎祸福。《说文》:"示,天垂象,见吉凶,所以示人也。"段玉裁注:"言天悬象箸明以示人。"后来则进一步引申"示范""展示""告示"等多种含义。

"示"与"主"本一字分化为两个字,本义都指神主,《史记》和甲骨文对照也可以证明,如《史记》年表中关于殷先王的记载,与甲骨文对殷先王祭祀中的称谓,"示"与"主"通用。再看"宗""宝":

宗　zōng　精纽、冬部;精纽、冬韵、作冬切。

| 1 | 2 | 3 | 4 | 5 | 6 | 7 |
|---|---|---|---|---|---|---|
| 商 | 商 | 西周 | 春秋 | 战国 | 《说文》小篆 | 汉 | 楷书 |

1-4《汉语字形表》294页。5《战文编》505页。6《说文》151页。7《隶辨》15页。

会意字。从宀,从示。"宀"像房屋侧视之形,"示"像神主。甲骨文"宗"里的"示"本像神主形,即"丁"形。后来为了字形的匀称,又在上面加上了装饰性的笔画,变形"示"形,这种写法一直沿用下来。本义是宗庙(宗庙是放置祖先神主的房屋)。《说文》:"宗,尊祖庙也。从宀,从示。"段玉裁注:"当云,尊也,祖庙也。"

宝　zhǔ　章纽、侯部;章纽、麌韵、之庾切。

| 1 | |
|---|---|
| 《说文》小篆 | 楷书 |

1《说文》151页。

会意兼形声字。从宀,从主,主亦声。本义是古代宗庙中藏神主的石函。《说文》:"宝,宗庙宝祏。从宀,主声。"段玉裁注:"经典作主,小篆作宝。主者,古文也。《左传》'使祝史徙主祏于周庙'是也。"古籍中用"主"表示"宝"的意义。

通过查证字书，我们发现"宝"最早的字形是小篆，说明"宝"字出现较晚，但是《温县盟书》里面已经有了这个字，《温县盟书》对字书《说文解字》的补充意义，弥补了《说文解字》一书的局限。《沁阳载书》说"事其宗"，《温县盟书》都说"事其主（宝）"。

图一　《温县盟书》　　图二　《沁阳载书》

## 二、《温县盟书》对于语言研究的意义

《左传·齐晋鞌之战》："韩厥献丑父，郤献子将戮之。呼曰：'自今无有代其君任患者，有一于此，将为戮乎？'"其中"自今"的解释，学界有3种观点：

1、王力先生认为："自今，从现在追溯到以前。"

2、杨伯峻先生认为："自今二字于文不顺，自疑借为卒。卒，终也，谓迄今无有代君任患者。"

3、郭锡良认为："自今是'自今以往'的省略，即从今以后的意思。"

董志翘先生针对这3种不同的观点，发表论文《释"自今"》（载于《书海酌蠡》），文中赞成郭锡良先生的观点。《左传》中还可以再列举两例：

《左传·襄公八年》："晋、楚伐郑，自今郑国不四五年，弗得宁矣。"

《左传·襄公三十一年》:"今而后知不足,自今请虽吾家,听子而行。"

这两例中"自今"都是"自今以往""自今以后"的省略。

《吕氏春秋》还用"自今以来"表示"从今以后"的意思。如:《吕氏春秋·上德》:"被瞻入晋军,文公将烹之,被瞻据镬而呼曰'三军之士皆听瞻也。自今以来,无有忠于其军,忠于其军者将烹。'文公谢焉,罢师,归之于郑。"

例句中的"自今以来"即"从今以后"。事实上,甲骨文中表示时间的几个词"今、羽(翌)、来","来"就是指第十天以后的时间,有"来日"的意思了。

董志翘先生的论文的论证材料仅限于传世文献。现在出土了《温县盟书》,这些珍贵的文字材料,是我们研究中非常重要的佐证。考察《温县盟书》中的39则材料,其中有38则材料都出现"自今以往"一词,该固定表达分别完整出现在《温县盟书》选释材料的 T1K1–11、T1K1–18、T1K1–19、T1K1–21、T1K1–501、T1K1–626、T1K1–1852、T1K1–1980、T1K1–2012、T1K1–2199、T1K1–2201、T1K1–2203、T1K1–2204、T1K1–2205、T1K1–2207、T1K1–2200、T1K1–2221、T1K1–2667、T1K1–3060、T1K1–3205、T1K1–3550、T1K1–3556、T1K1–3586、T1K1–3627、T1K1–3690、T1K1–3723、T1K1–3724、T1K1–3815、T1K1–4381、T1K1–4562、T1K14–636、T1K14–867、T1K17–131 中,约占总材料数的85%。

如:

　　主命:自今以往,□敢不歆歆焉中心事其主,而敢与贼为徒者,不显晋公大塚遆遆。(T1K1-3627)

　　主命:自今以坒,史事其宝而敢不歆歆焉中心,而敢与则为徒者,丕显晋公大冢,遆巫觋女,麻夷非氏。(T1K14-636)

　　自今以往,強梁事其主,敢不恐恐焉闇其复心,

各贽其德，以祈主僱者，晋公大冢，憝愍视之，麻夷非是。（T1K17-129）

自今以往，□事其主，敢不悉悉焉闇愳心，各贽其愍，以校主僱者，晋公大冢愍□覞之，麻夷非是。（T1K17-131）

其中有"圭命"一词，圭是古代重要的玉器礼器，既是祭神时的用器，也是国王发布重要命令的用具。"圭命"一词就是用圭发布命令，而"圭命"后面的内容是发布的命令。古人认为圭可通灵，传达神灵的意志，现实命令的发布就借助圭取得了神权的支持。

以上辞例中都出现"自今以往"，它的意思就是"从今以后"，表示盟誓的内容是需要盟誓者们从今以后必须约定和遵守的。盟誓者表达自己的忠心，从今以后"侍奉他的主人，不敢不心悦诚服地对主人真心诚意，恭恭敬敬，给主人祈求福气"。"自今以往"后紧接以"敢不"（"敢不猷猷[异体或为"悉悉"]焉中心事其主）表示"不敢不"的反问句式来表达双重否定，达到非常肯定的效果，同时用"而敢"（"而敢与贼为徒者"）假设性表达与"敢不"对举，这是温县盟书中常见的格式化表述，从正反两方面设立今日法律文书中所言的"履行义务"条款和"违约情形"，对盟誓的约束力起到强调作用。

以上分析，说明在学术研究中，新材料非常重要。出土材料与传世文献相互印证是非常重要的研究方法，即王国维先生所说的以地下之新材料证纸上之材料，所谓的"双重证据法"。

《温县盟书》是当时的盟誓人所发盟语誓词的记录，是上古语言的实体呈现，展示了上古应用文的语体特点和当时的社会文化背景，对《左传》的盟誓语言研究有极大的意义。

根据对《中原文化大典·文物典·古文字卷》[①]中选释的 39 则《温

---

① 王蕴智主编：《中原文化大典·文物典·古文字卷》，郑州：中州古籍出版社，2008 年。

县盟书》的研究，我们发现，《温县盟书》中存在着诸多的固定表达。如：

（一）"不显晋公大冢意亟覞女"

除去存在缺字的材料，该固定表达在其他的选释材料中存在以下几种类型：

1. 不显晋公大冢意亟覞女

这种类型的固定表达出现在选释材料 T1K1-19、T1K1-21、T1K1-1852、T1K1-1980、T1K1-2011、T1K1-2199、T1K1-2201、T1K1-2204、T1K1-2267、T1K1-2795、T1K1-3060、T1K1-3205、T1K1-3550、T1K1-3556、T1K1-3586、T1K1-4381 中。

"不"即为"丕"，"显"即为"㬎"，"丕显"则为伟大之义。"晉"即为"晋"，"晋公"则指晋国国君。"冢"本指"坟墓"，"大冢"则是大的坟墓，与"晋公"连用，表示已故的晋国国君的在天之灵。"意"即为"谪"，表示责怒、怪罪之义。"亟"为"殛"，表示惩罚之义。因此"意亟"连用表示严罚的态度。"覞"通"视"，即监督审视的意思。"女"通"汝"，表示第二人称"你"，也就是盟誓者。

由于字形的原因，该类型还存在以下几种变体：

（1）不显晋公大冢意惡覞女（T1K1-3690）
（2）不显晋公大冢意壁覞女（T1K1-3724）
（3）丕显晋公大冢，適亟覞女（T1K14-636）
（4）不显晋公大冢癸亟覞女（T1K1-3723、T1K1-3797）

2. 不显晋公大塚適逐

这种类型的固定表达出现在选释材料 T1K1-3627 中。它与第一种类型的不同之处有两点：首先，它没有"覞女"这一部分，因此文意不如第一种清晰；其次，"塚"与"冢"、"適"与"意"、"逐"与"亟"存在字形差异。

T1K1-3690

3. 晉公大冢意歐睍女

这种类型的固定表达出现在选释材料 T1K1-2012、T1K1-2203、T1K1-2205、T1K1-2207 中。它与第一种类型的不同之处在于它没有"不顯"这一部分，当然这一部分的缺失并不会影响对文意的理解。

同样是由于字形的原因，该类型存在下面这样一种变体：

晉公大冢，意噁視之（T1K17-129）

4. 显晉公大冢意歐睍女

这种类型的固定表达出现在选释材料 T1K1-147 中，它与第一种类型的不同之处在于它没有"不"这个字。

根据对以上材料的分析，我们发现，存在字形差异的字主要是以下几个：

| 意 | 㦤 |
|   | 㫄 |
| 歐 | 噁 |
|   | 噩 |
|   | 遬 |

（二）"麻夷非是"

该固定表达分别完整出现在选释材料 T1K1-11、T1K1-13、T1K1-19、T1K1-21、T1K1-1852、T1K1-2011、T1K1-2012、T1K1-2199、T1K1-2200、T1K1-2204、T1K1-2205、T1K1-2207、T1K1-2795、T1K1-3060、T1K1-3550、T1K1-3556、T1K1-3690、T1K1-3723、T1K1-3724、T1K1-3797、T1K1-4381、T1K1-4562 中，约占总材料数的 56%。

"麻夷"即灭亡之义，"非是"就是"彼氏"，也就是灭亡其家族的意思。

在选释材料 T1K14-636 中，该固定表达则直接写作"麻夷非氏"，也就是说直接使用了本字"氏"表示家族的意思，而没有使用假借字"是"。

古人为解决信任危机谋求解决之道时，首先想到的是求助神灵，所以盟誓背后是神权对现实生活的干预。盟誓时，必须告于神鬼，《周礼·秋官·司盟》载全体盟誓人要"北面诏明神"。此外，盟誓还与古代巫术有密切关系，盟誓时杀牲祭祀便是请神灵作证，若有违约，便如此牲，并且在盟辞里说明惩罚机制，实质是对违约人进行诅咒，《尚书·无逸》言："民否则厥心违怨，否则厥口诅祝。"统治者如果不遵循先王圣法，背弃对先王先公之灵的承诺，百姓内心就会怨恨他们，言语中诅咒他们。孔颖达疏云："诅祝谓告神，明令加殃咎也。以言告神，谓之祝；请神加殃，谓之诅。《左传·襄公十七年》曰：'宋国区区，而有诅有祝。'《诗》曰：'侯诅侯祝。'是诅祝意小异耳。"祝告神灵和诅咒他人仅存在细微差别，盟书所载往往包括了诅的内容，但是一种预设的诅，其发生作用的条件是盟誓人违背约定，和单纯的诅略有不同。《诗经·小雅·何人斯》又有："出此三物，以诅尔斯。"《传》曰："民不相信则盟诅之。"孔颖达疏曰："盟大而诅小，盟诅虽大小为异，皆杀牲血告誓明神，后若背违，令神加其祸，使民畏而不敢犯也。"所谓"三物"也就是豕、犬、鸡三牲，牺牲的供奉还有请求神灵享用之后承担监督与惩戒责任的意味。

依托于祖先崇拜的惩罚性约定，如"不（丕）显晋公大冢 巫 女（汝），麻夷非（彼）是（氏）"，体现了盟誓的约束力来源于信念里的鬼神世界对此在世界的干预。这一点在文献记载中也多有体现，《左传·僖公二十八年》载王子虎会盟诸侯于王庭，"有渝此盟，明神殛之，俾队其师，无克祚国。及其玄孙，无有老幼！"《左传·僖公二十八年》载宁武子与卫人盟于宛濮，"有渝此盟，以相及也。明神先君，是纠是殛"。再如《左传·襄公十一年》载郑国困于诸侯之围，被迫缔结盟约："凡我同盟，毋蕴年，毋壅利，毋保奸，毋留慝，救灾患，恤祸乱，同好恶，奖王室。或间兹命，司慎司盟，名山名川，群神群祀，先王先公，七姓十二国之祖，明神殛之，俾失其民，队命亡氏，踣其国家。"甚至把监誓的神秘力量扩大到山川诸神、各国先王，体现了先秦原始崇拜里的泛神论思想。

盟誓语言是了解春秋社会政治的一个窗口，《左传》中记录了大量的盟誓语言，我们在研究中如果能把《温县盟书》这些材料与《左传》相互对照，一定会有所发现。

以上我们从古代汉语文字、词汇等方面梳理归纳了《温县盟书》对古代汉语研究的意义。《温县盟书》材料中的"宝"字弥补了文字学的奠基之作《说文解字》一书的局限；《温县盟书》出土材料 39 则中有 38 则材料都出现"自今以往"一词，对《左传·齐晋鞌之战》"韩厥献丑父，郤献子将戮之。呼曰：'自今无有代其君任患者，有一于此，将为戮乎？'"中"自今"的正确解释有重要的佐证意义。此外，古代汉语的很多语法研究也可以寻绎这些材料。如《温县盟书》中如"敢不"表达"不敢不"的意思，语言中还有类似的现象，我们可以比较研究；"而敢"中的"而"作为连词的用法，也是值得研究的。

地下出土的古文字材料大都年代明确，所记录的都是当时的语言，较之传世文献里的资料，更真实可靠。对于古汉语研究来说，是必不可少的。河南出土的盟书等玉石文字，的确是春秋文字的宝贵资料，另外，与之类似的还有出土较早的《侯马盟书》。《侯马盟书》《温县盟书》两宗出土载书集中了东周时期的盟誓语料，是我们研究盟誓语言必须研究的资料，也是古代汉语研究的重要材料。

## 参考文献

［1］（清）阮元校刻：《十三注疏》，北京：中华书局，1980 年。
［2］《侯马盟书》，北京：文物出版社，1976 年。
［3］许慎：《说文解字》，北京：中华书局，1963 年。
［4］李学勤：《字源》，天津古籍出版社、辽宁人民出版社，2012 年。
［5］河南省文物研究所：《河南温县东周盟誓遗址一号坎发掘简报》。
［6］张颔：《侯马周遗址发现晋国朱书文字》，《文物》1966 年第 2 期。
［7］郭沫若：《侯马盟书试探》，《文物》1966 年第 2 期。
［8］陈梦家：《东周盟誓与出土载书》，《考古》1966 年第 5 期。
［9］唐兰：《侯马出土晋国赵嘉之盟载书新释》，《文物》1972 年第 8 期。
［10］朱德熙、裘锡圭：《关于侯马盟书的几点补释》，《文物》1972 年第 8 期。
［11］戚桂宴：《"灭夷非是"解》，《考古》1979 年第 3 期。
［12］冯时：《侯马盟书与温县盟书》，《考古与文物》1987 年第 2 期。

# 上博藏楚简三《恒先》补释五则*

俞绍宏　孙振凯

（集美大学海洋文化与法律学院）
（郑州大学汉字文明研究中心）

**【提要】**依据相关文献，对上博藏楚简三《恒先》简2、3"恒，气之生，不独，有与也"，简3、4"昏昏不宁，求其所生：异生异，鬼生鬼，韦生非非，非生韦，哀生哀。求欲自复，复生之生行"，简9、5"恒，气之生，因复其所欲"，简10、11"举天下之作，强者果天下之大作。其䜱尨不自若作。若作，庸有果与不果。两者不癈"，简12、13"〔举〕天下之作也，无所极，无非其所。举天下之作也，无不得其极而果遂。庸或得之，庸或失之"等简文字词进行考释。

一

上博藏楚简三《恒先》：

丞气之【2】生，不独，有与也。【3】①

整理者"丞"读"恒"，以为"恒气"为终极的"气"，是最原始的"气"；

---

\* 本文系国家社科基金重大项目"楚系简帛文字职用研究与字词合编"（20&ZD310）成果之一。
① 本文相关简文释文综合了学者考释意见，具体参见俞绍宏：《上海博物馆藏楚简校注》，北京：中国社会科学出版社，2016年；俞绍宏、张青松：《上海博物馆藏战国楚简集释》，北京：社会科学文献出版社，2019年。以下不再出注。

"不独有与也",疑指不是孤立,而是相互关联。①

廖名春以为"不独,有与也"强调"恒"与"气之生"两者相互联系的一面,二者并非无涉,还有相与的一面。

庞朴将"恒气之生,不独,有与也"理解为这个本原之气的发生,虽是自生,却不孤独,它还有伴。

王志平以为这是说"恒"与"气"的产生,不仅仅是相互联系的;尽管"恒莫生气",但是"恒"与"气"还是有很密切的关系。

曹峰以为"恒气之生"理解为"恒气之所生",如"小大""柔刚",都具有两两相对,不可或缺的侧面。

董珊训"与"为"助",以为"恒气"似相当于文献中的"元气"。

丁四新以为,"不独"即不是单独存在,"有与"即有物相与同在。

李零以为"恒气"为最初的气。

李锐以为"有与"和"独"相对而言,解"与"为"共",简文读为"恒、气之性不独,有与也",即是说"恒"与"气"其性都不独,而是有共。这里的"共"似以指下文的"或""恒"为宜。

曹峰以为"恒气之生"指代的是不变的终极的"气"所生成之万物。

丁原植以为"不独,有与也"是指"气"由"恒"中发生,但"气"非独生,它有互相伴起者。

裘锡圭以为这里的"亟"读"极"。

今按:"亟"读"极"也可备一说。"恒气之生"也见于简9。"恒气"可理解为永恒的气。恒气的产生并不孤独,它还有伴与物,即还产生了其他事物,因此下文有"昏昏不宁,求其所生"。

又:简1"有域焉有气,有气焉有有",则"域"在"气"先,"气"在"有"先;而简5"有出于域","有"则在"域"后,似与"气"并列,表面上看前后简文似乎矛盾,实际上"有"是"气"派生的。简4"浊气生地,清气生天"显然是在说地上之物为浊气所生,天上之物为清气所生,可以为证。生成"气"的过程中"气"自身也在派生"有",尽管两者存在派生关系,但生成的时间却是相同的,可见简1、简5两种说法事实上并不矛盾。因此"有"也有可能同本篇简1李零解为"天地

---

① 本文征引学者有关上博简字词考释成果,凡未加注释的,均参见俞绍宏、张青松《上海博物馆藏楚简集释》一书。以下不再出注。

万物"的"有";"与"可解为在其中,如《左传·僖公二十三年》"秦伯纳女五人,怀嬴与焉",《汉书·食货志下》"汉军士马死者十余万,兵甲转漕之费不与焉"。简文意为:恒气并不是孤独的产生的,恒气生成时在其自身中也在生成"有"。

又,"恒"后或也可加逗号,"生"读"性",则简文是说"恒"是气的性质,气不是孤立的,还有"有"于其中。这样理解文意似也可通。

# 二

《恒先》:

昏昏不宁,求其所生:异生异,鬼生鬼,韦生非,非生韦,衺生衺。求欲自复,复【3正】生之生行。【4】

整理者以为"昏昏"与上简"梦梦"相似。"自复"指自我回报。"复生"指相生,"行"疑指下文的"天行",即天道的运行,四时的运行。"异"疑读"翼",恭敬。"鬼"疑读"畏",畏惧。"韦"疑读"愇",《广韵》"恨也"。重文"非"疑读"悲,悲"。"衺"从双"衣",疑是"哀"字异体。

廖名春以为"昏昏"读"混混",同"滚滚",水奔流不绝的样子。"不宁",不止息。"求欲自复"即欲求会自求实现。"求欲",欲求。"复",践行,实现。"复生之生行"即欲求的实现又会导致新欲求的产生和践行。"生行",即上文之"出生""作行",指新欲求的"出生""作行"。"气"与"域"产生的根源在于"混混不宁",在于他们自身内在矛盾不已。"异"是"异"所生,"归"是"归"所生,"违"是"违"所生,"否"是"否"所生,"依"是"依"所生。

丁四新解"求"为"寻求"。

李学勤以为"韦生非=生韦"为倒文,断读简文为"异生异、归生归、违生违、非生非、依生依"。"异",区别;"归",趋同。"非"是否定,"依"是肯定。

李锐以为前一"复",归、返;后一"复",重复、继续;"生之"后加句号。断读简文为"复、生之性行",后加逗号。

庞朴以为简文"韦生悲，悲生韦"有误。"求欲自复"，求万有之生在知其自复（自己生出自己，或生或、异生异，等等）。"复，生之生行"，复是生之生术。

王志平以为"昏昏"指"气"的原始状态，"不宁"指"气"的运动，也就是所谓的"生"。简文前面的"异""归"等是指"气"的性质，后面的"异""归"等是指"气"所生之物，如下文的"天""地"等。"复生之生行"的"之"读"时"。前面说了"气"所生，这里说的是"气"的"复"。"气"欲自我循环，复生时是"气"的本性在起作用。

董珊以为"衰"字象重衣之形，《说文》训"褺，重衣也"，文献或作"袭"；又"复，重衣也""襧，重衣皃"。"衰"可能与此三字中某一字有关，其音义待考。"异""鬼""韦""非""衰"似乎都说的是"气"的不同性质或状态，也许可以分别称为"异气""鬼气""韦气""非气""衰气"。

刘信芳以为"韦生非"是事物发展过程中的自我否定，"非生韦"是否定之否定。

丁四新以为"求欲"是"求其所欲"的省略语。"复，生之生行"，前一"生"乃化生、衍生之"生"；后一"生"乃生存、存活之"生"。"行"，道。"生行"谓万物存活之道、生生相续之道。这句话是说，"复"是大化流行之中使万物生生不已的生理。

陈丽桂以为万物之生化各自依其类往复自生，宇宙万物的生生化化，也就在这含带着各种各类强烈循环自生特性的倾向或趋势下，开始启动运作，此谓之"'复生之生'行"。

季旭昇以为"衰"释"袭"，因袭。相异的质性就产生相异的现象，同一归向的质性就产生同一归向的现象，相对立的质性就产生相反的现象，相反的质性可能产生相对立的现象，相因袭的质性就产生相因袭的现象（反映到现象界，也是同样的情况）。万物寻求其所想要成为的事物，必须自己不断地回复（往返）于根本之气（恒气）中，"复"是大化流行之中，使万物生生不已的生理。"异"，相异。"鬼"读"归"，相同。"韦"，相违。"非"，相非。暂释"衰"为"袭"，因袭。

王中江以为"异""畏""韦""非"分别通"冀""夔""苇""菲"，"哀"则或通"葳"，指植物的同类相生。

汤志彪释"袤"为"襺"。①

今按，"昏昏不宁，求其所生：异生异，鬼生鬼，韦生非，非生韦，　生"，文意或是说"域"中之气初形成时混沌一体，变化不休而衍生万物，探求由其生成之物：初始的事物是由原始的气衍生的，什么性质的气就会产生什么性质的事物。

"异、鬼、韦、非、袤"在此处简文中两见，前后分别指具有该性质的气，以及由其产生的不同事物。推测"异""非"分别可读"翼""皮"，"韦"本字读。究其所指代的事物，"翼"指长翅膀的禽类动物，"韦""皮"意同，在这里指长毛皮的兽类动物。"袤"释"袭"说当可从，可训重衣，在古礼中指的是穿衣方式，简文或借指讲礼仪的人类，这在修辞格上属于借代。②

楚简中"鬼"一般从"示"，此处"𩲡"不从"示"，且与一般常见的甲、金文字"鬼"相比，下部多出一横画。疑这里的"鬼"或可读"魁"，《仪礼·士冠礼》："素积白屦，以魁柎之"，郑玄注"魁，蜃蛤"。蜃蛤为长有甲壳的贝类。

"求欲自复，复生之生行"，简文可能是在说由原始的气衍生出的物（即简文中的"有"）如何再自我衍生的问题。"求欲自复"："求"，探求；"欲"，将。由原始的气衍生各种物为初次，由各种物再衍生出新的物为"复"，即又一次、再一次衍生出物。"复生之生行"："复"又有"重复""回环""反复"义；"生"，生物，《国语·楚语下》："滞久则不振，生乃不殖"，韦昭注"生，生物也"。"行"，行世或运行。探求那些将要自我复生出的物，就会看到那些复生的物行于世。简文是在说生物衍生的自然性，是在不知不觉中发生的。

## 三

《恒先》：

---

① 汤志彪：《释"襺"》，《语言科学》2021年第1期，第97～104页。
② 可参俞绍宏：《楚简"袤"字补释》，载《古文字研究》第34辑，北京：中华书局，2022年，第424～429页。

恒，气之生（性），因【9】复其所欲。【5】

庞朴以为简9后接读简5，"因复其所欲"，谓恒气自生自作，复其所欲复。

今按，"恒气之生"也见简2、3。"恒"后或可加逗号，"生"或可读"性"。气之性恒，因此其欲求才能不断重复循环出现。也即，若气是短暂的，那么其欲求也会随着气的消失而消失，就不会循环往复地表现出来。

## 四

《恒先》：

举天下之作，强者果天下【10】之大作。其繎尨不自若作。若作，庸有果与不果。两者不瀍。【11】

整理者"瀍"读"废"。

李锐认为"果"训"成"，"若作"后加逗号，"自若"与下文"自为"之意相近。此句疑指人所称举天下之"作"，往往是人勉强文饰而成之"作"。天下之大作，非自作，乃是自然天成，无所谓果与不果。

廖名春解"果"为"成"，"两者"指"果"与"不果"，"废"解为"废除"。此是说成与不成都有其意义。疑"尨"读"蒙"，疑"䍐"为"冥"异文。"冥蒙"即蒙昧，此与"强者"相对，指不强者。"自若"，自如。"不自若"，不得自如；此指"不果"，不成。"甭"前"作"下句读符号可能抄书者有误。"甭"读"庸"，何。

董珊以为"大作"下有"-"号，似提示"强者果天下之大作"应作一句读。"两者不废"是承前文指"果与不果"，即"果与不果"都是"果"，都不废。

丁四新以为"两者"指"果天下之大作"与"不自诺作"两种"作强"的情况。"瀍"，即"法"，效法。简文是说：举天下之作强者，无非有两种结果，其一果真为天下之大作为者，其事有成功（有果）；其二，如果其作为不能得到许诺，其事就没有成功（不果）。不论是否成功，这两种"作强"的情况,都不可以效法。

季旭昇以为天下所有的作为,其中的大作为都由强者包办了。"强者"属下读。"大作"如王侯将相之取天下、易服色、改制度。简文读为:"其󰀀󰀁不自若作,若作,庸有果与不果?"

苏建洲以为"强者果天下之大作"作一句,断读简文为"其肆伐不自若作;若作,用有果与不果,两者不法"。

范丽梅"󰀀󰀁"释"炽尨",读作"鸿蒙",是一个迭韵联绵词。[①]

今按,"果"从训"成"之说。简文是说,全天下的"作"有"大作"与一般的"作","大作"是由强者制定完成的。

"󰀀"释读待考。"󰀁"释"尨"或可从。"󰀀󰀁"与"强者"相对,应指弱小者,廖名春读为"冥蒙",实际上不如读"蠛蠓"。"蠛蠓"本是一种体形很小的虫子,简文中或以之比喻小人物,用现在话就是"草根"。原简"若作"为重文,前一个"若作"后或可加句号。

"若",《说文》"择菜也",也可训为选择,顺。前一个"若"训为选择,后一"若"训顺,顺从。"作"为人为之作,指各种礼仪规章、伦理道德、风俗习惯等社会规范对人的行为的限定,即限定了什么人可以做什么事、不可以做什么事。《礼记·乐记》:"王者功成作乐,治定制礼。"弱小者不能自主制定、选择行为规范,只能被动顺从既定的社会规范行事。因此简文说,顺从(而不是制定、选择)"作",哪有什么成与不成的呢?"庸",岂、哪。强者成就大作,弱小者只有顺从"作",意味着一般的"作"是由一般的人(既不是强者也不是弱者)制定的。也就是说,对于弱小者来说,只有顺从"作"的份,没有什么成不成"作"的问题。

"瀘"也可本字读。"作"为人作,因此不管其"果"与"不果",均不能算是"瀘"(瀘律)。

## 五

《恒先》:

---

[①] 范丽梅:《上博楚简考释四则》,载《2007 中国简帛学国际论坛论文集》,台湾大学中国文学系,2011 年。

〔举〕天下之作也，无许（所）亟（极），无非其所。举天下之作也，无不得其亟（极）而果遂。甬（庸）或【12】得之，甬（庸）或失之。【13】

整理者原文"无非其所"指到处都是处所。"果遂"指实现其愿望，后加句号。"甬"读"庸"。

李锐认为"亟""亟"可能是"极"。又"惡"释"慢"，《说文》"谨重貌"。

廖名春从李锐释"极"，解为"则"，标准、准则。"无非其所"，各得其所。"所"，当，宜。"庸"，何，表示反诘语气。"或"读"有"。

庞朴以为"天下之作"前原文夺一"举"字。

王志平以为"许"读"所"，"或"读"有"。

董珊以为"许"读"所"，"所"字结构。"亟（亟）"与"亟（惡）"从"亟"声，读"极"。

丁四新以为"所"为处所。"无非其所"，谓得其所，引申为得其所当然之义。"遂"，顺遂、通达，含有成功之义。"庸"犹"何"，"庸或"，何有。"庸或得之，庸或失之"，哪里会有得，哪里会有失呢？

今按，"许"读"所"，助词，可用于句中补凑音节，如《左传·成公二年》"能进不能退，君无所辱命"，《战国策·赵策四》"窃自恕，而恐太后玉体之有所郄也"。"极"，标准、准则。因为"作"是人为，不是自作、自为、自然的，而是受人操控、可以根据需要而改变的，因而无所谓标准。因此简文说"无所极"。"无非其所"，没有哪里不是它存在的地方。因为人可以根据需要将"作"施于任何地方，因此其可以无处不在。

"其极"，"其"指"天下之作"。"其极"，天下之作的准则。人们可以根据各种需要为各种"作"设置各种准则。"果""遂"都有成就、完成义，在这里可以理解为"确立"。全天下的"作"没有不得其准则而得以确立的。

"庸或得之，庸或失之"，哪里还有什么得失？也即"作"都受人为操控，因而无所谓得与失。"或"也可不读"有"而训"有"。

# 清华简《越公其事》释词

张新俊
（中国海洋大学文学与新闻传播学院）

**【提要】** 清华简《越公其事》中有"敦刃""敦齐兵刃""闌冒兵刃"等词，目前在学术界还没有一致的意见。本文认为"敦刃"当读作"蹈刃"，"敦齐兵刃"是整顿、收拾兵刃，"闌冒兵刃"是犯冒兵刃。

## 一、敦刃

清华简《越公其事》中两次出现"𦎫"字（整理者读作"敦"，以下径写作"敦"），都与兵刃有关：

（1）今越公其故有带甲八千以敦刃皆死。（简10—11）

（2）羅甲缨胄，敦齐兵刃以攼御寡人。孤用委命䢔𠭯，闌冒兵刃，葡匐就君，余听命于门。（简20—21）

目前学术界对"敦刃""敦齐兵刃"的理解，还存在比较大的分歧。本文在以往学者研究的基础上，试对以上两条简文及相关的字词加以解释。

需要说明的是，（1）中释作"故"的字，原篆作𫝀，整理者读作"胡"，疑问代词[1]。魏宜辉等先生认为此字应分析作从"由"从"攴"，是"敀"的误释，在简文中读作"犹"，是"尚且"之义。但是也有不少

---

[1] 清华大学出土文献研究与保护中心编，李学勤主编：《清华大学藏战国竹简（柒）》，上海：中西书局，2017年，第120页。

学者坚持整理者的意见①。从字形上看，此字显然是从"由"而非从"古"。清华简中"古""由"形体区别明显，"古"字一般写作▨形②，而"由"一般写作▨形③，从不混同。就《越公其事》篇而言，"由"字共4见，均作▨形④。从"由"的一些字，如"克""胄"，分别写作▨、▨形⑤。而从"古"的"者""居""沽"等，分别写作▨、▨、▨形⑥，可见所谓的"故"字，确应改释作"畞"。"畞"从"由"声，读作"犹"，魏宜辉的意见正确可信。"由"读作"犹"，在先秦典籍中十分常见⑦。以《孟子》一书为例，如《孟子·梁惠王下》："民归之，由水之就下。"《孟子·公孙丑上》："以齐王，由反手也"，"王由足用为善"。《孟子·离娄下》："其横逆由是也"，"我由未免为乡人也"。《孟子·万章上》："与我处畎亩之中，由是以乐尧舜之道"，"由"皆读作"犹"。"犹有"连用，则更为常见。如《孟子·公孙丑上》"纣之去武丁未久也，其故家遗俗，流风善政，犹有存者。"《礼记·祭义》："乐正子春下堂而伤其足，数月不出，犹有忧色。"《礼记·坊记》："国不过千乘，都城不过百雉，家富不过百乘。以此坊民，诸侯犹有畔者。"

---

① 魏宜辉：《读〈清华大学藏战国楚竹书（柒）札记〉》，载香港浸会大学饶宗颐国学院、澳门大学中国语言文学系、清华大学出土文献研究与保护中心：《〈清华简〉国际会议论文集》，2017年10月6—28日，第179～187页。相关说法，可以参看郭洗凡：《清华简〈越公其事〉集释》，安徽大学硕士学位论文，2018年，第28页。何家欢：《清华简（柒）〈越公其事〉集释》，河北大学硕士学位论文，2018年，第14页。吴德贞：《清华简〈越公其事〉集释》，武汉大学硕士学位论文，2018年，第21～22页。

② 参看李学勤主编，沈建华、贾连翔编：《清华大学藏战国竹简（壹—叁）文字编》，上海：中西书局，2014年，第62页。李学勤主编，沈建华、贾连翔编：《清华大学藏战国竹简（肆—陆）文字编》，上海：中西书局，2017年，第52页。

③ 参看李学勤主编，沈建华、贾连翔编：《清华大学藏战国竹简（壹—叁）文字编》，第312页。李学勤主编，沈建华、贾连翔编：《清华大学藏战国竹简（肆—陆）文字编》，第180页。

④ 参看李学勤主编，沈建华、贾连翔编：《清华大学藏战国竹简（壹—叁）文字编》，第312页。李学勤主编，沈建华、贾连翔编：《清华大学藏战国竹简（肆—陆）文字编》，第180页。

⑤ 参看清华大学出土文献研究与保护中心编，李学勤主编：《清华大学藏战国竹简（柒）·字形表》，第190、193页。

⑥ 参看清华大学出土文献研究与保护中心编，李学勤主编：《清华大学藏战国竹简（柒）·字形表》，第194页、204页。

⑦ 谢纪锋编纂：《虚词诂林（修订版）》，北京：商务印书馆，2015年，第195～199页。

可见把所谓的"故有"改释成"犹有",不管是从字形上还是文义上,都要比"故有"要合理得多。

上(1)中"敦刃"一词,在简文中该怎样理解,学术界有不同的意见。整理者认为它与第 20 号简中的"敦齐兵刃"都与《庄子·说剑》篇"今日试使士敦剑"相当。"敦剑"一词,历来未有确诂,一般多取"治剑"说①,整理者采用的应该也是此说。或有学者认为"敦"可以训作"治",显然是受到整理者的影响②。王宁先生读作"推刃",义同"推锋"。萧旭先生读为"顿刃",是"殊死搏斗"之义③。

以上说法皆有可商。我们认为简(1)中的"敦"可以读作"蹈"。上古音"敦"属于定母文部字,"蹈"属定母幽部字,二字声纽相同,幽、文二部关系十分密切。近些年来,根据龙宇纯、孟蓬生、李家浩等多位学者的研究④,上古音幽部与微物文部的关系很近,可以相通。如《说文》互训的例子:雕,鷻也。鷻,雕也。錭,钝也。钝,錭也。雕、錭属幽部字,鷻、钝属文部字。《说文》"羑"字下收录的异文中,"诱"与"䛻"是异体关系,"诱"属幽部,"䛻"从"盾"得声,"盾"属文部。金文中"猶狁"之"猶",或作 形,学者多认为这是一个两声的字,左边的"祷"属幽部字,右边的"允"属文部字。《周易·姤》九四爻辞"有陨自天",上博简中与之对应的字作"𢛳","陨"属文部,"𢛳"属幽部。传说中的相马名家九方皋,在《淮南子·道应训》中作"九方堙",《列子·说符》作"九方皋"。皋属幽部,堙属文部。可见幽、文二部的关系,是非常接近的。

---

① 王叔岷:《庄子校诠》,台北:乐学书局,1999 年,第 1222 页。
② 参看郭洗凡:《清华简〈越公其事〉集释》,第 28~29 页;何家欢:《清华简(柒)〈越公其事〉集释》,第 14 页。
③ 参看郭洗凡:《清华简〈越公其事〉集释》,第 28~29 页;何家欢:《清华简(柒)〈越公其事〉集释》,第 14~15 页。
④ 龙宇纯:《上古音刍议》,载《"中央研究院"历史语言研究所集刊》,第六十九本第二分 1998 年,第 331~396 页。孟蓬生著:《上古汉语同源词语音关系研究》,北京:北京师范大学出版社,2001 年,第 48~50 页。李家浩:《楚简所记楚人祖先"娸(鬻)熊"与"穴熊"为一人说—兼说上古音幽部与微、文二部音转》,《安徽大学语言文字研究丛书·李家浩卷》,合肥:安徽大学出版社,2013 年,188~238 页。史杰鹏:《由郭店〈老子〉的几条简文谈幽、物相通现象及相关问题》,收入《畏此简书》,南昌:江西高校出版社,2018 年,第 114~132 页。

就"敦"字而言,除了上面所举出的雕—斀、錭—钝互训的例子外,还有古今字、读曰、异文等方面证据。"敦"与"雕""彫""焘""錞""埻"等字关系密切。如《诗经·大雅·行苇》:"敦弓既坚",《正义》:"敦雕,古今字"。《鲁诗》作"雕弓"。《诗经·周颂·有客》:"敦琢其旅",《正义》"敦雕,古今字"。《周礼·春官·司几筵》:"每敦一几",郑玄注:"敦读曰焘。"《礼记·丧大记》:"大夫殡以幬",郑玄注:"幬或作錞。幬或作埻。"雕彫,端母幽部字。焘,定母幽部字。由此可见,我们把简文中的"敦刃"读作"蹈刃",是可以成立的。

"蹈刃"一词秦汉典籍中多见,多用来形容勇士们在战场上冲锋陷阵、视死如归的精神。如《淮南子·泰族训》:"墨子服役者百八十人,皆可使赴火蹈刃,死不还踵,化之所致也。"《说苑·指武》:"军之法令,赏罚之数,使士蹈刃,陷阵取将,死不旋踵者。"《三国志·吴志·黄盖传》:"盖随策及权,擐甲周旋,蹈刃屠城。"

"蹈刃"意同"蹈白刃",后者在战国秦汉时期的典籍中更为常见。《孙膑兵法·善者》:"故民见进而不见退,蹈白刃而不旋踵。"《中庸》:"天下国家可均也,爵禄可辞也,白刃可蹈也,中庸不可能也。"《商君书·慎法》:"且先王能令其民蹈白刃,被矢石,其民之欲为之,非好学之,所以避害。"《管子·法法》:"蹈白刃,受矢石,入水火,以听上令;上令尽行,禁尽止,引而使之,民不敢转其力。"《吕氏春秋·禁塞》:"广堙深溪大谷,赴巨水,积灰,填沟洫险阻,犯流矢,蹈白刃,加之以冻饿饥寒之患。"《吕氏春秋·节丧》:"民之于利也,犯流矢,蹈白刃,涉血抽肝以求之。"《新序·杂事一》:"理师旅,整兵戎,以当强敌,提枹鼓,以动百万之师,所使皆趋汤火,蹈白刃,出万死,不顾一生之难,司马子反在此。"

我们认为,把简文中的"敦刃"读作"蹈刃",文从字顺。萧旭先生解释成"殊死决斗",在文义的理解上是正确的,但读作"顿刃",则不如读作"蹈刃"。"今越公其故有带甲八千以敦刃皆死",简文是说勾践虽然在夫椒之战中败给了吴国,保栖于会稽,但仍然有八千人愿意为他舍身死战。

## 二、敦齐兵刃

接下来谈谈我们对(2)中"羅甲纓胄,敦齐兵刃以攼御寡人"的看法。

就传世文献来看,"被甲纓/婴胄""带甲婴胄"的说法,最为常见。如《说苑·修文》:"被甲纓胄立于枹鼓之间,士卒莫不勇者。"《墨子·兼爱下》:"今有平原广野于此,被甲婴胄将往战,死生之权未可识也。"《谷梁传·僖公二十二年》:"古者被甲婴胄,非以兴国也,则以征无道也,岂曰以报其耻哉?"《荀子·乐论》:"带甲婴胄,歌于行伍,使人之心伤。"偶尔说"被甲蒙胄"。如《史记·张仪列传》:"山东之士,被甲蒙胄以会战,秦人捐甲徒裼以趋敌,左挈人头,右挟生虏。"①

从以上例子来看,简文"羅甲纓胄"与文献中的"带甲纓/婴胄""带甲婴胄""被甲蒙胄"意思相同,所描绘的都是将士们全副武装开赴战场的场景。但"羅甲"一词,则为以往所无。学术界对"羅"字的释读,目前也还没有一致的意见。整理者读作"羅",谓义同"被",学者多不从此说。网友汗天山认为罗或当读为"缡(缌)"。网友"海天游踪"读为"带甲婴胄"。网友"xiaosong"疑"罗"读为"丽",著也……"罗"读为"穿"亦可。②

考虑到《越公其事》第3号简已经有"吾君天王以身被甲胄"的说法,"羅"不宜再通作"被"。第5、11号简已经有"带"字,"羅"也不宜再读作"带"。

结合传世文献来看,我们认为"羅"字似可以读作"擐"。上古音"擐"属匣母元部,"羅"属来母歌部。歌、元是严格意义上的阴阳对转,来、匣二母关系密切。睡虎地秦简《日书》乙种《楚除》有"羅之日",对应的文字,甲本《楚除》、乙本《秦除》作"害日"。"害"属匣母月部字,与"羅"相通③。"擐甲""擐甲胄"在先秦典籍中常见。如《左

---

① 《战国策·张仪为秦连横说韩王》说"山东之卒,被甲冒胄以会战,秦人捐甲徒裎以趋敌",用词略有不同。
② 参看吴德贞:《清华简〈越公其事〉集释》,第34页。
③ 王辉编著:《古文字通假字典》,北京:中华书局,2008年,第623页。王强:《孔家坡汉墓简牍校释》,吉林大学硕士学位论文,2014年,第28页。

传·成公二年》："擐甲执兵，固即死也"。《左传·成公十三年》："文公躬擐甲冑，跋履山川，逾越险阻，征东之诸侯"。《国语·吴语》："吴王昏乃戒，令秣马食士。夜中，乃令服兵擐甲，系马舌，出火灶，陈士卒百人，以为彻行百行。"《淮南子·要略训》："武王继文王之业，用太公之谋，悉索薄赋，躬擐甲冑，以伐无道而讨不义，誓师牧野，以践天子之位。"

"敦齐兵刃"是一个述宾结构的短语，但学界对"敦齐"的理解则仁智互见。《越公其事》简的整理者认为"敦齐"犹"敦比"，是治理的意思。网友 zzusdy 认为"齐"训整，即整饬、整治，与"饬"义相近。王宁先生认为当读为《荀子·解蔽》"好相推挤"之"推挤"。萧旭先生认为"敦齐"即"端齐"，犹言整齐，引申训为治理，谓齐整兵器，不杂乱①。

萧旭先生认为"敦齐"犹言"整齐"，引申为治理的意见可从，但理解成"端齐"，稍显迂曲。整理者把"敦"解释成"治理""整治"也有一定道理，但"敦齐"似不必理解成"敦比"。简文中的"敦"，就是"收拾""整顿"的意思。《左传·昭公二十三年》说，吴人伐州来，公子光建议用诱敌之策，先用军容不整的罪人三千去出击胡、沈、陈三国之师，然后趁着对手争抢俘虏的混乱之际，投入王师这样的正规军，"请先者去备薄威，后者敦陈整旅"。以往的解释，都从杜预注把"敦"训作"厚"②。我们认为这两句话中的"去备薄威"与"敦陈整旅"正相对为文，"去""薄"都是动词，指不加防备，军威不饬。"敦陈整旅"则是训练有素，纪律严明。"敦""整"与"去""薄"都是动词。若此，则"敦"与"整"意思是相近的。

简文中的"齐"字，网友 zzusdy 的看法是可信的。"齐"训"整"，典籍习见。如《尚书·盘庚》："自今至于后日，各恭尔事，齐乃位，度乃口。"《广雅·释言》："齐，整也。"《诗经·小雅·楚茨》："既齐既稷，既匡既敕"，朱熹《诗集传》："齐，整"。《国语·周语下》：

---

① 参看吴德贞：《清华简〈越公其事〉集释》，第 34～35 页。郭洗凡：《清华简〈越公其事〉集释》，第 41～42 页。
② 杨伯峻编著：《春秋左传注》，北京：中华书局，1990 年，第 1446 页。赵生群注：《春秋左传新注》，西安：陕西人民出版社，2008 年，第 884 页。

"身耸除洁，外内齐给"，韦昭注"齐，整也"。先秦典籍中，多用"整齐"一词来形容军队阵容整肃。如《吕氏春秋·简选》："驱市人而战之，可以胜人之厚禄教卒；老弱罢民，可以胜人之精士练材；离散系系，可以胜人之行陈整齐；锄櫌白梃，可以胜人之长铫利兵。"《六韬·教战》："凡领三军，有金鼓之节，所以整齐士众者也。"《史记·孙子吴起列传》："兵既整齐，王可试下观之，唯王所欲用之，虽赴水火犹可也。"《说苑·奉使》："秦、楚毂兵，吾王使我先窥我死而不还，则吾王知警戒，整齐兵以备楚，是吾所谓吉也。"齐、整是同义词连用，简文中的敦、齐也属于同一类现象。

简文中的"敦齐兵刃以攼御寡人"，就是说吴国的士兵们整顿好武器严阵以待，时刻准备投身到保护吴王的战斗中。

## 三、冒兵刃

（3）孤用委命**䅲㫃**，闕冒兵刃，葡萄就君，余听命于门。

简文中的"委命"，整理者认为是"任命"，诸家皆从此说。我们认为这个解释不妥。"委命"除了"任命"义之外，还有把命运交付给别人，任人处置的意思。如贾谊《新书·过秦上》："百越之君，俛首系颈，委命下吏。"百越之君，被秦征服之后，俯首称臣，听命秦下级管理的处置。"孤用委命**䅲㫃**"这句话，是吴王夫差对大夫种说的外交辞令，语境与百越之君何其相似，显然不是"任命"的意思。《吴越春秋·勾践七年》："北向称臣，委命吴国，左右易处，不得其位，明臣属也。""委命吴国"也是受制于吴国的意思。"**䅲㫃**"一词，整理者读作"重臣"，马楠读作"董振"，网友汗天山、何家欢从之。林少平读"踵晨"，谓登城门，郭洗凡从之。萧旭认为"**䅲㫃**"即清华简《管仲》之"**㫃童**"，亦即"振童"，指宫中男奴女婢。

按照我们对"委命"一词的理解，上述说法都是不大可信的。我们认为简文中的"**䅲**"，与中山王鼎中的"寡人幼**䅲**"之"**䅲**"为一字之异体。何琳仪读鼎铭"幼㣈"为"幼冲",可信①。简文中的"㣈"字,也应该是年幼之意,可能就是《说文》训为"未冠也"的"僮"字的异体。整理者读"昏"为"臣"的观点,多有从之者。但是从用字习惯来看,楚文字中"臣"字很常见,从来没有写成"昏"的例子②。在《越公其事》篇中,"臣"字见于第6、10、35、51等简,均用其本字,无假借之例。所以读"臣"之说,与楚文字用字习惯不符,恐怕难以成立。

学者多认为"委命䌊昏"一词,应该与"委命下吏"意思相当,都是职位比较低下的官吏,这个意见是正确的。或认为"吴王不当派遣小童或身份卑贱之人进行外交活动",是把"委命"理解成了"任命",在我们看来,正好把语境理解反了。"委命"犹如"委制"。如《国语·越语》:"上天降祸于越,委制于吴",又"君王已委制于执事之人矣"。秦汉文献中偶尔也说"委身",如《淮南子·兵略训》:"然怀王北畏孟尝君,背社稷之守,而委身强秦,兵挫地削,身死不还。"《汉书·匈奴传下》:"假令单于初立,欲委身中国,未知利害,私使伊邪莫演诈降以卜吉凶。""委命""委制""委身"均是受制于人,听从别人安排的意思。

我们怀疑简文中的"䌊昏"可以读作"童龀"。上古音"昏"属禅母文部,"龀"属初母真部,禅、初均为齿音,真、文二部关系密切,二者读音比较接近。"童龀"一词首见于《后汉书·皇后纪下》:"显、景诸子年皆童龀,并为黄门侍郎。"古书或作"髫龀",如《后汉书·董卓列传》:"其子孙虽在髫龀,男皆封侯,女为邑君。"或做"童牙",如《后汉书·崔骃传》:"甘罗童牙而报赵"。这两个虽然是东汉的例子,就实际情况而言,历史上任何一个时代,王室贵胄在幼年时期,身居显位的都不在少数。《史记·甘茂列传》:"甘罗者,甘茂孙也。茂

---

① 何琳仪:《中山王器考释拾遗》,载《安徽大学汉语言文字研究丛书·何琳仪卷》,合肥:安徽大学出版社,2013年,第128~138页。
② 参看李守奎编著:《楚文字编》,上海:华东师范大学出版社,2003年,第190~191页。徐在国著:《上博简文字声系(一——八)》,合肥:安徽大学出版社,2013年,第2218~2224页。李学勤主编,沈建华、贾连翔编:《清华大学藏战国竹简(壹—叁)文字编》,第85~86页。李学勤主编,沈建华、贾连翔编:《清华大学藏战国竹简(肆—陆)文字编》,第75~76页。李守奎、贾连翔、马楠编著:《包山楚简文字全编》,上海:上海古籍出版社,2012年,第126页。

既死后，甘罗年十二，事秦相文信侯吕不韦。"这是在历史上最广为流传的故事。王子今在《秦汉儿童的世界》一书中，专门列出"少年吏：未成年人的参政机会"一章节，对战国秦汉时期的"少年吏""童子郎"做了研究。除了12岁的甘罗之外，还有9岁的杨乌、十三四岁的桓驎等。两汉时期的少年吏中，年十二三岁从政的，也不在少数。因为是吴王所说外交辞令，"委命童龀"，显然有夸张炫饰的成分①。

简文中的"闌"字，为后世字书所无。整理者谓"存考"，是审慎的做法。有学者认为"豖"乃"豕"之讹，从门豕声，读作"触"，"触冒"意思是抵触、冒犯。或以为"闌"是"蒙"字异体，"蒙冒"是顶着、冒着的意思。或认为"闌"是"突"字异体。或疑"闌"读作"逐"，或读作"蹈"。或认为"闌"从"门"得声，读作"奋""坌"，等等②。或认为"门"内所从为"象"，读作"驰"，"驰冒"是驰马冲击③。

在先秦时期的文献中，用来形容将士在战场上奋不顾身、英勇斗争的词汇很多，除了上文提到的"蹈白刃"之外，"冒白刃"的说法也十分常见。如《盐铁论·徭役》："白刃可冒，中庸不可入。"《潜夫论·明忠》："乃张重利以诱民，操大威以驱之，则举世之人，可令冒白刃而不恨，赴汤火而不难，岂云但率之以共治而不宜哉？"《汉书·李广传》："转斗千里，矢尽道穷，士张空拳，冒白刃，北首争死敌，得人之死力，虽古名将不过也。"司马迁《报任安书》："然李陵一呼劳军，士无不起，躬流涕，沫血饮泣，张空弮，冒白刃，北首争死敌。"

与"冒白刃"意思相近的词，先秦文献中还有"犯白刃"的说法。如《韩非子·初见秦》："闻战，顿足徒裼，犯白刃，蹈炉炭，断死于前者皆是也。"④《吕氏春秋·为欲》："会有一欲，则北至大夏，南至北户，西至三危，东至扶木，不敢乱矣；犯白刃，冒流矢，趣水火，不敢却也；晨寤兴，务耕疾庸，樸为烦辱，不敢休矣。"《淮南子·修务训》："今

---

① 王子今：《秦汉儿童的世界》，北京：中华书局，2018年，第448~513页。
② 参看郭洗凡：《清华简〈越公其事〉集释》，第42~43页。
③ 参看何家欢：《清华简（柒）〈越公其事〉集释》，第20~21页。吴德贞：《清华简〈越公其事〉集释》，第35页。
④ 《战国策·秦一·张仪说秦王》作"闻战，顿足徒裼，犯白刃，蹈煨炭，断死于前者比是也"。

日距强敌，犯白刃，蒙矢石，战而身死，卒胜民治，全我社稷，可以庶几乎？"

从传世文献来看，以上说法中，读作"蒙""突""逐""蹈""奋""坌""驰"等意见，恐怕都不可信。读作"触"，似乎可备一说。因为文献中确实有"触白刃""触兵刃"的说法

（4）夫边郡之士，闻烽举燧燔，皆摄弓而驰，荷兵而走，流汗相属，唯恐居后，触白刃，冒流矢，义不反顾，计不旋踵，人怀怒心，如报私讎。　《史记·司马相如列传》

因为"触"与"冒"意思相近，所以又能以同义词连用的形式，构成"触冒"或者"冒触"。如《国语·周语中》："鲁执政唯强，故不欢焉而后遣之，且其状方上而锐下，宜触冒人。"《后汉书·苏不韦传》："不韦毁身燋虑，出于百死，冒触严禁，陷族祸门，虽不获逞，为报已深。"《后汉书》中有以下两个例子，可以与《越公其事》中"冒兵刃"参看：

（5）茂与弟触冒兵刃，缘山负食，臣及妻子得度死命，节义尤高。《后汉书·独行列传》

（6）魏公子顾朋友之要，触冒强秦之锋。　《后汉书·朱冯虞郑周列传》

我们怀疑简文中的"闌"很有可能读作"触"或者"犯"。或有学者认为"闌"所从之"豕"是"豖"形之讹，但从甲骨文 、①和金文 ②字的形体来看，"豕"是"豖"形之讹的可能性似乎不大。《越公其事》第21号简中的"闌"字，与甲骨文、金文中 、 很有可能只是

---

① 字形出自《甲骨文合集》26927。
② 严志斌编著：《商金文编》，北京：中国社会科学出版社，2016年，第252页。

繁简不同的关系。类似的例子，如楚文字中有一个写成三个"兔"形的字，见于上博简《孔子诗论》第 8 号简、《性自命出》第 26 号简、《容城氏》第 38 号简、《平王问郑寿》第 3 号简等。另外还有以两个"兔"为声旁的字，在荆门左塚楚墓漆梮中写作从"心"、从两"兔"的字，包山楚简第 271、273 号简中从"革"、从两"兔"的字。上博简中还有从"心"、从"兔"的字，如《天子建州》甲第 10 号简、乙第 9 号简。现在学术界都一致认为，不管是从一"兔"还是二"兔"，都应该是三"兔"形之省①。

如果说我们的说法成立，"闖"所从"豖"很有可能也是"㹢"之省。"㹢"当然也可以省作"豖"形。《说文》"豖"字，段玉裁《说文解字注》认为音义皆缺。《集韵》有"豖"字，悲巾切，古音学家归入帮母文部。此外，西周金文中有"燹"字，见于卫簋等，从上下文作"燹芬馨香"看，学者们读作"芬芳馨香"，可信②。《说文》认为"豳"字从"山""豩"阙，现在看来，应该是以"豖"为声的。帮母文部的"豖"，与并母谈部的"犯"字，均属双唇音，读音比较接近。《后汉书·郭陈列传》："太傅、三公奏镇冒犯白刃，手剑贼臣，奸党殄灭，宗庙以宁，功比刘章，宜显爵土，以励忠贞。"如果说"闖"读作"犯"的话，简文"犯冒兵刃"与《后汉书》"冒犯兵刃"的措辞是几乎完全相同的。

在此顺便谈谈我们对《合集》26927 中的理解。该版无名类卜骨上仅仅残存有两条卜辞：

（7）闖羌方，克闖，禽。
（8）……又𢦏……羌……【王】受有又。

这是一版与战争有关的卜辞。"闖"字仅见于本版卜辞，李孝定先生《甲骨文集释》只说"从门从豖"，《甲骨文字典》认为是"方国名"③。

---

① 徐在国著：《上博楚简文字声系（一～八）》第七册，合肥：安徽大学出版社，2013 年，第 1940 页。
② 陈斯鹏、石小力、苏清芳编著：《新见金文字编》，福州：福建人民出版社，2012 年，第 302 页。
③ 松丸道雄、高岛谦一编：《甲骨文字字释综览》，东京：东京大学出版会，1994 年，第 325 页。

现在看来,"鬨"应该是一个军事活动方面的动词,有"冒""犯"一类的意思,不可能是方国名。

有一版同属无名类卜辞的说:

(9)迟伐羌方,于之禽,剪,不雉众。 (《屯南》3038)

"迟伐"与鬨"语法位置相当,也可以证明"鬨"是一个军事动词。我们认为卜辞中的"鬨羌方",也可以读作"犯羌方",大概是商王朝的军队,在战场上主动发起攻势。类似的战略战术,在《左传》中经常见到。如鲁桓公五年(公元前707年)发生的周、郑繻葛之战:

(10)郑子元请为左拒,以当蔡人、卫人,为右拒,以当陈人,曰:"陈乱,民莫有斗心,若先犯之,必奔。王卒顾之,必乱。蔡卫不枝,固将先奔。既而萃于王卒,可以集事。"从之。曼伯为右拒,祭仲足为左拒,原繁、高渠弥以中军奉公,为鱼丽之陈,先偏后伍,伍承弥缝。战于繻葛,命二拒曰:"旝动而鼓。"蔡、卫、陈皆奔,王卒乱,郑师合以攻之,王卒大败。

又如鲁庄公十年(公元前684年)齐、宋郎之战:

(11)夏,六月,齐师、宋师,次于郎。公子偃曰:"宋师不整,可败也。宋败,齐必还,请击之。"公弗许。自雩门窃出,蒙皋比而先犯之。公从之,大败宋师于乘丘。齐师乃还。

鲁僖公二十八年(公元前632年),晋、楚两国在城濮之战中,晋国先发制人,对陈、蔡的军队发动攻击:

(12)己巳,晋师陈于莘北,胥臣以下军之佐当陈、蔡。子玉以若敖之六卒将中军,曰:"今日必无晋矣。"子西将左,子上将右。胥臣蒙马以虎皮,先犯陈、蔡。陈、蔡奔,楚右师溃。狐毛设二旆而退之。栾枝使舆曳柴而伪遁,楚师驰之。原轸、郤溱以中军公族横击之。狐毛、狐偃以上军夹攻子西,楚左师溃。楚师败绩。

鲁昭公二十三年(公元前519年),吴人伐州来,与楚、陈等国的联军开战之前,公子光对吴王说:

(13)七国同役而不同心,帅贱而不能整,无大威命,楚可败也。若分师先以犯胡、沈与陈,必先奔。三国败,诸侯之师乃摇心矣。诸侯乖乱,楚必大奔。请先者去备薄威,后者敦陈整旅。

吴王听从了公子光的建议。在接下来的鸡父之役中,取得了决定性的胜利:

戊辰,晦,战于鸡父。吴子以罪人三千,先犯胡、沈与陈。三国争之。吴为三军以系于后:中军从王,光帅右,掩余帅左。吴之罪或奔或止,三国乱。吴师击之,三国败,获胡、沈之君及陈大夫。舍胡沈之囚,使奔许与蔡、顿,曰:"吾君死矣!"师噪而从之,三国奔。楚师大奔。

上(7)甲骨文中的"闌羌方,克闌,禽",大概也是商的军队率先发动攻势,最后取得胜利,多有擒获。

如果"闌""闌""闌"确实是一字之异体,从造字本义上说,"闌"从"门"、从三"豕",大概会群豕往门外奔走之义,我们怀疑它是"犯门"的"犯"的本字。《左传·定公九年》:"六月,伐阳关。阳虎使焚莱门。师惊,犯之而出,奔齐。"杨树达《积微居读书记》谓:"犯,突也,冒也,犹言溃围。"①杨伯峻《春秋左传注》谓:"阳虎因鲁师之惊,突围而出奔齐。"②后世有"犯门"一词,多指强行从城门出去。如《申子·大体》:"今夫弑君而取国者,非必逾城郭之险而犯门闾之闭也。"《左传·襄公二十三年》:"无或如臧孙纥,干国之纪,犯门斩关。"后世"犯"行而"闌"废。

---

① 杨树达:《积微居读书记·读〈左传·定公〉》,上海:上海古籍出版社,2007年,第75页。
② 杨伯峻编著:《春秋左传注》,北京:中华书局,1990年,第1573页。

# 战国文字饰符"口"的误导隶定

朱学斌

（清华大学文学院，清华大学出土文献研究与保护中心）

**【提要】**战国文字饰符"口"的依样隶定容易造成同形结构的误导，通过归纳可以总结出售、可、喜、各、肙、唇、嚣、含、吟、员等一系列今文字与战国文字取义差别巨大的构形，有助于解决相关一系列的隶定问题。

对于战国文字而言，导致最多同形字乃至误导隶定的构件就是"口"。虽然有时构件"口"充当区别符号，例如楚文字表示干支的"己"写为"㠯"，表示自己的"己"仍作"己"。但更多情况下累增的构件"口"相对今文字是赘符，容易造成误导。

柯马丁（Martin Kern）指出鲍则岳（William G. Boltz）对于古文字释文方式存在许多不足之处，其中第一种局限就是"照原样转录过来的汉字有可能会导致误解"，即同形字问题，他指出战国文字的"售"字其实是"唯"字，而与现代汉语"售卖"的"售"字无关[①]。饰符"口"在依样隶定造成的误导结构屡见不鲜，兹举其例如下：

## 一、误导隶定"售"

| 严式隶定 | 唯 | 雠 | 雠 | 惟 | 雀 | 蜼 | 藿 | 篧 | 鵻 |
|---|---|---|---|---|---|---|---|---|---|
| 依样隶定 | 售 | 售 | 售 | 售嚊 | 雀 | 蟫 | 蘿 | 篧 | 轊 |

---

[①] 柯马丁：《方法论反思：早期中国文本异文之分析和写本文献之产生模式》，载陈致主编《当代西方汉学研究集萃·上古史卷》，上海：上海古籍出版社，2012年，第360页。

续表

| 字形 | | | | | | | | |
|---|---|---|---|---|---|---|---|---|
| 出处 | 上博二昔者4 | 雍铺首集成10409 | 清华11五纪79 | 陈侯因𬐱敦集成4649 | 郭店鲁穆6 | 清华肆筮法39 | 玺彙2269 | 郭店鲁穆7 | 玺彙1126 |

战国文字构件"隹"经常在下部增加饰符"口"而被依样隶定为"售",实则与后世同形"售卖"的"售"音义并无联系。战国文字位置关系的变化在大多数情况下并不影响其取义。例如🅐形(《上博二·昔者君老》4)依样隶定为"售"字①,由其辞例"🅐邦之大务是敬"可知此字应释为"唯"。这类构形作偏旁时可释为复合声旁"唯"或声旁"隹"附加羡符"口"。例如"惟"字🅑形(《集成》4649:陈侯因𬐱敦)、🅒形(《清华玖·治政之道》11)依样隶定为"慁"②或"嚊"③。

而且战国文字"售"还产生了同形字的冲突。例如🅐形(《集成》10409:雍铺首)依样隶定为"售"字④,通过辞例对勘可知是地名"雍",所以此形实则是"雠"字省简。而战国文字部件"售"对应的今文字部件是"雠",所以此字严式隶定为"雠"字,宽式隶定为"雍"字。依样隶定的战国文字部件"售"带来了许多误导,而且复合声旁"唯"在今文字已和声旁"隹"合并,所以"口"可视为饰符而在严式隶定省去。

---

① 李守奎:《楚文字编》,上海:华东师范大学出版社,2003年,第67页;徐在国等:《战国文字字形表》,上海:上海古籍出版社,2017年,第500页。

② 徐在国等:《战国文字字形表》,第1465页。

③ 黄德宽主编:《清华大学藏战国竹简(玖)》,上海:中西书局,2019年,第253页;黄德宽主编:《清华大学藏战国竹简(拾)》,上海:中西书局,2020年,第208页;张守中等:《郭店楚简文字编》,北京:文物出版社,2000年,第152页;刘信芳:《楚简帛通假汇释》,北京:高等教育出版社,2011年,第275页;何琳仪:《战国古文字典:战国文字声系》,北京:中华书局,1998年,第1205页;雷黎明:《战国楚简字义通释》,上海:上海古籍出版社,2020年,第566页;曾宪通等:《出土战国文献字词集释》,北京:中华书局,2019年,第5377页;黄德宽等:《古文字谱系疏证》,北京:商务印书馆,2007年,第2942页。

④ 戴家祥:《金文大字典》,上海:学林出版社,1995年,第1787页;何琳仪:《战国古文字典:战国文字声系》,第1209页。

所以，战国文字按位置关系依样隶定的所谓从"售"诸字，在严式隶定时应省去羡符"口"而对应从隹，例如 形（《郭店·鲁穆公问子思》6），依样隶定为"舊"字①，严式隶定为"雀"字。另外，从草的 形（《璽彙》2269），依样隶定为"蒦"字②，严式隶定为"萑"字；从竹的 形（《郭店·鲁穆公问子思》7），依样隶定为"簹"③字，严式隶定为"箠"字；从车的 形（《璽彙》1126），依样隶定为"轞"字④，严式隶定为"軯"字；从虫的 形（《清华肆·筮法》39），依样隶定为"蠵"字⑤，严式隶定为"蜼"字。而由辞例"乃蜼凶之所集"对勘可知，此"蜼"字读为"唯"字而非"雖"字。

## 二、误导隶定"可"

| 严式隶定 | 粤 | 蕁 | 遷 | 餷 | 宰 |
|---|---|---|---|---|---|
| 依样隶定 | 冑哹 | 蕁蒔 | 遷 | 餷 | 庰 |
| 字形 | 𠳵 | 蕁 | 遷 | 餷 | 宰 |
| 出处 | 秦家嘴 99.15 | 包山 125 | 清华玖 治政 39 | 葛陵 零 416 | 曾侯乙 154 |

---

① 张守中等：《郭店楚简文字编》，第 17 页；刘信芳：《楚简帛通假汇释》，第 145 页；雷黎明：《战国楚简字义通释》，第 224 页；白于蓝：《简帛古书通假字大系》，福州：福建人民出版社，2017 年，第 657 页。

② 徐在国等：《战国文字字形表》，第 49 页。

③ 李守奎：《楚文字编》，第 283 页；滕壬生：《楚系简帛文字编（增订本）》，武汉：湖北教育出版社，2008 年，第 442 页；刘信芳：《楚简帛通假汇释》，第 145 页；雷黎明：《战国楚简字义通释》，第 269 页。

④ 徐畅：《古玺印图典》，天津：天津人民美术出版社，2016 年，第 327 页；曾宪通等：《出土战国文献字词集释》，第 7019 页；黄德宽等：《古文字谱系疏证》，第 2943 页；汤余惠：《战国文字编（修订本）》，福州：福建人民出版社，2015 年，第 941 页；何琳仪：《战国古文字典：战国文字声系》，第 1209 页。

⑤ 李学勤主编：《清华大学藏战国竹简（肆）》，上海：中西书局，2014 年，第 173 页；徐在国等：《战国文字字形表》，第 1802 页；雷黎明：《战国楚简字义通释》，第 712 页。

战国文字部件"粤"下部形似"丂"的构件，因为半包围结构内有大片空隙而经常增加羡符"口"，例如 ![字] 形（《秦家嘴》99.15）依样隶定为"哼"字①。但也有论著因为其构形下部形近于"可"而依样隶定为"咢"字②。类似的情况还有曲笔穿过构件"口"的 ![字] 形（《包山》125）依样隶定为"蒡"字③和"蒿"字④的区别。如此依样隶定会给读者造成从由从可的误导，其实这些字用法与"可"字并无直接联系。

为了避免依样隶定从可造成的误导，学界也有将 ![字] 形（《葛陵》零416）依样隶定为"䕻"字⑤的处理。所以战国文字从粤诸字如果增加了羡符"口"，在严式隶定时应该将羡符去除，例如 ![字] 形（《清华玖·治政》39）或依样隶定为"遵"字⑥，其严式隶定应为"遵"字。另外，战国文字从辛诸字也有增加羡符"口"之后下部类似"可"形的问题。例如"宰"字增加羡符"口"作 ![字] 形（《曾侯乙》154），依样隶定为"𪗙"字⑦，严式隶定为"宰"字即可。

---

① 徐在国：《上博楚简文字声系（一～八）》合肥：安徽大学出版社，2013年，第1977页；曾宪通等：《出土战国文献字词集释》，第662页；李守奎等：《包山楚墓文字全编》，上海：上海古籍出版社，2012年，第57、433页；李学勤主编：《清华大学藏战国竹简（壹—叁）文字编》，上海：中西书局，2014年，第35页；李守奎：《楚文字编》第77、296页；滕壬生：《楚系简帛文字编（增订本）》，第473页；徐在国等：《战国文字字形表》，第647页；汤余惠等：《战国文字编（修订本）》，第75页；雷黎明：《战国楚简字义通释》，第67页；白于蓝：《简帛古书通假字大系》，第1105页。

② 刘信芳：《楚简帛通假汇释》，第397页，周波：《战国时代各系文字间的用字差异现象研究》，北京：线装书局，2012年，第179页。

③ 李守奎等：《包山楚墓文字全编》，第29页；李守奎：《楚文字编》，第45页；滕壬生：《楚系简帛文字编（增订本）》，第74页；汤余惠等：《战国文字编（修订本）》，第43页。

④ 曾宪通等：《出土战国文献字词集释》，第392页；刘信芳：《楚简帛通假汇释》，第397页；徐在国等：《战国文字字形表》，第97页。

⑤ 张新俊：《新蔡葛陵楚简文字编》，成都：巴蜀书社，2008年，第103页；徐在国等：《战国文字字形表》，第691页。

⑥ 黄德宽主编：《清华大学藏战国竹简（玖）》，第205页。

⑦ 孙启灿：《曾文字编》，吉林大学硕士学位论文，2016年，第162页；李守奎：《楚文字编》，第455页；滕壬生：《楚系简帛文字编（增订本）》，第688页；徐在国等：《战国文字字形表》，第1037页。

## 三、误导隶定"喜"

| 宽式隶定 | 彭 | 鼙 | 鼙 | 鼓 |
|---|---|---|---|---|
| 严式隶定 | 彭 | 䪻 | 䪻 | 鼓 |
| 依样隶定 | 彭 | 馨 | 馨馨 | 鼔鼔 |
| 字形 | (字形图) | (字形图) | (字形图) | (字形图) |
| 出处 | 葛陵<br>甲三 133 | 包山<br>145 | 清华陆<br>太甲 5 | 安大壹<br>诗经 3 |

战国文字构形"壴"有时会增加组件"口",对于今文字而言容易与构件"喜"相混淆。例如"彭"字增口作 形(《葛陵》甲三 133)被依样隶定为"彭"字①。因为现代汉字"喜"常用作声旁,所以依样隶定"彭"乍看确实不易与"彭"字相联系而容易误导释读。因此,构件"壴"增口形成的构件"喜",在严式隶定需要还原为"壴"。

所以,从卑声的 形(《包山》145)依样隶定为"馨"字②,严式隶定应为"䪻"字,宽式隶定为"鼙"字。"䪻"字见于后世字书,例如《集韵》:"骈迷切,音枇。骑鼓也。与鼙同。"另外,整理者将 形(《清华陆·郑文公问太伯》甲 5)依样隶定为"馨"字③而不辞。单育辰指出所谓此字形右部实则从卑声,所谓构件"专"实则是构件"卑"的上部与左部构件相类化,所以依样隶定改为"馨"字,辞例"馨鞁"读为"披甲"

---

① 张新俊等:《新蔡葛陵楚简文字编》,第 99 页。
② 曾宪通等:《出土战国文献字词集释》,第 5 卷,第 2519 页;李守奎等:《包山楚墓文字全编》,第 191 页;黄德宽等:《古文字谱系疏证》,第 2092 页;李守奎:《楚文字编》,第 302 页;滕壬生:《楚系简帛文字编(增订本)》,第 483 页;徐在国等:《战国文字字形表》,第 657 页;何琳仪:《战国古文字典:战国文字声系》,第 773 页。
③ 李学勤主编:《清华大学藏战国竹简(陆)》,上海:中西书局,2016 年,第 177 页。

也很通顺①。又有"鼓"字增口异体作𱂶形(《安大壹·诗经》3)依样隶定为"鼔"字②，但此字辞例对应"鼓"字，下部构件"口"在今文字视为赘符。而且"鼔"字见于后世字书与"鼓"字并无联系，一说是"歆"的讹字，又《玉篇·支部》："鼔，戏也。"所以此字严式隶定为"鼓"字。

## 四、误导隶定"各"

| 宽式隶定 | 徵 | 徵 | 懲 | 登 | 登 | 登 | 辦 | 退 |
|---|---|---|---|---|---|---|---|---|
| 严式隶定 | 岃 | 誩 | 悷 | 迲 | 陼 | 墜 | 辮 | 遏 |
| 依样隶定 | 峇峇哔 | 諸 | 憛 | 憛 | 隚 | 隨 | 鱲 | 遏 |
| 字形 | 𱎔 | 𱃐 | 𱂺 | 𱊯 | 𱎕 | 𱆵 | 𱐂 | 𱗖 |
| 出处 | 上博四采风33 | 包山137反 | 玺汇2984 | 包山128 | 望山2.50 | 包山5 | 望山2.53 | 上博一性情27 |

楚系文字部件"岃"对应今文字"徵"字中间的构件，不同之处在于秦系文字用声符"壬（在今文字后来讹变为王）"代替了楚文字的声符"升"。楚系文字部件"岃"有时下增羡符"口"，例如𱎔形（《上博四·采风》33）依样隶定为"峇"③或"哔"④。

因为"征"字《说文》古文作𱂹形，依样隶定为"散"字，所以有

---

① 单育辰：《清华简六〈郑文公问太伯〉释文商榷》，《出土文献研究》第16辑，上海：中西书局，2017年，第309～310页。
② 安徽大学汉字发展与应用研究中心：《安徽大学藏战国竹简（一）》，上海：中西书局，2019年，第242页；曾宪通等：《出土战国文献字词集释》，第1749页；吴国升：《春秋文字字形表》上海：上海古籍出版社，2017年，第152、218页；李守奎：《楚文字编》，第200页。
③ 饶宗颐等：《上博藏战国楚竹书字汇》，合肥：安徽大学出版社，2012年，第320页；刘信芳：《楚简帛通假汇释》，第27页；徐在国等：《战国文字字形表》，第1189页。
④ 曾宪通等：《出土战国文献字词集释》，第664页、4101页；孙启灿：《曾文字编》，第177页。

辞书将战国文字构形"咎"全都依样隶定为"峇"①。但是,《说文》鬶形的构件"口"也是羡符,左下部看似从各是类化讹变而来,其实与"各"并无音义联系。而且,楚文字从屰诸字更多情况并不从口,因为认定字根是"峇"而将其一概隶定为峇,与原字形实际构形不相吻合。不仅加剧了释读难度还容易造成误导。

不从口的楚文字部件"屰"被依样隶定从峇,例如将从辵的遂形(《包山》128)隶定为"遂"字,将从言的䜌形(《包山》137反)隶定为"謞"字②,将从阜的陉形(《望山》2.50)隶定为"隘"字③,严式隶定其实都从屰。屰字隶定其他相关的问题在"隶定部件的对应关系"章有充分展开。

值得一提的是,从心的悆形(《玺汇》2984)被依样隶定为"憗"字④,施谢捷释为"惎"字,可从⑤,所以本文认为其严式隶定为"悕"字。从鼎的鬻(《望山》2.53)不从口也被依样隶定为"鬺"字⑥,而可与鼎形(《集成》2215:蔡侯申鼎,春秋晚期)对照,所以宽式隶定为"鼒",意为一种平底鼎,没有大的问题。而其因为声旁是"屰",因此本文认为其严式隶定应作"鼒"字。从阜从止的壁形(《包山》5)并不从口而被依样隶定为"隘"字⑦,但战国文字构件"止"向"辵"的转换并非无条件的,所以严式隶定仍为"壁"字⑧。

另外,今文字的"退"字是古文字"逯"字类化讹变而成,"退"字《说

---

① 徐在国:《上博楚简文字声系(一~八)》,第662页;黄德宽等:《古文字谱系疏证》,第353页;戴家祥:《金文大字典》,第1779页;何琳仪:《战国古文字典》,第140页。
② 何琳仪:《战国古文字典》,第141页;黄德宽等:《古文字谱系疏证》,第354页。
③ 何琳仪:《战国古文字典》,第141、1463页。
④ 黄德宽等:《古文字谱系疏证》,第356页。
⑤ 施谢捷:《〈古玺汇编〉释文校订》1996年修订稿,收入广东炎黄文化研究会、纪念容庚先生百年诞辰暨中国古文字学学术研讨会合编:《容庚先生百年诞辰纪念文集》,广州:广东人民出版社,1998年,第644~651页。
⑥ 何琳仪:《战国古文字典》,第1463页。
⑦ 黄德宽等:《古文字谱系疏证》,第355页。
⑧ 曾宪通等:《出土战国文献字词集释》,第767页;《清华大学藏战国竹简(玖)》,第271页;李守奎:《楚文字编》,第827页;滕壬生:《楚系简帛文字编(增订本)》,第1195页;刘信芳:《楚简帛通假汇释》,第27页;徐在国等:《战国文字字形表》,第1976页。

文》小篆禔即"遟"字,"遟"和"退"是古今字关系。战国文字"遟(退)"有增加羡符"口"作 形(《上博一·性情论》27),依样隶定为"遟"字① 容易引起以为从日从各的困扰,所以严式隶定去羡符仍为"遟"字。

## 五、误导隶定"昌"

| 宽式隶定 | 禽 | 禽 | 禽 | 資 | 脑 | 膞 |
|---|---|---|---|---|---|---|
| 严式隶定 | 含 | 含 | 含 | 脊 | 朒 | 膞 |
| 依样隶定 | 骱 | 唫胎膽 | 含 | 脊脊 | 省 | 膞 |
| 字形 | | | | | | |
| 出处 | 唐维寺 2 | 望山 125 | 上博二 容成 5 | 陶录 3.594.3 | 玺彙 3225 | 陶录 3.600.4 |

战国文字误导隶定"昌"大量存在,例如"脑"字换位上下结构作 形(《玺彙》3225)依样隶定为"省"字②。为了不与"昌"混同,曾有学者将 形(《陶录》3.594.3)的依样隶定改为"資"字③。

误导隶定"昌"对释读的误导作用,例如 形(《唐维寺》2),赵晓斌依样隶定为"骱"字而读为"今"④,但是原辞例释为"因其今"不辞。苏建洲指出此字用法与不带口的 形(《上博二·容成》5)相同。《容成氏》辞例为"含(禽)兽朝",所以《唐维寺》的"因其禽"

---

① 李守奎:《楚文字编》,第119页;滕壬生:《楚系简帛文字编(增订本)》,第181页;雷黎明:《战国楚简字义通释》,第111页。

② 小林斗盦:《中国玺印类编》,天津:天津人民美术出版社,2004年,第128页;孙刚:《齐文字编》,福州:福建人民出版社,2010年,第96页;张振谦:《齐鲁文字编》,北京:学苑出版社,2014年,第548页;徐在国等:《战国文字字形表》,第581页。

③ 徐在国等:《战国文字字形表》,第574页。

④ 赵晓斌:《荆州枣林铺楚墓出土卜筮祭祷简》,《简帛》第19辑,上海:上海古籍出版社,2019年,第21~28页。

亦即《包山》的"因其常牲"①。此字严式隶定不为"肹"字的原因，是为了避开同形字带来的误导。"肹"字常见为"函"字《说文》俗体⿰𠂇今，《说文》："函，舌也。象形。舌体马。马从马，马亦声。肹，俗函从肉、今。"整理者将⿰𠂇形（《望山》125）依样隶定为"胎"字②。而因同形字的问题，所以学界在将其依样隶定为"唅"字的时候释为"函"字异体字③。陈斯鹏为了区别而将其改隶定为"膽"字④，则增补稍多。

对于饰符"口"造成隶定为"肙"误导的归纳，可以有助于相关材料的释读。例如⿰形（《陶录》3.600.4）学界以往依样隶定为"朘"字⑤而无解。而由前文所举例证之中的饰符"口"大量与构件"肉"同出的情况，可以推断此处的构件"口"也有可能是饰符，所以此字严式隶定可为"朘"字。

## 六、误导隶定"唇"

| 严式隶定 | 辰 | 辰 | 晨 | 辱 | 晨 |
|---|---|---|---|---|---|
| 依样隶定 | 唇 | 唇 | 譻 | 㖈 | 昬 |
| 字形 | | | | | |
| 出处 | 陈璋方壶 集成9703 | 九店 56.23 | 清华肆 筮法49 | 郭店 老乙6 | 清华叁 琴舞8 |

---

① 苏建洲：《荆州唐维寺 M126 卜筮祭祷简释文补正》，武汉大学简帛网，2020年1月14日。
② 湖北省文物考古研究所、北京大学中文系编：《望山楚简》，北京：中华书局，1995年，第79页。
③ 李守奎：《楚文字编》，第262、435页；滕壬生：《楚系简帛文字编（增订本）》，第666页。
④ 陈斯鹏：《简帛文献与文学考论》，广州：中山大学出版社，2007年，第111页、129页注2。
⑤ 高明等编：《古陶字录》，上海：上海古籍出版社，2014年，第336页；王恩田：《陶文字典》，济南：齐鲁书社，2007年，第249页；孙刚：《齐文字编》，第248页；《齐系文字编》，第267页；张振谦：《齐鲁文字编》，第1226页；徐在国等：《战国文字字形表》，第1300页。

战国文字"辰"经常增加饰符"口",依样隶定为"唇"字①,但与后世"嘴唇"的"唇"字只是同形字关系,取义并不相关。从晨诸字也常会产生这样的依样隶定:例如传抄古文"农"字异体替换从草作𦰏形(四1.12 裴),依样隶定为"蒿"字②,严式隶定为"莀"字;替换从林作形(四1.12 义),依样隶定为"薔"字③,严式隶定为"𣗥"字。

战国文字与"唇"相关的误导隶定,例如"晨"字增口作𣅻形(《清华肆·筮法》49)依样隶定为"晷"字④,"晨"字增口作𣅪形(《清华叁·周公之琴舞》8)依样隶定为"唇"字⑤。其中误导性较强的是𣅺形(《郭店·老子乙》6)依样隶定为"夏"字⑥,因为古文字偏旁"寸"原先多写为"又",加之饰符"口"的干扰,就依样隶定的字形本身而言,不易将其与严式隶定的"辱"字相联系。

## 七、误导隶定"嘼"

| 宽式隶定 | 單 | 憚 | 幝 | 驒 | 鼉 | 戰 | 獸 |
|---|---|---|---|---|---|---|---|
| 严式隶定 | 單 | 憚 | 幝 | 驒 | 鼉 | 戰 | 獸 |
| 依样隶定 | 嘼嘼嘼 | 㥁㥁㥁 | 幬 | 驉 | 鼉 | 戩戩 | 獸 |
| 字形 | | | | | | | |
| 出处 | 清华壹<br>尹至5 | 上博四<br>曹沫34 | 清华贰<br>系年117 | 曾侯乙<br>185 | 天星观<br>遣策 | 清华陆<br>太甲6 | 清华捌<br>天下1c |

---

① 王辉:《秦文字编》,北京:中华书局,2015年,第229、643页;马承源:《上海博物馆藏战国楚竹书(一—五)文字编》,上海:上海古籍出版社,2005年,第62、648页;徐在国:《上博楚简文字声系(一~八)》,第2537页;饶宗颐等:《上博藏战国楚竹书字汇》,第289页;曾宪通等:《出土战国文献字词集释》,第638页、第7215页。

② 黄锡全:《汗简注释》,第22、195页;李春桃:《传抄古文综合研究》,上海:上海古籍出版社,2017年,第652页。

③ 李春桃:《古文异体关系整理与研究》,北京:中华书局,2016年,第261页。

④ 李学勤主编:《清华大学藏战国竹简(肆)》,第156页;徐在国等:《战国文字字形表》,第368页。

⑤ 雷黎明:《战国楚简字义通释》,第389页。

⑥ 雷黎明:《战国楚简字义通释》,第790页。

战国文字的构件"䜌"对应今文字构件"單"而非"嚣"。李零将"䜌"释为"单"①，读作《诗经·大雅·崧高》的"啴啴"，认为"啴啴"和"简简"意思相近，表示喜乐。陈剑从之，引裘锡圭《郭店·成之闻之》简22按语"䜌在古文字中即单字繁文"，指出独立的"䜌"字音义与"兽"无关②。另外外，依样隶定为嵌套的"嚚"字和未嵌套的"䜌"字，严式隶定都为"单"字。

所以，在此之外战国文字附加饰符"口"的构件"䜌"，在严式隶定应改为"單"。例如从心的 ▨ 形（《上博四·曹沫之陈》34）依样隶定为不穿笔的"㥊"字③或穿笔的"㥊"字④都与原本字型不符，原字形并不从口，依样隶定应为"㥊"字⑤，严式隶定仍为"憚"字。张政烺已经指出原辞例读为"惮惮"，《大戴礼记·曾子立事》："君子终身守此惮惮"，注："惮惮，忧惶也"⑥。

另外，从巾的 ▨ 形（《清华贰·系年》117），依样隶定为"幝"字⑦，严式隶定为"幝"字。从马的 ▨ 形（《曾侯乙》185）依样隶定为"驒"字⑧，严式隶定为"驒"字。从戈的 ▨ 形（《清华陆·太甲》6）

---

① 李零：《论东周时期的楚国典型铜器群》，载《古文字研究》第19辑，北京：中华书局，1992年，第173~174页。

② 陈剑：《据郭店简释读西周金文一例》，载《北京大学古文献研究中心集刊（二）》，北京：燕山出版社，2001年，第378~396页；陈剑：《甲骨金文考释论集》，北京：线装书局，2007年版，第20~38页。

③ 徐在国：《上博楚简文字声系（一~八）》，第3033页；饶宗颐等：《上博藏战国楚竹书字汇》，第565页。

④ 雷黎明：《战国楚简字义通释》，第580页。

⑤ 李学勤主编：《清华大学藏战国竹简（捌）》，上海：中西书局，2018年，第222页；徐在国等：《战国文字字形表》，第1492页；何琳仪：《战国古文字典》，第1022页。

⑥ 张政烺：《中山国胤嗣妤䍙壶考释》，载《古文字研究》第1辑，第229页。

⑦ 李学勤主编：《清华大学藏战国竹简（壹—叁）文字编》，第212页；徐在国等：《战国文字字形表》，第1120页。

⑧ 黄德宽等：《古文字谱系疏证》，第617页；张光裕：《曾侯乙墓竹简文字编》，台北：艺文出版社，1997年，第184页；徐在国等：《战国文字字形表》，第1366页；汤余惠：《战国文字编（修订本）》，第660页；何琳仪：《战国古文字典》，第218页。

一类字形，依样隶定不穿笔的"戬"字①或穿笔的"戬"字②，严式隶定都为"戦"字。从毛的 形（《天星观·遣策》）依样隶定为"镡"字③，严式隶定为"镡"字。战国文字构件"嘼"大量混同为"單"，也有"單"混同为"嘼"的情况，例如 形（《清华陆·子产》22），辞例为"余单〈嘼–狩〉卹武。"

## 八、误导隶定"含""吟"

| 严式隶定 | 依样隶定 | 字形出处 | | | 严式隶定 | 依样隶定 | 字形出处 | | |
|---|---|---|---|---|---|---|---|---|---|
| 今 | 今 | 清华壹 楚居8 | 上博四 曹沫4 | 清华壹 保训3 | 念 | 念 | 上博五 鬼神7 | 清华叁 琴舞13 | 清华伍 三寿8 |
| | | 上博六 竞公9 | 清华伍 厚父10 | 清华陆 管仲24 | | | 郭店 语二13 | 清华壹 祭公8 | 安大壹 诗经48 |
| | 含 | 上博六 庄王7 | 上博五 季庚8 | 安大壹 诗经42 | 念 恰 唫 | | 郭店 成之2 | 上博二从 政甲15 | 集成2840 中山王鼎 |

---

① 徐在国：《上博楚简文字声系（一～八）》，第3033页；饶宗颐等：《上博藏战国楚竹书字汇》，第412页；《金文形义通解》，第2947页；张新俊等：《新蔡葛陵楚简文字编》，第193页；李守奎：《楚文字编》，第697页；滕壬生：《楚系简帛文字编（增订本）》，第1052页；刘信芳：《楚简帛通假汇释》，第116页；徐在国等：《战国文字字形表》，第1704页。

② 李学勤主编：《清华大学藏战国竹简（柒）》，上海：中西书局，2017年，第210页；李学勤主编：《清华大学藏战国竹简（陆）》，第210页；李学勤主编：《清华大学藏战国竹简（壹—叁）文字编》，第302页；雷黎明：《战国楚简字义通释》，第667页。

③ 黄德宽等：《古文字谱系疏证》，第617页；李守奎：《楚文字编》第517页；滕壬生：《楚系简帛文字编（增订本）》，第777页；何琳仪：《战国古文字典》，第218页。

战国文字出现过大量"含"字和"吟"字，但用例基本是"今"字，是由"今"字增加饰符"口"形成，与后世"口含"的"含"字和"吟诵"的"吟"字只是同形字。《说文》："含，嗛也。从口今声。""吟，呻也。从口今声。"

为了解决从今诸字赘旁"口"的安置问题，学界产生了"含""吟"两种差别很大的依样隶定。"含""今"二字在现代汉语普通话中发音差距很大，然而"含"字上古音匣纽侵部，"今"字上古音见纽侵部，见匣旁纽发音部位都属于牙音，所以没有问题。

"念"字隶定相关的问题，例如对于战国文字从心从今从口的字形，同一个字有"念""㤖""唫"3种差异巨大的依样隶定。主流隶定为"念"字①，用法仍是"念"字。滕壬生依样隶定为"㤖"字②，但辞例用为基本用如"念"字，与传世字书"㤖"字如《集韵》"㤖，呼含切，音峆，疏纵也"的"疏纵"义相去甚远，二者只是同形字关系。《上博二·从政甲》简 15 的 形，徐在国等依样隶定为"唫"③，辞例为"毋暴、毋禧（虐）、毋恻（贼）、毋 "可知此字读为"贪"，与"唫"字取义差异甚远。《说文》："唫，吟也。从口念声。《诗》曰：'民之方唫吗。'"此字仍应释为"念"字的异体字。

| 宽式隶定 | 严式隶定 | 依样隶定 | 字形出处 | | 宽式隶定 | 严式隶定 | 依样隶定 | 字形出处 | |
|---|---|---|---|---|---|---|---|---|---|
| 贪 | 贪 | 贪 | 郭店<br>语丛三 19 | 清华拾<br>治政 23 | 阴 | 侌 | 侌 | 郭店<br>太一 8 | 清华壹<br>保训 6 |
| | | 賃<br>貪 | | | | | | | |

---

① 黄德宽等：《古文字谱系疏证》，第 3879 页；戴家祥：《金文大字典》，第 1846 页；李学勤主编：《清华大学藏战国竹简（捌）》，第 173 页；张守中等：《郭店楚简文字编》，第 149 页；刘信芳：《楚简帛通假汇释》，第 36 页；徐在国等：《战国文字字形表》，第 1458 页；何琳仪：《战国古文字典》，第 1389 页；雷黎明：《战国楚简字义通释》，第 561 页；白于蓝：《简帛古书通假字大系》，第 1382 页。

② 滕壬生：《楚系简帛文字编（增订本）》，第 926 页。

③ 徐在国等：《战国文字字形表》，第 852 页。

续表

| 宽式隶定 | 严式隶定 | 依样隶定 | 字形出处 | | 宽式隶定 | 严式隶定 | 依样隶定 | 字形出处 | |
|---|---|---|---|---|---|---|---|---|---|
| | | 貪 | 上博六竞公6 | 上博二从政甲5 | | | 會 | 郭店语丛四16 | 清华贰系年92 |
| | | 膚膚膚 | 郭店唐虞8 | 郭店唐虞27 | | 吟 | 會晗 | 九店五六29 | |
| 紟 | | | 安大壹诗经45 | | | 黔 | 盦 | 九店五六33 | 程訓義1-123 |
| 衾 | 衾 | 衿衾 | 安大壹诗经36 | 上博五三德9 | 兮 | 兮 | 兮 | 包山15 | |
| | | 裣衾袞裣 | 上博五姑成6 | 清华五汤丘11 | | 疠 | 宥 | 包山15 | |

"阴"字相关的隶定问题,例如 形(《九店》:5:33),滕壬生和白于蓝依样隶定为"盦"字①,徐在国等、刘信芳、白于蓝将其与 形(《九店》56:29)都归并到"會"字之下②。

"衾"字相关的隶定问题,例如对于《上博五·姑成家父》简5 形、简6 形从衣从今从口的同一个字,整理者及雷黎明等依样隶定为"袞"字③,白于蓝等依样隶定为"裣"字④,徐在国、刘信芳等依样

---

① 滕壬生:《楚系简帛文字编(增订本)》,第1190页;白于蓝:《简帛古书通假字大系》,第1382页。

② 刘信芳:《楚简帛通假汇释》,第37页;徐在国等:《战国文字字形表》,第1609页;白于蓝:《简帛古书通假字大系》,第1382页。

③ 马承源:《上海博物馆藏战国楚竹书(五)》,第245页;雷黎明:《战国楚简字义通释》,第476页。

④ 白于蓝:《简帛古书通假字大系》,第1383页。

隶定为"衾"字①，后来又依样隶定为"裵"字②，还有隶定为"衿"字的③。原字形并不复杂，如此繁多的依样隶定根源在于赘旁"口"的位置。根据前文所言对赘旁"口"的省略，此字严式隶定应为"衾"字。

"夸"字的隶定，例如对于包山简 15 背从宀从今从口作形的同一个字，辞例用为人名，何琳仪、徐在国等依样隶定为"窞"字④，滕壬生、李守奎等依样隶定为"吤"字⑤。去掉饰符"口"之后严式隶定应为"夸"字。

"贪"字的隶定，例如对于《上博二·从政甲》简 5 的形，雷黎明依样隶定为"貪"字⑥，滕壬生、刘信芳依样隶定为"䝮"字⑦，而"䝮"字见于传世字书如《龙龛》音含。但由辞例"事则"可知其用法仍为"贪"字，严式隶定没有必要加入新的同形字，所以省去赘旁"口"严式隶定为"贪"字。

## 九、误导隶定"员"

| 严式隶定 | 贱 | 贼 | 具 | 瘨 |
|---|---|---|---|---|
| 依样隶定 | 賯 | 賦 | 鼻 | 瘨 |
| 字形 | | | | |
| 出处 | 清华叁良臣 7 | 温县 T1K1：1961 | 上博柒凡甲 23 | 清华拾四时 10 |

---

① 饶宗颐等：《上博藏战国楚竹书字汇》，第 665 页；刘信芳：《楚简帛通假汇释》，第 36 页。
② 徐在国：《上博楚简文字声系（一～八）》，第 3149 页；徐在国等：《战国文字字形表》，第 1200 页。
③ 饶宗颐等：《上博藏战国楚竹书字汇》，第 664 页；徐在国：《上博楚简文字声系（一～八）》，第 3149 页。
④ 何琳仪：《战国古文字典》，第 1389 页；徐在国等：《战国文字字形表》，第 1051 页。
⑤ 滕壬生：《楚系简帛文字编（增订本）》，第 696 页；李守奎：《楚文字编》，第 461 页。
⑥ 雷黎明：《战国楚简字义通释》，第 365 页。
⑦ 滕壬生：《楚系简帛文字编（增订本）》，第 611 页；刘信芳：《楚简帛通假汇释》，第 37 页。

古文字"员"本来从〇不从口,因为鼎口多为圆形,将鼎口的横截面和鼎一并展示,以会圆形之意。但在类化以后"员"字改从口,与形旁"贝"之上附加的饰符"口"容易混淆,由是产生了容易误导为"员"的隶定。例如"贼"字异构增加饰符"口"作 形(《温县盟书》T1K1:1961),依样隶定为"賊"字[①]。又如"具"字增加饰符"口"作 形(《上博柒·凡甲》23),依样隶定为"鼻"字[②]。

## 结　　语

以上总结了战国文字饰符"口"系统造成的误导隶定。类似的散见问题还有不少。简牍例如"戚"字中部增加饰符"口"作 形(《清华捌·邦家之政》11),依样隶定为"㦰"字[③]。整理者已由辞例"无㦰无章(彰)"将"㦰"字释为"灭",由此可知此字与"戚"字并无音义联系,在严式隶定应去除饰符"口"。所以 形依样隶定为"㦰"字,严式隶定为"戚"字,宽式隶定为"灭"字。金文这类问题例如"初"字中部增加饰符"口"作 形(《铭图》15186:锺离君柏钟,春秋中期),由辞例"正月初吉丁亥"可知释为"初"字没有问题。但有依样隶定为"剬"字[④],此字与"哀"字并无音义联系,依样隶定容易误导读者的理解。综上所述,战国文字研究要结合篇章辞例加以综合分析,不能贸然"照葫芦画瓢",将装饰部件也纳入隶定。

### 参考文献

[1] 王恩田编著:《陶文字典》,济南:齐鲁书社,2007年。

[2] 王辉主编,杨宗兵、彭文、蒋文孝编著:《秦文字编》,北京:中华书局,2015年。

[3] 白于蓝编著:《战国秦汉简帛古书通假字汇纂》,福州:福

---

① 曾宪通等:《出土战国文献字词集释》,第6243页;吴国升:《春秋文字字形表》,第537页,徐在国等:《战国文字字形表》,第1703页。
② 徐在国等:《战国文字字形表》,第357页。
③ 李学勤主编:《清华大学藏战国竹简(捌)》,第218页。
④ 鞠焕文:《金文形义通解订补》,第262页,吴国升:《春秋文字字形表》,第190页。

建人民出版社，2012年版。

［4］白于蓝编著：《简帛古书通假字大系》，福州：福建人民出版社，2017年。

［5］伊沛霞、姚平主编，陈致本卷主编：《当代西方汉学研究集萃·上古史卷》，上海：上海古籍出版社，2012年。

［6］安徽大学汉字发展与应用研究中心：《安徽大学藏战国竹简（一）》，上海：中西书局，2019年。

［7］李守奎、贾连翔、马楠编著：《包山楚墓文字全编》，上海：上海古籍出版社，2012年。

［8］李守奎编著：《楚文字编》，上海：华东师范大学出版社，2003年。

［9］李春桃著：《古文异体关系整理与研究》，北京：中华书局，2016年。

［10］李春桃著：《传抄古文综合研究》，上海：上海古籍出版社，2017年。

［11］李学勤主编，清华大学出土文献研究与保护中心编：《清华大学藏战国竹简（柒）》，上海：中西书局，2017年。

［12］李学勤主编，清华大学出土文献研究与保护中心编：《清华大学藏战国竹简（捌）》，上海：中西书局，2018年。

［13］李学勤主编，清华大学出土文献研究与保护中心编：《清华大学藏战国竹简（肆）》，上海：中西书局，2014年。

［14］李学勤主编；沈建华、贾连翔编：《清华大学藏战国竹简（壹—叁）文字编》，上海：中西书局，2014年。

［15］吴国升编著：《春秋文字字形表》，上海：上海古籍出版社，2017年。

［16］何琳仪著：《战国古文字典：战国文字声系》，北京：中华书局，1998年。

［17］周波著：《战国时代各系文字间的用字差异现象研究》，北京：线装书局，2012年。

［18］小林斗盦：《中国玺印类编》，天津：天津人民美术出版社，2004年。

［19］马承源主编：《上海博物馆藏战国楚竹书（五）》，上海：上海古籍出版社，2005年。

[20]徐在国、程燕、张振谦编著:《战国文字字形表》,上海:上海古籍出版社,2017年。

[21]徐在国著:《上博楚简文字声系(一~八)》,合肥:安徽大学出版社,2013年。

[22]徐畅:《古玺印图典》,天津:天津人民美术出版社,2016年。

[23]孙刚编纂:《齐文字编》,福州:福建人民出版社,2010年。

[24]孙启灿:《曾文字编》,吉林大学硕士学位论文,2016年。

[25]清华大学出土文献研究与保护中心编,李学勤主编:《清华大学藏战国竹简(陆)》,上海:中西书局,2016年。

[26]清华大学出土文献研究与保护中心编,李学勤主编:《清华大学藏战国竹简(肆)》,上海:中西书局,2013年。

[27]张光裕:《曾侯乙墓竹简文字编》,台北:艺文印书馆,1997年。

[28]张守中、张小沧等:《郭店楚简文字编》,北京:文物出版社,2000年。

[29]张振谦编著:《齐鲁文字编》,北京:学苑出版社,2014年。

[30]张新俊、张胜波编著:《新蔡葛陵楚简文字编》,成都:巴蜀书社,2008年。

[31]黄德宽、何琳仪、徐在国等著:《古文字谱系疏证》,北京:商务印书馆,2007年。

[32]黄德宽主编,清华大学出土文献研究与保护中心编:《清华大学藏战国竹简(玖)》,上海:中西书局,2019年。

[33]黄德宽主编,清华大学出土文献研究与保护中心编:《清华大学藏战国竹简(拾)》,上海:中西书局,2020年。

[34]黄锡全著:《汗简注释》,武汉:武汉大学出版社,1990年。

[35]高明、涂白奎编著:《古陶字录》,上海:上海古籍出版社,2014年。

[36]曾宪通、陈伟武主编:《出土战国文献字词集释》,北京:中华书局,2019年。

[37]汤余惠主编,赖炳伟副主编,徐在国、吴良宝编纂:《战国文字编(修订本)》,福州:福建人民出版社,2015年。

[38]雷黎明著:《战国楚简字义通释》,上海:上海古籍出版社,2020年。

［39］滕壬生著：《楚系简帛文字编（增订本）》，武汉：湖北教育出版社，2008年。

［40］刘信芳编著：《楚简帛通假汇释》，北京：高等教育出版社，2011年。

［41］戴家祥：《金文大字典》，上海：学林出版社，1995年。

［42］鞠焕文:《金文形义通解订补》，东北师范大学博士学位论文，2014年。

# "初文"发疑
## ——兼谈汉字字源研究的几个问题*

陈正正

（河南大学黄河文明与可持续发展研究中心）

**【提要】**"初文"是古文字学的一个术语。它指的是一个字的早期写法，一般是为了追溯形源而使用的一种术语。但是，不少文字学著作和字书、字典对"初文"都有滥用之嫌，不考虑二字的音义认同，简单认定某为某之初文。文章在总结学界相关定义的基础上，对前人的一些初文认定提出相关意见，同时提出要区分学术史概念的"初文"与学术概念使用的"初文"，并讨论了汉字字源研究的几个问题。

## 一、"初文"的前人说法

"初文"的用法一般有两类：一类，当作某字是某字的早期写法。早期学者有用作"初字"，如王襄："先人名，地名🔲，《说文解字》誖，籀文作🔲，此疑其初字。"应该是现今见到的"初文"类术语较早的用法。①也有人认为"所谓初文，就是未经省变和衍化的原始文字"②。有学者认为指同一个字的初期写法。对"后起字"而言。如"裘"本作"求"，像皮衣之形，后加意符"衣"作"裘"；"箕"本作"其"，

---

\* 本文为国家社科基金重大招标项目（15ZDB104）"基于资料库的古籍计算机辅助版本校勘和编撰系统研究"，国家新闻出版总署重大科技工程"中华字库工程'版刻楷体字书文字整理项目'"（0610–1041BJNF2328/11）的阶段性成果。本文曾在"中国训诂学研究会成立40周年纪念暨2021年学术年"会发言，得到与会先生指导，特别感谢！

① 王襄：《簠室殷契征文考释·典礼》，天津：天津博物院，1925年，第12页。
② 林小安：《殷契六书研究》，《出土文献研究》1998年第1期，第12页。

像簸箕之形,后加意符"竹"作"箕","求""其"即是"裘""箕"的初文①。有人这样认为,所谓的"初文"一般具备以下几个条件:(1)在时间上,它是较早出现的形体。(2)在结构上,它往往是一些无法再加分析的独体字。(3)在功能上,它具有孳乳繁衍的作用,能产生更多的新字。②

另一类,章太炎《文始》为近代汉语语源学开山之作,书中首创"初文""准初文",与古文字学界的研究相对不同。他是希望通过"初文"与"准初文"展开词源系联,寻找汉语词汇系统之"根"③,并非文字学研究的初文。

根据前人的这些观点,我们可以总结文字学界对初文的基本认识:初文是一个字的早期写法,而且二字一定是音义相同,确定有共同记词功能,才算某字是另一字的初文。但在实践操作和研究之中,很多辞书将声符或者同源词视为另一字初文,这样很不妥当。我们以李学勤先生主编的《字源》,以及其他相关文章为例,列举相关问题讨论商榷。

## 二、学界对初文的理解与运用

(1)"丕""不"原为一字,后分化。甲骨文"不"字作"🌱",像草木之根部,为"柎"之初文。④

按:"不"构形不明,或曰像草木根须之形。这个观点来自高鸿缙:"原意为鄂足,象形字。名词后借用为否定副词,日久而为借意所专。乃另造'柎'字以还其原。"⑤甲文用作否定副词,有繁简两种写法,如 ▨(合6498宾)、▨(合11780宾)。晚周以后字形下部追加点状区别符号,后再延长而成横笔,则分化出丕字。"柎"字不见传世字书与文献用例,疑恐为"柎"字。《说文·木部》:"阑足也。从木付声。"《玉篇·木部》:

---

① 许嘉璐:《传统语言学辞典》,石家庄:河北教育出版社,1980年,第30页。
② 曾宪通、林志强:《汉字源流》,广州:中山大学出版社,2011年,第49页。
③ 王宁:《论章太炎、黄季刚的〈说文〉学》,《汉字文化》1990年第4期,第33～39页。
④ 李学勤:《字源》,天津:天津古籍出版社,2012年,第1页。
⑤ 高鸿缙:《中国字例》,台北:三民书局,1960年,第79页。

"花萼足也。""不"字古文字阶段已为抽象符号，其像某形暂且难论。

（2）"此"，会意字。从止，从人。会以足踏人之意，乃"跐"之初文。①

按：《字源》又引《文选·张衡〈西京赋〉》："憎婵娟以此豸。"李善注释："五臣作跐，音此。"此处引文有误差，而且是不明文意的误解。全文为"嚼清商而却转，增婵娟以此豸。"这句话是形容女性的妖姿媚态。五臣注所见为另一版本用字，并非文献本字。"此"并无践踏义，无文献依据与故训训释。《段注》："《释诂》曰：'巳，此也。'正互相发明。于物为止之处。"林义光《文源》："匕即人之反文。从人、止。此者，近处之称。近处即其人所止之处也。"《说文》释义"此"为止，也是为了照顾形体，从人从止的形体。文献"此"基本是代词例，踩踏义均无文献例证。

（3）甬金文像钟形，乃钟字之初文。或以为用、甬本是一字。用初文像甬（今桶）形。②

按：通达字初从彳（或从辵），用声。金文声符变形为从甬（上部或加饰画而又讹作从日）。用字属于构形不明。认定"甬"为"钟"之初文说法来自杨树达："甬象钟形，乃钟字之初文也。知者：甬字形上象钟悬，下象钟体，中横画象钟带。""甬本是钟。乃后人用字变迁，缩小其义为钟柄"③。这种说法，后人有所驳斥。裘锡圭认为"根据考古发掘和古器物学的知识来看，商代还没悬钟"④，在记录用词上面并无依据。

江学旺认为"甬本是个'从人用声'的字，为俑之初文"⑤。但是这种论定，纯粹是字形的对应，缺少辞例与异文的参照。尤其是所列"▨"字（京都1857），核查其原文，为"邕其▨，王受"。从字形上看，"▨"字从彳，不可释，与甬无关；而且通过上下文辞例，说是"俑"

---

① 李学勤：《字源》，第110页。
② 李学勤：《字源》，第120页。
③ 杨树达：《积微居小学述林·释甬》，上海：古籍出版社，2007年，第46页。
④ 裘锡圭：《裘锡圭学术文集》第一卷，上海：复旦大学出版社，2012年，第39页。
⑤ 江学旺：《"甬"字构形试探》，载《古文字研究》第23辑，北京：中华书局，第201～203页。

字更说不通，这样为"俑"之初文更无可能。

我们认为，"甬""用"二字关系更为密切，甬应该是在"用"上添加区别符号造出的字，属于同源分化。但是"甬"并非其他字的初文。现在并无"用"与"钟""俑"等字在辞例相通的证据。

（4）用："用"，象形字。商代甲骨文作桶形，是"桶"的初文。用与桶并东韵，桶可使用，故假桶形表用。

> 用为庸的源头、声首与初文，甲骨文已见之。古初以用为庸，后乃为造分化字。①

按：施用字本独体构形，甲骨文线条抽象，本义不明。后人以为从卜、从中，非是。"用"形体应该来自于"同"，形体、读音都更为接近。②《字源》引用以云梦秦简例认为假作"桶"，就能认定"用"古初作桶。论据不够充分。"用""桶"上古均属为东部字不错，但是只是读音相近，无辞例根据。桶一词在文献中出现已经很晚了，但同一词表示器物名西周早期的金文就有。

认定"用"为"庸"之初文更无依据，其"用"只是"庚"的声符，为从用从庚，用亦声。另外其所引《甲骨文字编》"⿰"在"用"字头下。其他古文字字编李宗焜《甲骨文文字编》、刘钊《新甲骨文编》、王蕴智《甲骨文可释字形总表》均未在"庸"字头下收录"用"字。可知"用""庸"为二字。

（5）爾：爾，初为象形字。殷商甲骨文像三足的络丝架，上有锐头，中有器身，下有竖足，为"柅"之初文。③

按："爾"本独体构形，线条布局平衡而抽象，表义不明，古习用为爾汝字。金文结构进一步对称，上部中笔两侧添加饰画，中部或变形作二爻，遂为篆隶爾字所本。"爾"为"柅"之初文，根本无据。"爾"仅为"柅"之声符，文献并无记录"络丝架""爾"，在文献之中"爾"与"柅"并无记词功能相同之处。

---

① 李学勤：《字源》，第 269 页。
② 裘锡圭：《裘锡圭学术文集》（第一卷），上海：复旦大学出版社，2012 年，第 37 页。
③ 李学勤：《字源》，第 271 页。

（6）袁：袁金文从止、㐁声，为远之初文。①

按："袁"初文从衣，从又，甲文于字形上端或追加止旁，或追加音符○（圆之初文）。周金文或将音符○置于衣中并省去下方手形符号②，作䖑。此为篆隶袁字所本。而遠近初文从止（或从彳）、㐁（擐之本字，意为穿衣，甲骨文或从○声）声，字或省又作袁，后世习从辵为遠。今简作"远"。但是据文例，"袁"仅为"遠"之声符，二字并无共同音义。

（7）会：形声字。从合，夹置于"合"形中间的声符，还不能说定，疑是"胃"字象形初文，像胃袋内存有米粒之形。今见最早的"会"字在西周早期（见于员卣）。字形演变主要表现在声符上，西周晚期有省胃袋形而只存"米"（米）形的。③

按："会"字更早有用例，而且中间绝非"胃"字。甲骨中有如下写法"䆴"（合1030正宾），"䆴"（合27435历）。中间字形无法明确，变体多样，当为食物形状。有人认为是"皿"的初文，认定"皿"是"口"的初文，象"口"字之形④，相对可信，金文器物已经有了相关材料，足以支撑并非"胃"字。⑤

因："因"为"裀"之初文，本义指内衣。《字汇·衣部》："裀，近身衣也。"⑥按："因"之本义当为就也。甲骨中以下写法"囙"（合33007），"囙"（合21374子），"囙"（合21579子）。其字形像人在衣中，后衣字写为口，本义当如《说文》训释为"就也"。先秦文献有大量用例，如《国语》："其民沓贪而忍，不可因也。""因"字并无"近身衣也"之用法，其训释来自《龙龛手鉴》："裀，近身衣也。"但是"近身衣也"无文献例证。"裀"字产生较晚，大概是汉魏六朝产生的新字，《广雅》有收录。"因"为"裀"之声符，但并非初文。

---

① 李学勤：《字源》，第131页。

② 裘锡圭认为"袁"的本义也应该是穿衣一类意思。结合字音考虑，"袁"应该是"擐"的初文，那么自然肯定不会是"远"的初文。（《裘锡圭学术文集》（第一卷），上海：复旦大学出版社，2012年，第171页。）

③ 李学勤：《字源》，第465页。

④ 季旭昇：《说文新证》，福建人民出版社，2011年版，第453页。

⑤ 李琦：《西㬎敦研究》，《出土文献》2021年第2期。

⑥ 李学勤：《字源》，第561页。

（9）康：甲骨文作"🔔"，从"庚"，像悬钟之形；从小点，表示振动悬钟，灰尘下落之义。"庚"也可视为声符。其本字实为"康乐"之"康"之初文。后其下的数点讹变为"米"字。或又添加"禾"旁成为"糠"字。①

按："康"为"糠"之初文，但是"庚"仅是"康"之声符。初文从庚，下加点状区别符号，构形不明。周以后庚之中竖向下拉长。至于"像悬钟之形，从小点，表示振动悬钟，灰尘下落之义"，并无依据。"庚"也并非"康"字初文，"庚"与"更"为同源词，《释名·释天》："庚犹更也。"毕沅《释名疏证》："犹字疑衍，《律志》曰：'敛更于庚。'郑注《月令》云：'庚之言更也。'""庚"之音义与"更"更为密切。不能仅据字形认定为"康"之初文。

（10）俄：初为会意字，像手持锯类刑具将人的一只脚割去之形，是刖刑之刖的初文。到了小篆，"大"被易之以"人"旁，原像锯的刑具讹作"我"旁，既作会意偏旁，又兼表字的读音。……俄、刖义既有殊，读音亦渐有别，遂发展为二字。②

按："俄"字张振烺有所释，他认为："左旁是"大"，像一个人形，右旁是一件类似锯子的工具在割这个人的腿。……这种见解是很好的，但从字形看却不该是刖字。这个字是会意字，甲骨文里常见。"③张振烺先生已经认定"俄""刖"完全为二字。从词源意义上来讲，"俄"为疑母歌部字，"刖"为疑母月部字，只是读音相近，意义接近。从"我"的字，如"婀""峨"等多有倾斜义，与"刖"字无涉④。"俄""刖"二字本为二字，纯粹是同义词，却不能说"俄"是"刖"的初文。

（11）西周金文"民"字或作"𠕁"，像有刃物刺目之形，是"盲"的初文。《贾子大政下》："民之为言萌也，萌之为言盲也。"⑤

按："民""盲"无字形来源关系。"之为言"属于声训术语，"民""盲""冥"等为同源词，词源意义蒙昧。《尚书·多士序》："迁

---

① 李学勤：《字源》，第638页。
② 李学勤：《字源》，第716页。
③ 张振烺：《释甲骨文中"俄""隶""蕴"三字》，载《甲骨金文与商周史研究》，北京：中华书局，2013年，第11页。
④ 刘均杰：《同源字典补》，北京：商务印书馆，1999年，第129页。
⑤ 李学勤：《字源》，第1103页。

殷顽民""民之为言冥;冥,无知之谓也。"《周礼·地官·遂人》:"变民为甿,异外内也。"贾公彦疏:"民者,冥也。甿者,慒慒。皆是无知之貌也。"但是"民"绝非为"盲"之初文,"民"并无。"盲"应当是"亡"之后出分化字,《说文》:"目无牟子。从目亡声。"为"亡"之丢失义分化。

## 三、初文概念的梳理价值意义

这里我们需要区分的是,作为一个学术史概念的"初文",和作为当代文字学使用概念的初文,是有所区别的。

当代文字学概念下的"初文"应该是一个学理概念,主要用于追溯一个字的早期形体。我们可以把它定义为:记录同一词的字形的早期写法。这里有两个标准要提及:第一,一定是记录同一个词,这涉及对记录词的音义认同,这必须要有辞例上的依据;第二,一定是早期的书写形式,而不能仅仅是另一个形体相关的字形。初文的研究涉及字际关系的认同与别异,大量古文字的字形辨识与分析,并不在于说明或想象它原来像什么。有些字和结构成分其实早已高度符号化,已无形可象,主要在于通过字形分析来考察、印证每个可释文字与后世文字的联系,掌握其在不同时期的构形特征及其演化轨迹。

我们认为,初文研究的价值与意义在于有助于汉字字源研究与汉字发展史探索这两个方面。

(一)有助于汉字字源研究的探索

汉字拥有形、音、义三大属性,音可以描写,义可以训释,形当然可以作为独立研究对象展开说解。过去的字源研究,更多地关注字形负载词与词之间音义关系,而忽略了纯粹的形体来源说解与形体分合关系揭示。当下汉语音义相关的词源研究非常透彻,但是字源的梳理与研究相当不足。我们认为应该将汉字字源作为一个独立的研究对象,分条目的数据项呈现,方便相关材料的聚合。数据项包括以下几个部分:

1. 字头——与《说文》能够字形对应上的字头。本课题总的思路是先从严格的字形和文例的分析甄别入手,遵循《说文》部首系联的方法审核厘定出每一个字头,总字头约计4100个(统计原则为:有更早古文字字形均加列入,大量不涉及形源字形的不予讨论,比如"咆";不易分析的字形暂列入附录；个别偏旁字则适当增列为字头，如"稀"之所从"希"，"邮"之所从"由"《说文》未收）。对于部分比较典型的具有通假、分化和孳乳关系的字形则适当增列出重文字头（约 250 例）。

2. 代表字形——选择代表性的，各个时代的标准字形。将《说文》以前的古文字形体都搜罗完毕，优选与《说文》有形体有相承关系的代表性字形进行梳理。字形选择的标准是构形理据清晰、系统性更强、使用频率更广泛等代表性字样，而尽量不选择构形理据不清楚、系统性差、使用频率较低等非代表性字样，其他字形先放在备考之中。

3. 字形出处——首见字形的文献出处，为汉字字形来源作一个基本的参照。比如《说文》之"畍"字，为战国汉代为分化"介"边界义所造，秦汉文献例证颇多。如北大藏汉简《老子》198.04："大制无畍。"字形作"畍"，玺印文字作"畍"（《汉印文字征》卷十三）而段玉裁注释说："又《说文·画部》：介也。介各本作畍。此不识字义者所改。今正。"段玉裁判定并无版本依据。

4. 首见时代——首见字形的时代，为汉字断代提供帮助。

5. 理据说解——用字典式语言，简洁、严谨、准确说解理据与演变。遵循古文字的客观事实，讲不通的问题，不强为作解。比如"襄"字，初文像首部作∪之人。周以后习于字形上部添加圈笔为饰，作形，复于下方追加土和又，遂成字。追加衣旁则孳乳为篆文，隶楷笔画省并作襄。

6. 《说文》评析——对《说文》小篆字形以及字形说解的评析。比如《说文》"子"的两个源头，一个记录儿子、男性地位尊称，写作"子"（上 2426.395），"子"（合 137 宾）；殷周古文中还见有"子"的一种写法，写作"子"（合 20665）、"子"（中南 145 历）、"子"（合 33523 无黄）诸形，它们常被假借为表天干第一位的专名，与"子"的其他用法不混。这种文字合并现象，必须说明。

7. 同源关系——形体上有共同来源与演化关系的字组关系说明；梳理自甲骨时代至《说文》小篆的汉字演变轨迹，对小篆字形的来源加以揭示。如《说文》对应的"西"字，在古文字之中有 3 个来源，有"西"，卜辞用作方位词；也有"卤"，释为"卤"；还有"囟"，为《说文》训为"头会脑盖"之"囟"，因为"卤""囟"与"西"古字构形、读音皆近，常有通假，应该列为 3 个字头，说明源流。

8.可释字首创——首创者的学者与出处。如"珏""朋"的同源关系,应该参照王国维《说珏朋》(收《观堂集林》),专门注释出"两串玉相并为珏,古与朋同源。珏字后世或作瑴,从玉,毄声"。

(二)有助于汉字发展史研究的进展

我们会在梳理大量字源个例的基础上,总结学界相关定义的基础上,对前人的一些初文认定提出相关意见。以前我们将很多精力关注到古文字疑难字考释,而常用汉字的形体演变解说、字际关系分合、形义关系的变迁关注不够,对汉字发展史的个案考查和归纳总结不足。梳理《说文》收录字头形体源流嬗变,可以为整个汉字发展史积累相关研究素材,为汉字发展史研究打下一个牢固的基座。从个案分析入手,纵观整个古汉字阶段汉字发展形体变化,对其做出科学、严谨、准确的解说,总结其演变现象,探索其演变规律。

**参考文献:**

[1] 李学勤:《字源》,天津:天津古籍出版社,2012年。
[2] 裘锡圭:《文字学概要》,北京:商务印书馆,2013年。
[3] 王蕴智:《字学论集》,郑州:河南美术出版社,2004年。